山本渓山

入越日記

能登・越中・立山に薬草を求めて

解説＝正橋剛二

山本章夫先生肖像

はじめに

後年、山本読書室（京都）の第十一代当主を承継することになる山本渓山（一八二七―一九〇三、亡羊の六男、章夫、当時は渓山と号す）は弱冠二十五歳の頃、北陸への大行脚を試みた。彼は、嘉永四（一八五一）年四月一日京都を発し、同年九月十七日帰宅するまでの一六四日間におよそ千二百粁を踏破し、この間の日々の行動と見聞を詳細に記録し、『入越日記』（二九糎×二七糎、挿絵一三枚を含み、墨付六八丁、原文は漢文）と題した日記を残した。

これは今も山本家（現当主、第十四代元夫氏）に伝蔵され、筆者はこの閲覧を許された。通覧してみると、本草の記述のほかに、

㈠当時の旅行の状況、

㈡金沢、高岡、能登地方、立山の状況、

㈢とくに高岡での医師たちを中心とする当時の知識人たちとの交流、

㈣記録中にちりばめられた漢詩などから読み取れる彼自身の教養の豊かさ、学識の深さなど、知ることができ、まことに興味深いものがあった。そしてお許しを得て、私なりの補注を試みながら以下に読み下し文として紹介したいと思う。関心ある方のお役に立てば幸いである。

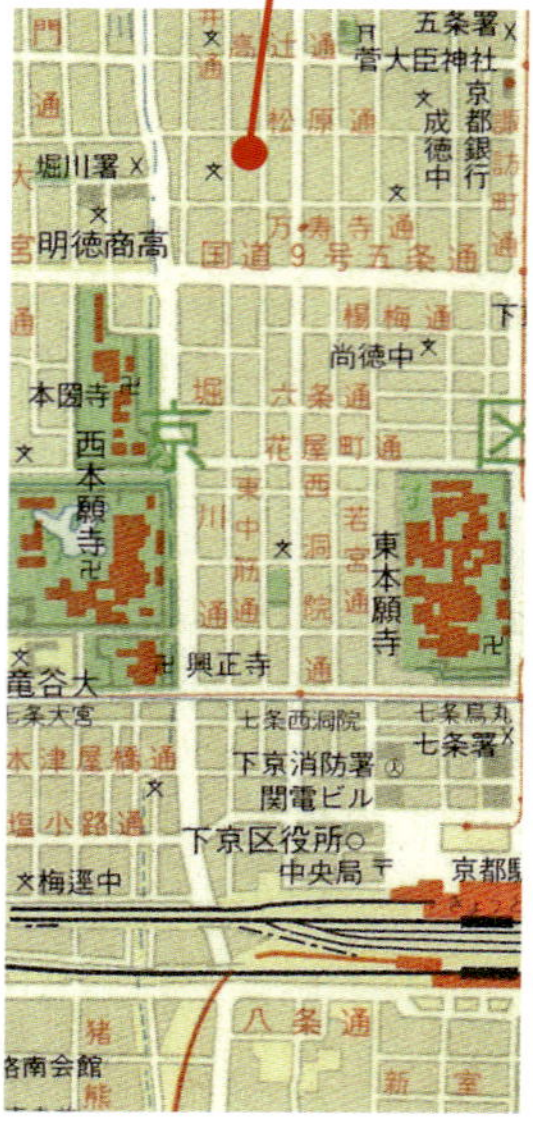

山本読書室は本書の著者・山本渓山の祖父封山により西本願寺の学問所としてスタート、自邸に移って読書室と称し、幕末禁門の変にて焼失した。地図は一九六八年のもの

凡例

読み下しに際し、なるべく読み易いようにと努め、このため次の諸点に留意した。

一、使用されている漢字は当用漢字に近付けるよう努めたが、これには限界があり、特に漢詩など、そのままとした個処も多い。

二、読み下しは文語文であるが、かな遣い等は現代通用のものを旨とした。

三、原文にはないが、適宜改行を加え、段落等をはっきりさせた。

四、適宜吊り見出し（太字）をつけて検索の便を図った。

五、原文中の割り書、割り注は文字の大きさを変えないで、括弧［　］を付して示した。

六、植―動―鉱物の漢名は比定して和名を補注しようと努力はしたが、筆者の力及ばなかったものも多かった。

なお、このとき参照した書名は次の通り略記した。

『和漢三才図会』→「三」
『本草綱目啓蒙』→「啓」
『百品考』→「百」
『大和本草』→「和」
『植物名彙』（松村任三）→「彙」
『植物和漢異名辞林』（杉本唯三）→「異」
『日本の野生植物Ⅰ・Ⅱ・Ⅲ』（平凡社）→「野Ⅰ」
『原色和漢薬図鑑』→「原」

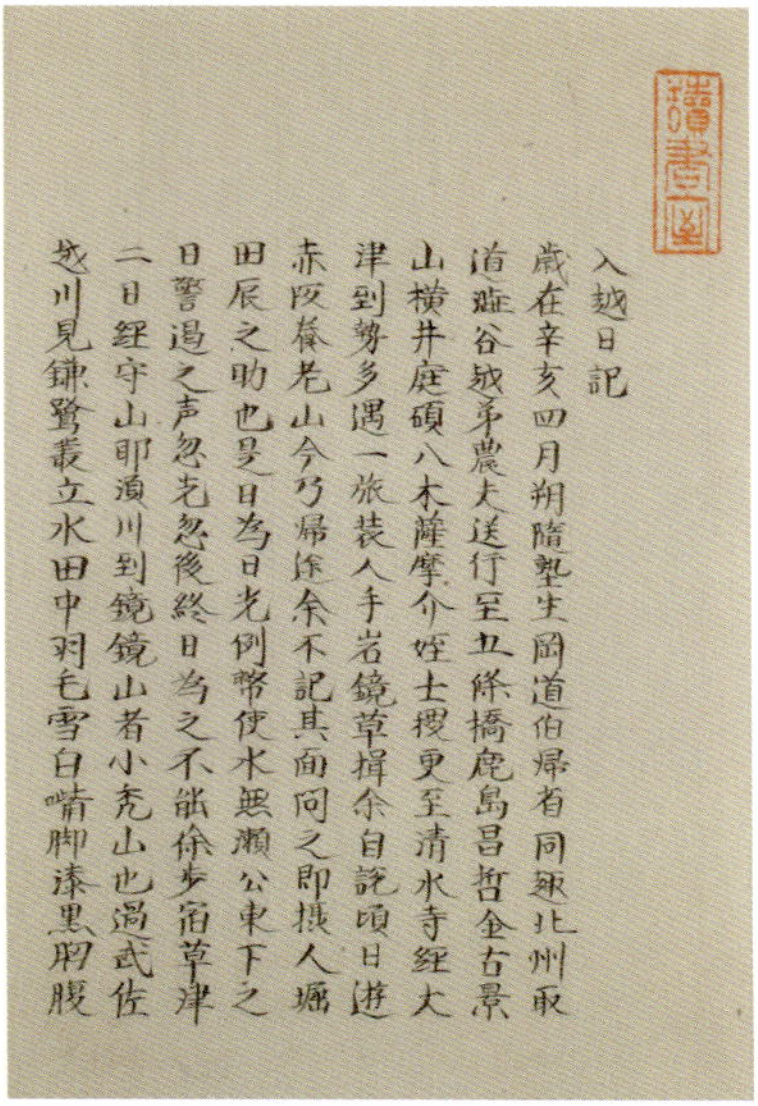
入越日記
歳在辛亥四月朔随塾生岡道伯帰省同趣北州取
道蹠谷城弟農夫送行至五条橋鹿島昌哲全古景
山横井庭碩八木薩摩介姪士攫更至清水寺経大
津到勢多遇一旅装人手岩鏡草揖余自説頃日遊
赤阪養老山今乃帰途余不記其面向之即摂人癖
田辰之助也是日為日光例幣使水無瀬公東下之
日警過之声忽先忽後終日為之不能徐歩宿草津
二日経守山耶須川到鏡鏡山者小禿山也過武佐
越川見鎌鷺叢立水田中羽毛雪白嘴脚漆黒胸腹

原書の巻頭（山本読書室蔵）

はじめに
凡例
目次

入越日記　目次

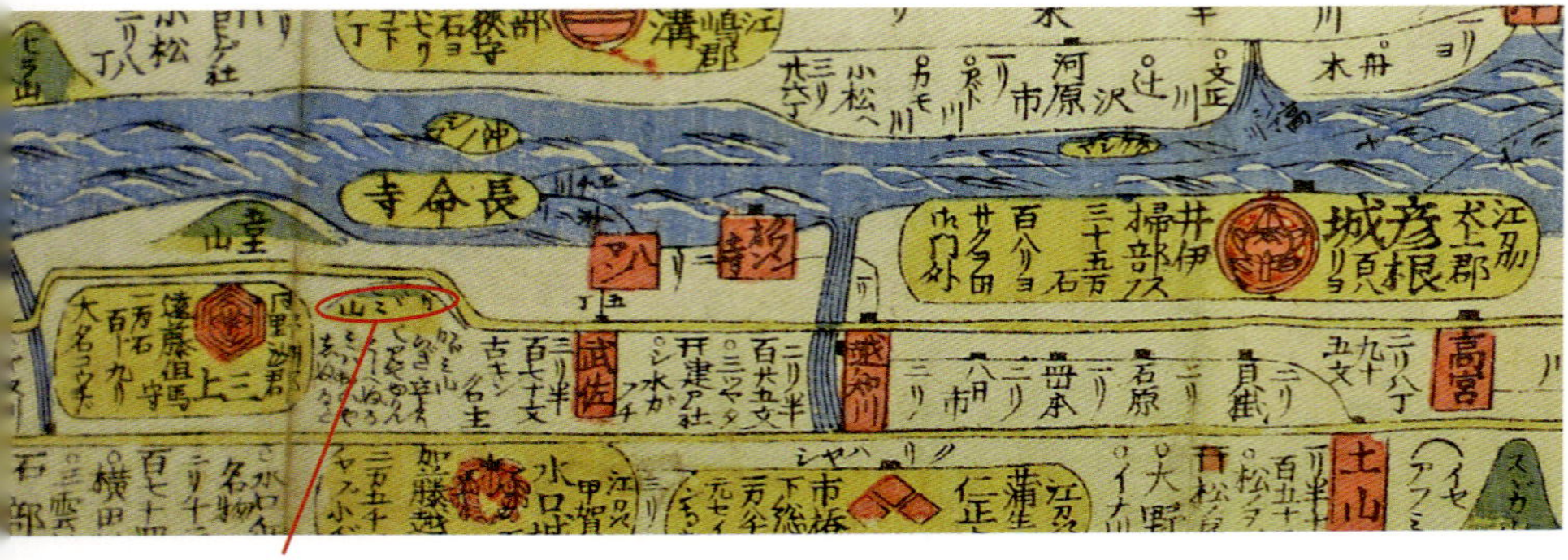

嘉永四年四月一日

京都発　歳辛亥ニ在リ、四月朔[1]。塾生岡道伯[2]帰省スルヲ隋エ、同ジク北州ニ趣カントシテ道ヲ渋谷越ニ取ル。弟農夫[3]送行シテ五條橋ニ至ル。鹿島昌哲[4]、金古景山[5]、横井庭碩[6]、八木薩摩介[7]、姪士稷[8]ハ更ニ清水寺ニ至ル。大津ヲ経テ勢多[9]ニ到ル。一旅装ノ人岩鏡草ヲ手ニシテ余ニ揖スルニ遇ウ。頃日赤阪養老山ニ遊ビ、今乃チ帰途ナリト自ラ説ブ。余其ノ面ヲ記エズ。即チ攝人堀田辰之助[10]ナリ。

是ノ日、日光例幣使水無瀬公東下ノ日タリ。警蹕ノ声、忽チ先ニ、忽チ後ニ、終日之ガ為メ徐歩スル能ワズ。草津ニ宿ス。

二日

草津発　守山、那須川[11]ヲ経テ鏡ニ到ル。鏡山[12]ハ小禿山ナリ。武佐ヲ過ギ、川ヲ越エテ□鷺水田中ニ叢立スルヲ見ル。羽毛ハ白雪、嘴脚ハ漆黒、胸腹或ハ黄、或ハ白、数十駢頭シテ泥ヲ畫シ、食ヲ索ム。絶エテ閑雅ノ態無シ。豈譿畫《（ヘラサキ）》ト同性ナランカ。

高宮川[13]ヲ過ギレハ路傍ニ大和扇多ク、盛ンニ開花シ、妖嬈ト京都五条大橋から大津・草津、そして北陸道へ（『大日本国順路明細大成・改正増補』嘉永3（1850）年発行・金沢市立玉川図書館蔵より。以下、同図は道中記と表記する。

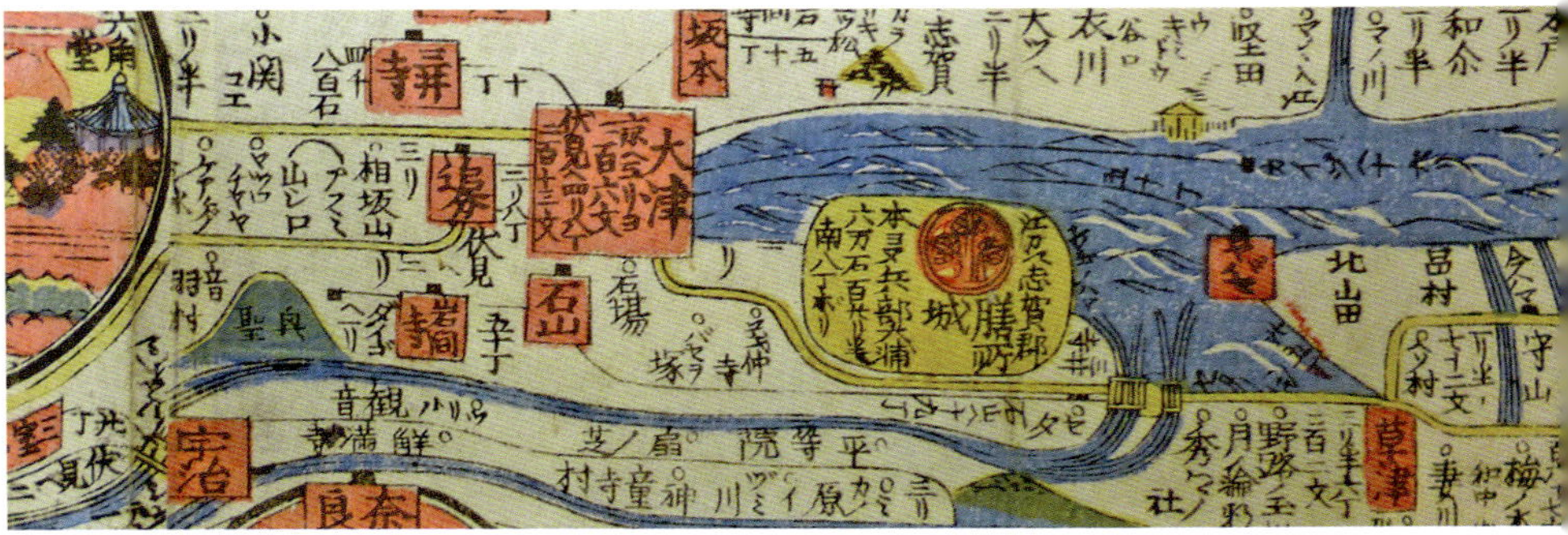

上は国道一号と八号の分岐を過ぎて直ぐ八号「辻」交差点から見る「鏡山」。下はイワカガミ。

(1) 新暦では五月一日（一八五一）にあたる。

(2) 元伯とも言う。越中の人。嘉永三年四月二十六日読書室に入門し、この日帰国する。

(3) 一歳年下の弟（七男）正夫（一八二八—一九〇五）の幼名

(4) 大阪川口の人。嘉永四年三月十四日入門。

(5) 越中の人、油小路五條南に開業。天保十四年五月十三日入門。上総の古矢知白の門人で傷寒論家。

(6) 尾張海西郡山路村の人。嘉永三年三月六日入門。

(7) 嘉永四年一月二十八日入門。

(8) 渓山の兄榕室の長男、後年渓山のあとを襲って第十二代当主となる復一（一八四〇—一九一二）である。

(9) 現在の瀬田。

(10) 大阪の商家の主堀田龍之助（一八二〇—一八八八）綿商後西洋薬種に転ず。本草に関心強く、畔田翠山また榕室と親交を結ぶ。

(11) 現在の野洲川。

(12) 鏡の東方にある。高さ三八四米。

(13) いわかがみは一名やまとうちわ。またよく似たいわうちわがある。

シテ愛スベシ。鳥本[14]ニ到ル。中仙道ト北国道分岐ノ地タリ。米原ニ宿ス。此ノ日北風極メテ烈シク、衣裘ヲ重襲スト雖モ手足凍エント欲シ、旅舎ニ投ズルニ及ビ、急ニ炭火ヲ熾《モヤ》シテ始メテ蘇ルヲ得タリ。

三日

米原発　長浜ヲ経テ木本ニ到ル。路ノ左右多ク罌子桐《（アブラギリ）》ヲ種[15]エ、夏ニ方《アタ》リテ芽ヲ放タントス。樹ハ皆ナ矯小、枝條柔軟、離レテ左右ニ披キ、大サ椅桐《イイギリ》ノ類ニ似ズ。頃日霖雨アリ。通衢[16]ハ往々水ノ豁スル所トナリ、舟ヲ傭《ヤト》イテ始メテ過グルヲ得。黄毛鷺《アマサギ》群ヲ為スヲ見ル。鷺属ニ在リテハ最小タリ。頂及ビ胸前ハ赭黄色、嘴ハ黄、脚ハ玄《クロ》ヲ成シ、愈《イヨイヨ》愛ス可シ。柳瀬ヲ過ギ、椿井ニ宿ス。

四日

椿井発　椿井ノ嶺中河内ヲ経テ、得ル所ノ草木、地湧金蓮《タルマサウ》[17]、草牡丹[18]、鵝掌草[19]、延齢草[20]、延胡索[21]、鍬形草[22]、頭陀薬種[23]、紺蓮[24]ナリ。欟[25]木嶺ニ至リ、谷ニ満ツルハ皆七葉樹[26]。欟糕[27]ヲ啖ウニ味頗ル佳、殆ド黍團ノ如シ。店ハモト豊太閤留宿ノ地タリ。別室ニ豊公曽テ携ウル所ノ巨釜ヲ貯エ、人ヲシテ近ヅキ視ルヲ得シム。此ノ

(14) 鳥居本であろう。
(15) 江州若州に多く栽培して実を採り油とする（「本草綱目啓蒙」以下「啓」と略記する）。
(16) 大通り。
(17) ざぜんそう。水芭蕉に似た紫黒色の大型の花。「百」
(18) 「和」ではやましゃくやくにあてる。
(19) にりんそうのことか。「異」
(20) 一名薬当字。「啓」
(21) 「原色和漢薬図鑑」難波恒雄（以下「原」と略記）。
(22) 山地樹下に生ずる草本。ごまのはぐさ科。
(23) 黄水枝。「彙」
(24) 不詳。
(25) 欟は栃、とちの木。
(26) とちのき。「異」
(27) 糕は粉餅。

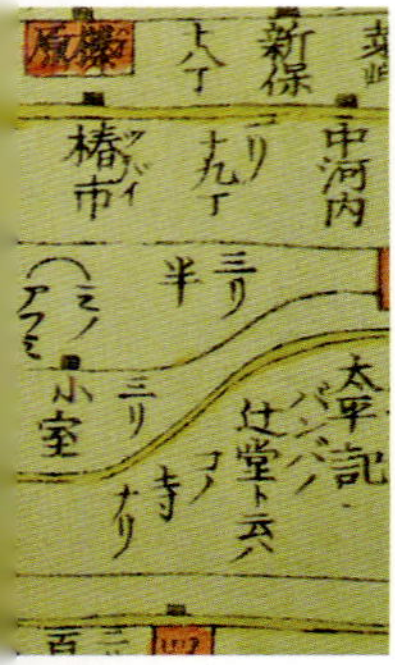

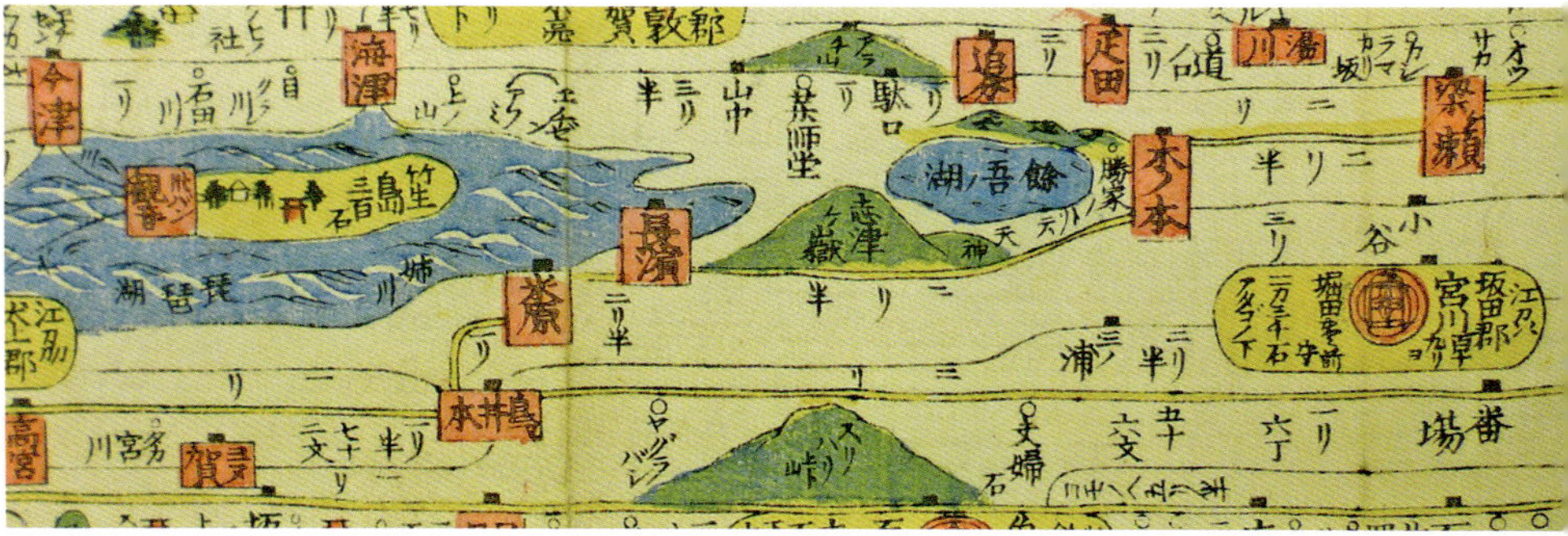

道中記に見る「鳥井本」から「中河内」へ

エンゴサク

ヤマシャクヤク

栃の木峠（標高五三七メートル）とアブラギリ（下・後述で当地のそれは油桐ではないことが判明）

クワガタソウ

ザゼンソウ

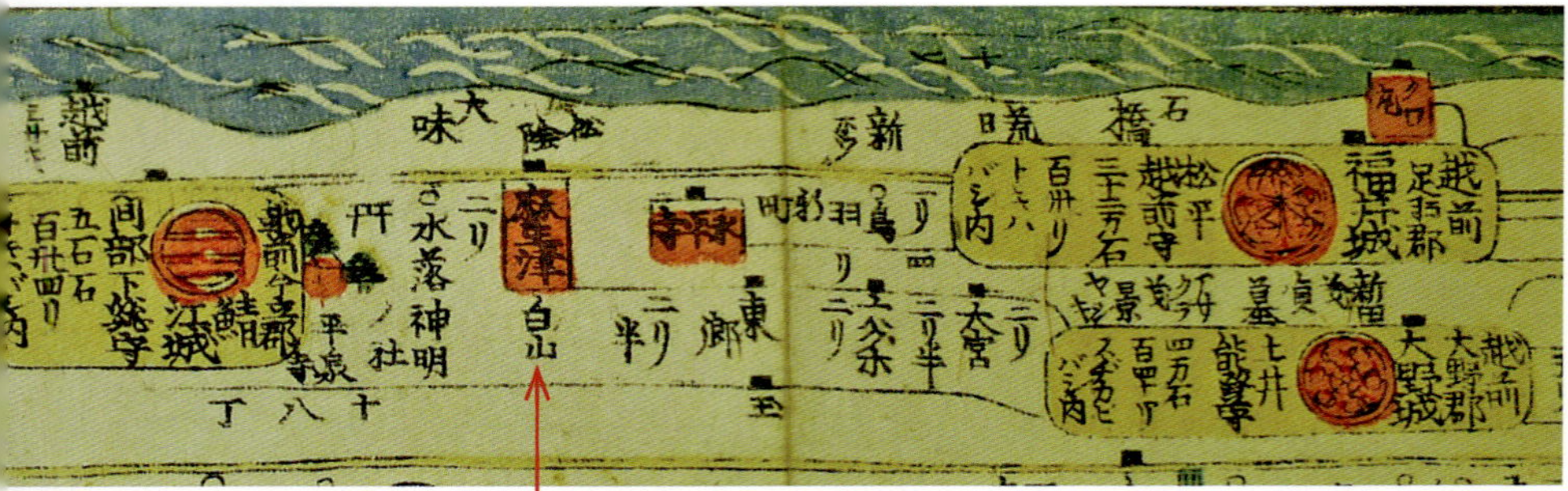

浅水

中河内から福井町まで（「浅水」は図の《麻生津》）

処、山村ノ尤モ巖凝ノ地タリ。渓間、日アタル処ヲ見ズ。尚堆雪ノ存スル有リ。人以テ越前州ニ到ルニ異レリトナサズ。板鳥関ハ行ク人、之ヲ過グルハ、止マリテ巾笠ヲ脱スルノミ。今庄ニ到ル。屋舎ノ制大ナリ。殊ニ近畿ノ檐（ノキ）皆高ク臨ミ、屋ハ栗皮ヲ以テ葺キ、塊石ヲ以テ圧シ、飄[28]風ノ颺《アゲ》去ルニ備ウ。北州ハ大抵皆此ノ如シ。湯尾嶺[29]ヲ過グ。家ヲ発シテヨリ連日快晴、此ニ至リテ初メテ雨フル。

鯖波、脇本、今宿、府中ヲ経テ、田間ニ白鳥数百群ヲ成シ、人ヲ見テ隊ヲ挙ゲテ飛ビ舞イ、其ノ声猫ノ如シ。土人之ヲ猫鳥ト謂ウ。盖シ、江鴎ナリ。白鬼女川ヲ過ギ、鯖江ニ宿ス。

五日

鯖江発　雨未ダ已マズ。浅水[30]ヲ経テ福井ニ至ル。民居稠密頗ル巨邑ナリ。九十九橋ヲ渡ル。長サ九十九間、半バ青石ヲ用イ、半バ木板ヲ用イ、以テ當ニ中接シテ換ウ可シ。或ハ之ヲ掛分橋ト謂ウ。舟橋、森田ヲ過グ。舟橋ハ小舟四十八隻ヲ以テ横列ノ舟ハ両腹相当タリ、鉄索ヲ以テ之ヲ繋ギ、上ハ木板ヲ以テ舗キ、蜿蜒斜メニ前岸ニ達シ、大イニ雅観ヲ為ス。盖シ、古ノ浮橋ナリ。

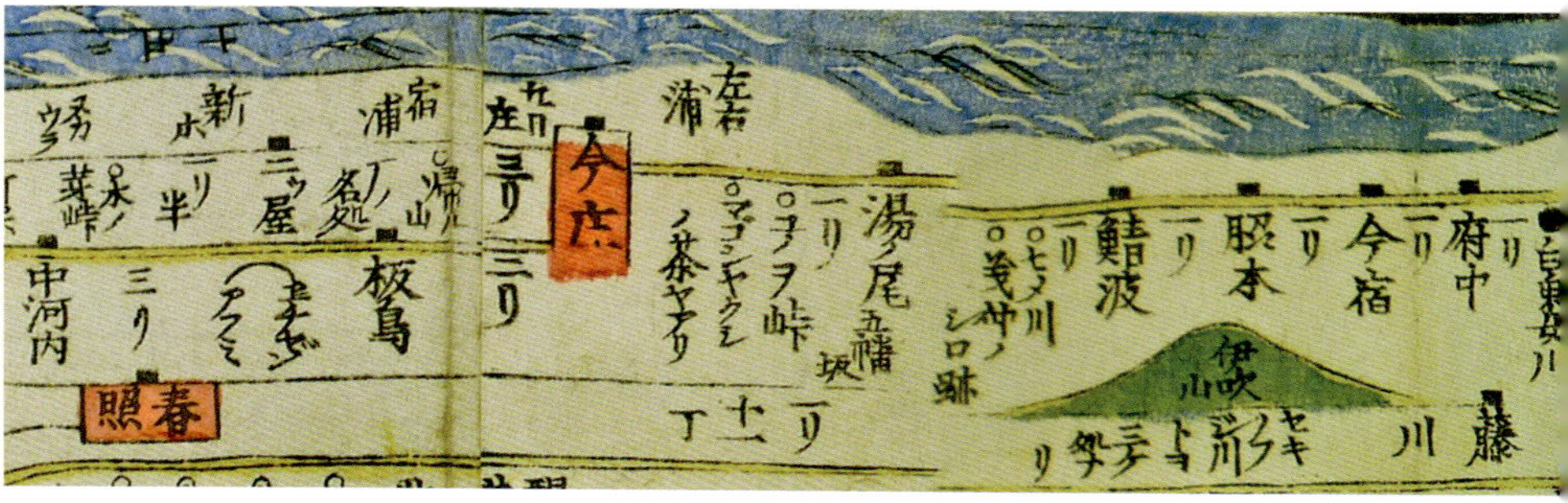

(28) つむじ風。
(29) 今庄と鯖江の中間にある。
(30) あそうず。福井と鯖江の中間。

足羽川にかかる現在の九十九橋（半石半木の橋は一九〇九年まで存在）。下は九頭竜河の「船橋」図（『越前国名蹟考』より）

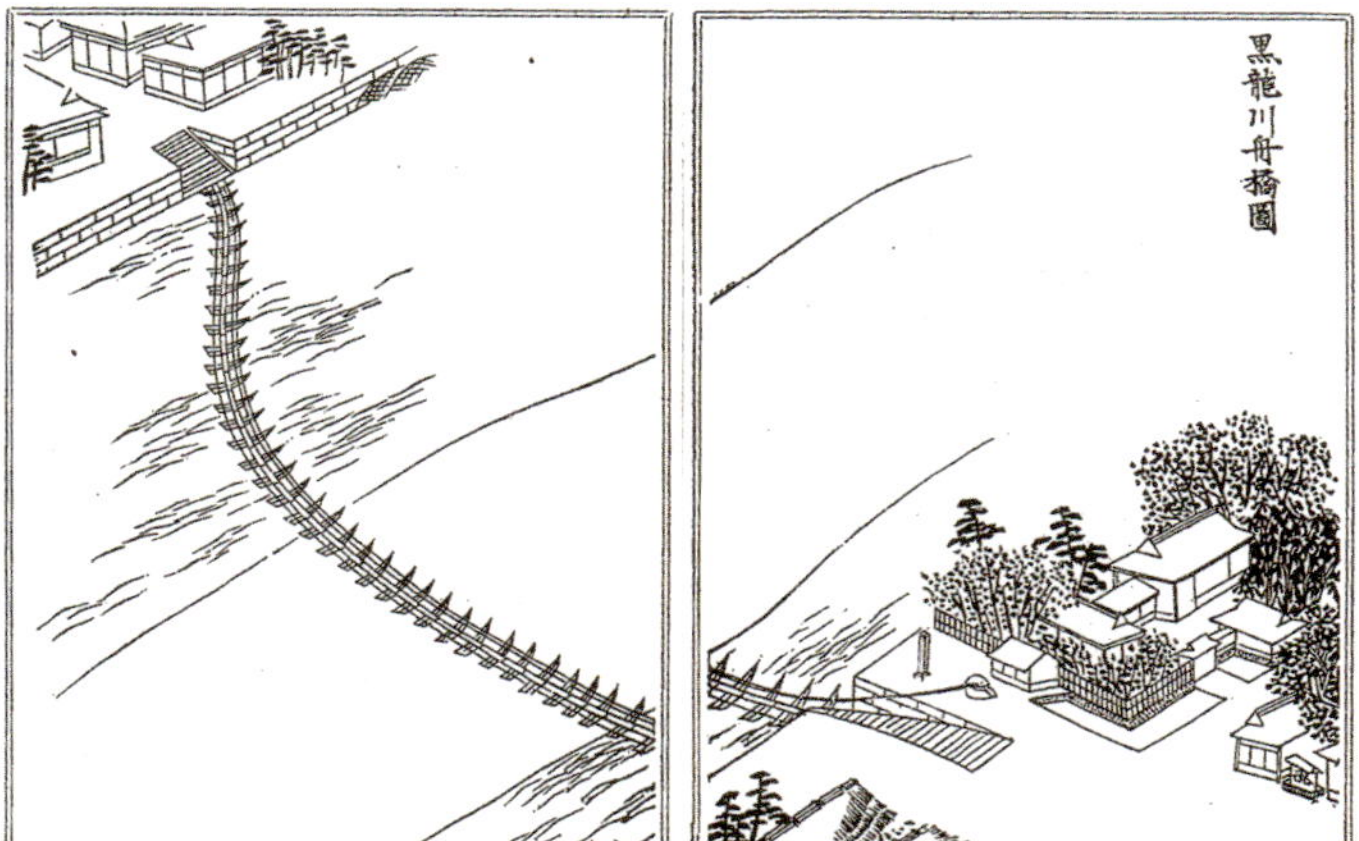

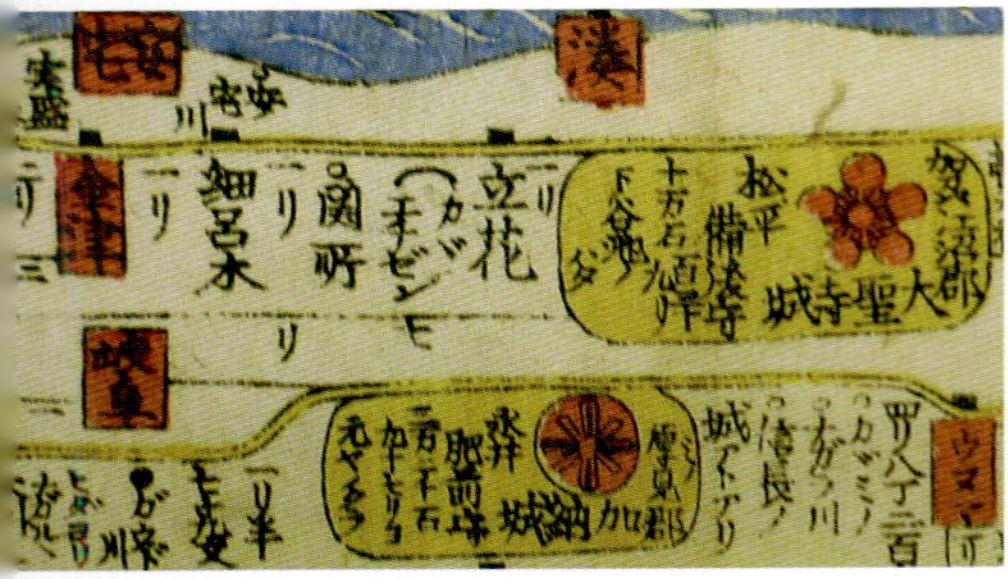

長崎、金津ヲ経テ、一小逕ヨリ湖水[31]ノ傍ニ出ズ。舟ヲ倩《ヤト》イテ吉崎ニ至ラント欲ス。偶《タマタマ》舟師在ラズ。踟蹰[32]之ヲ久シウス。村婦ノ海鰮ヲ他郷ニ貨《ウ》ル者数十隊ヲ為シテ来タル。白布ヲ以テ衣ト為シ、両袖ハ即チ青棉布、薹笠《スケオチ》ヲ頂キ、竹器ヲ肩ニシ、小艇三艘、艫ヲ皷チ放チテ将ニ早谷村ニ還ラントス。村ハ吉崎ニ河ヲ隔テテ岸上ニ在リ。衆ハ因リテ同載ヲ求ム。婦ハ皆歩履、挑達[33]、鴃舌[34]、便《スナワ》チ給ジ、大原女ノ風有リ。許スニ鵝眼[35]二緡[36]ヲ以テシ、遂ニ足ヲ折ル[37]。五十町ノ径ハ吉崎ニ至ル。此ノ湖ハ平穏鏡ノ如ク、四望ノ小丘ハ皆松樹蒼翠ナリ。笠ヲ脱シ、詩ヲ思ウ。佳境ハ毛頴[38]ノ悉ク能クスル所ニ非ラザルナリ。

①丘壑連綿緑四囲　丘壑連綿[39]トシテ緑ノ四囲
影沈鏡裏水禽飛　影ハ鏡裏ニ沈ミ水禽飛ブ
誰如村婦鼓艫巧　誰カ村婦ノ鼓艫ノ巧ミナルニ如カン
早已扁舟至吉崎　早ヤ已デニ扁舟ハ吉崎ニ至ル

遂ニ吉崎ニ宿ス。

（四月）六日

吉崎発、大聖寺着　早ク起キ、本願寺ニ遊ブ。路少シク登レバ晴望ハ極佳。花松ト称スル者有リ。蓮如師[40]手ズカラ植ウル所ト

(31) 北潟湖。
(32) うろうろするさま。
(33) 行ったり来たりする。軽々しく遊び歩く。
(34) 野蛮なことば。
(35) 穴あき銭。
(36) 緡。銭さし紐。
(37) 坐ること。
(38) 筆の異称。
(39) 丘と谷。
(40) 本願寺第八世、浄土真宗中興の祖。この吉崎に移り北陸一帯の教化に努めた。

吉サキ

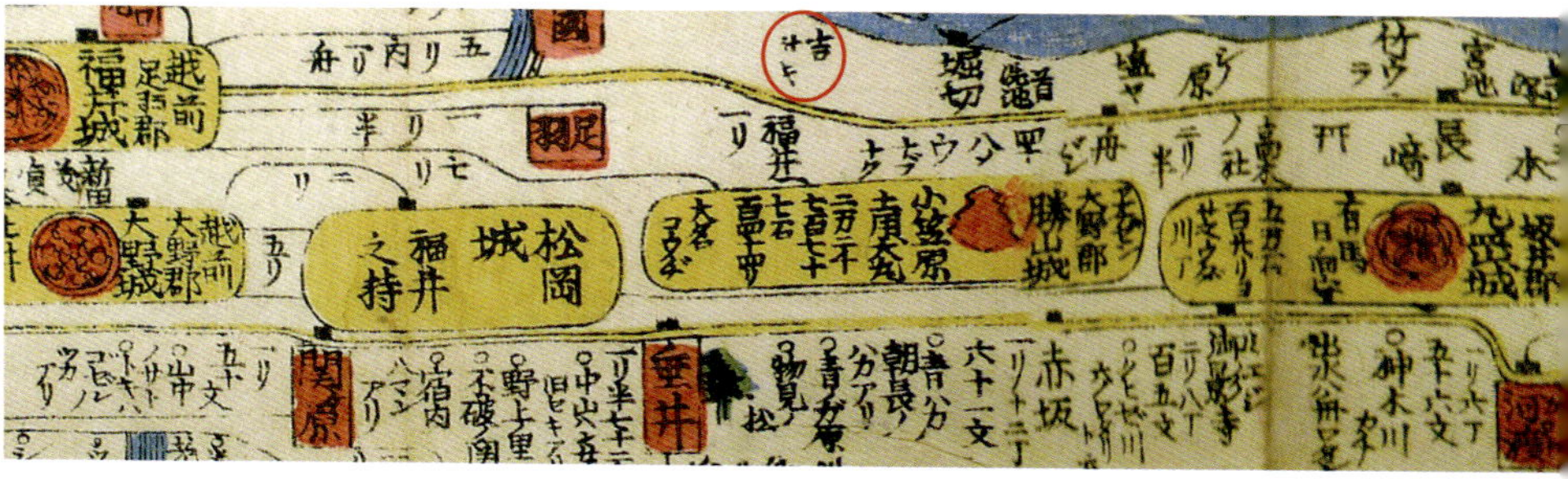

言ウ。下瞰スレバ民舎ノ屋瓦ハ皆赤ク、蒼ク帯ビテ釘頭代赭色ノ如シ。立花ヲ経テ大聖寺ニ到ル。

此ノ処亦関有リ。余脚痛ニ苦シム。且前日ハ雨ヲ冒シ、湿ヲ受ケ、自ラ旅中疾ヲ得ンコトヲ恐ル。事細ナラザレバ是勉強ノ事ヲ得ルニ非ズ。乃チ道伯ノ先行ヲ請イテ、余独リ逆旅ニ投ジ、

吉崎御坊とよばれる別院（上が大谷派、下が本願寺）。

知識[41]ヲ問訪センコトヲ計ル。以テ数日ヲ寛クス。

七日

大聖寺滞在 将ニ草鹿玄龍[42]ヲ訪ネントスルニ、前日公駕ニ隋イテ東行セシト聞ク。遂ニ往カズ。宮永理兵衛[43]ヲ訪ウ。行年七十三、温厚人ヲ愛シ、自ラ連得三喪[44]ヲ言ウ。心意ハ頼懶スルコトナク、書牘[45]ヲ修メ、遂ニ音問[46]ヲ廃スルニ至ル。草学ノ言ヲ聞クニ及ビ、身ハ健ヲ加ウルヲ覚ユ。余ニ約シ、明日再ビ夜ヲ過サン事ヲ求ム。又旅舎ニ宿シ、尨蠏[47]ヲ食ス。味極メテ甘美。□吏部ノ同嘗スルヲ得ザルヲ恨ム。午後淫雨、夕ニ達シテ漸ク客愁ヲ生ズ。

八日

宮永氏再訪 宮永氏ニ至ル。翁親シク写ス所ノ魚鳥ノ図ヲ出シ示シ、以テ疑ヲ質シ、且酒ヲ具シ、餞ヲ設ケタリ。宮永氏ノ子年十一、名ハ理五郎幼シト雖モ頗ル草学ヲ嗜ム。伊藤又一郎[48]モ来タリ談ズ。翁ノ学ヲ嗜ム、己ノ知ラザル所ハ一々紙ニ記シ、之ヲ巾箱[49]ニ蔵ス。余モ亦之ニ倣ウ。隋聞隋記シテ夕ニ及ブヲ覚エズ。初更[50]ニ至リ乃チ還ル。初メテ家書ヲ出ス。

(41) 学識のある人。
(42) 大聖寺藩医、禄高一七〇石。藩侯に親任されて後に侍読となる。慶応元年致仕して明治二年、七十九歳で没した。
(43) 大聖寺藩士、宮永嘉告（ヨシツグ）、桂亭また無学と号し『江沼郡雑記』を著し、『江沼志稿』の編纂に加わる。安政六年本草、茶道、剣、禅を学ぶ。八十一歳で没した。
(44) 不明。二ツを得たが三ツを失ったということか。
(45) 書物と書きもの
(46) 便り。おとずれ。
(47) 大蟹又は龍蟹。
(48) 又は大一郎、大聖寺の人。嘉永四年九月十八日読書室へ入門、渓山を介して物産を学ぶ。
(49) 布を貼った箱。
(50) 日没から日の出までを五つに分けた時間の最初のもの。午後七時前後。

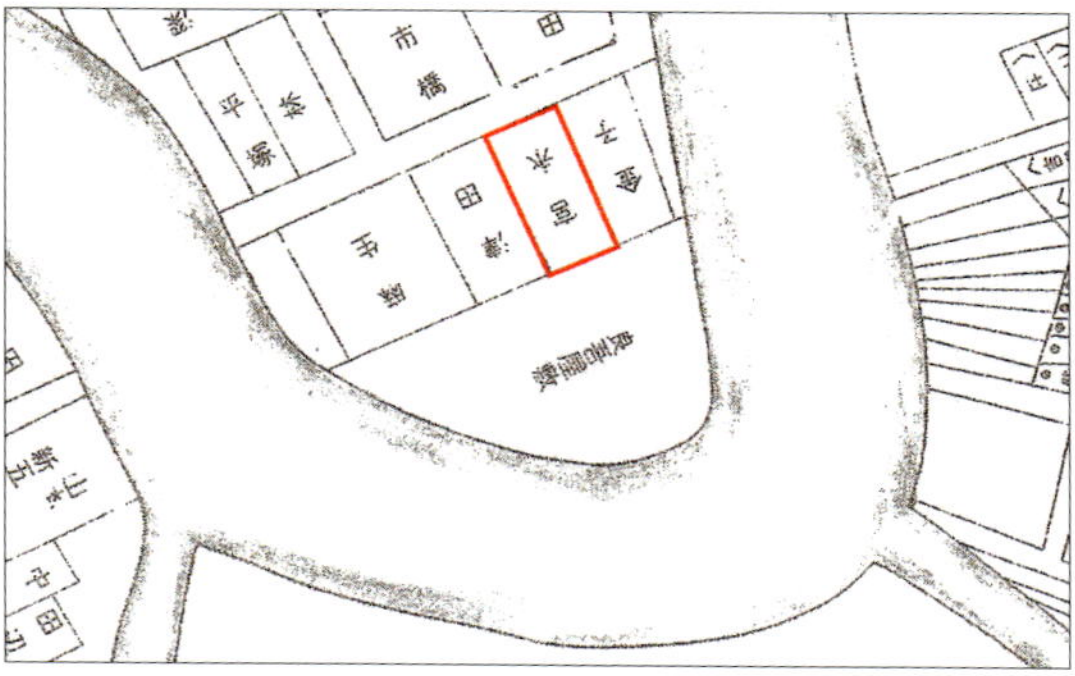

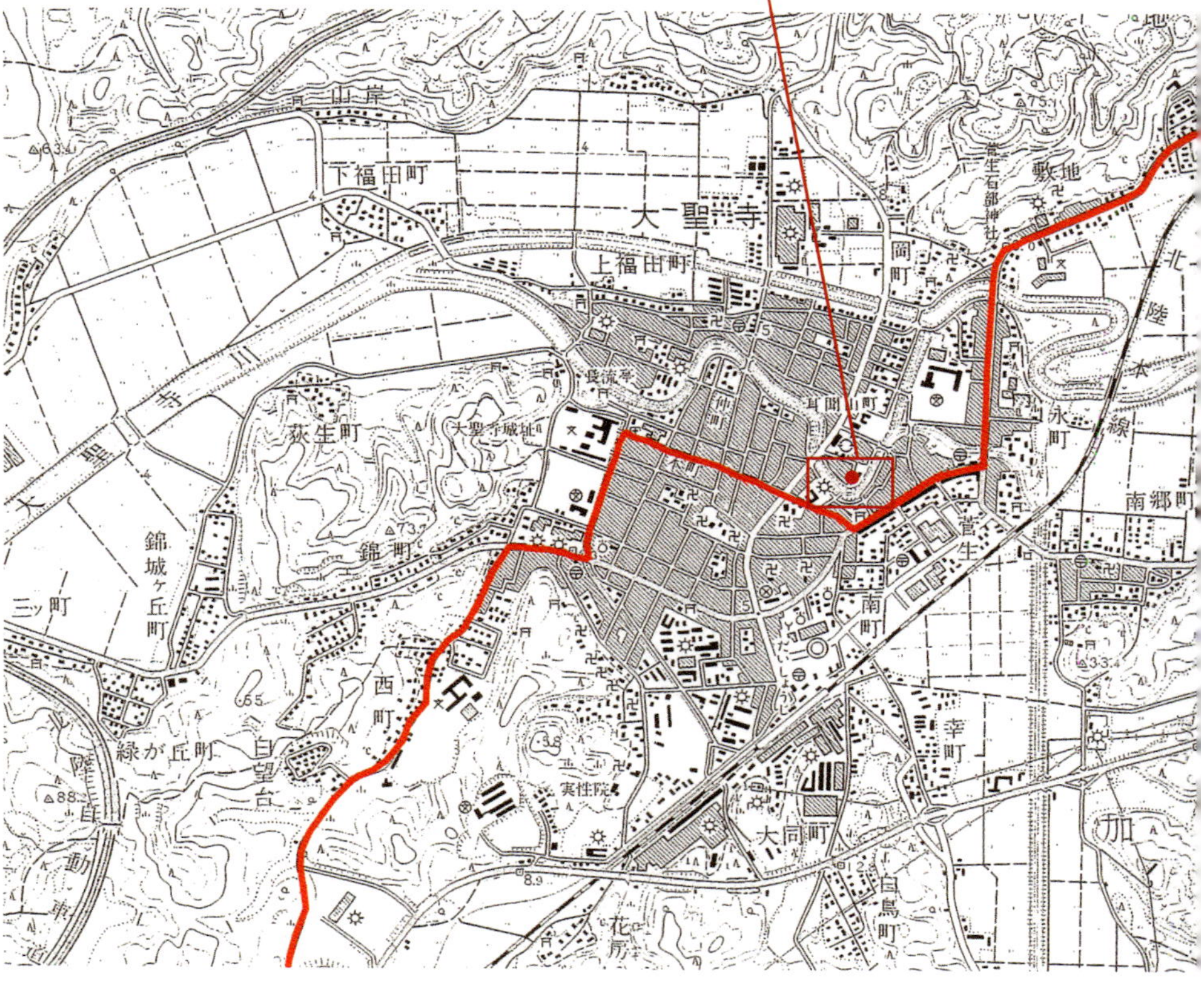

現在の大聖寺の市街図で、宮永宅は赤丸のところ、天明六年（一七八六）「大聖寺絵図」のその部分を右に掲示する。大聖寺藩研究で知られる山口隆治氏に教示を受けた。赤線は旧北陸道。

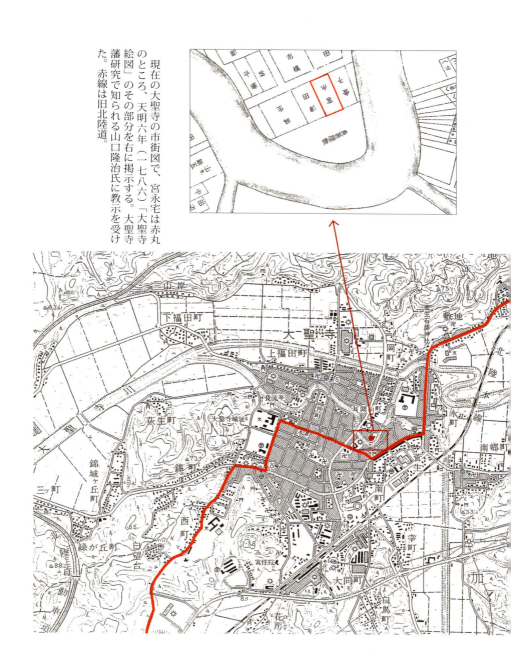

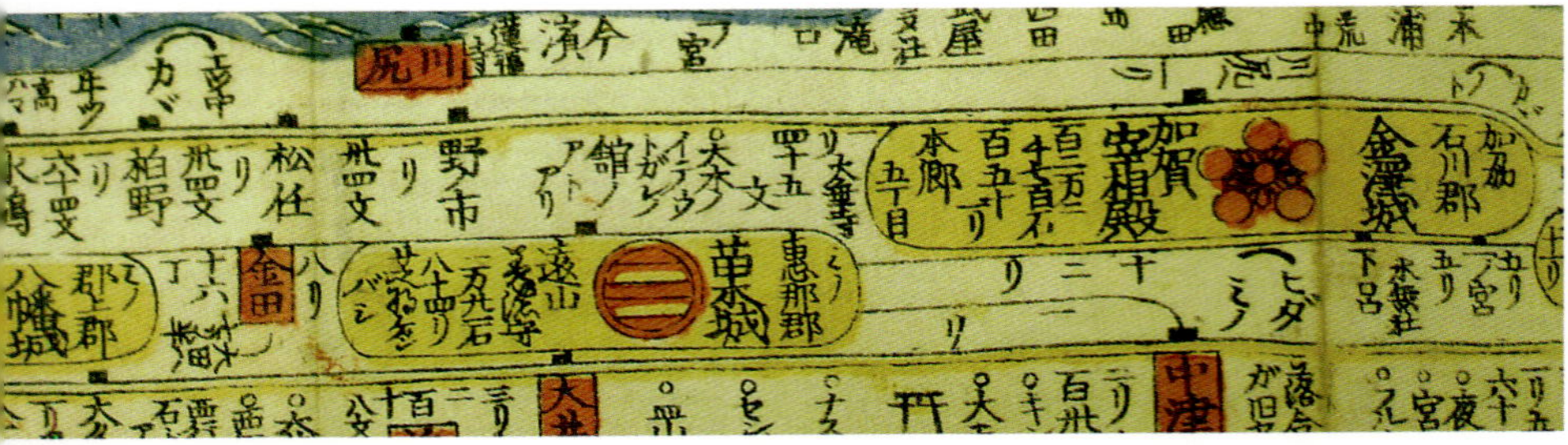

大聖寺から金沢まで（『大日本国□路明細大成・改正増補』天保□年発行・金沢市立玉川図書館蔵より）

九日

大聖寺発　大聖寺ヲ発シ、作見、動橋、月津、今井、串ヲ経テ小松ニ至リ、逆旅ニ投ズ。日尚高シ。乃チ閑歩シテ安宅ノ浦ニ至ル。海浜ハ只丸石磊々トシテ螺蚌[51]ノ属群ハ絶無ナリ。罟師[52]沙ニ坐シ、網ヲ補ウ。一童網ヲ投ジ水涯ニ撈ス。其ノ獲ル所ヲ視ルニ針口魚《サヨリ》、白須二種ノミ。白須ハ縮額長身、大サ纔《ワズ》カニ寸餘、水晶ハ是身、珠璣[53]ハ是腸。頭ヨリ尾ニ至ル細文十許《バカ》リ、羅列シテ杯星[54]ノ如シ。然レバ盆中ニ放置スレバ水ト別無シ。路旁秦皮樹[55]多シ。高サ二三丈、幹ノ大キサ四五囲[56]ナリ。

十日

小松発、金沢着　小松ヲ発ス。行樹[57]尽ク秦皮ヲ用イ、更ニ他木ヲ雑エズ。湊ヲ経テ元吉ニ到ル。白沙数里、大巣菜《ハマエンドウ》、珊瑚菜《ハマボウフウ》多ク之ニ生ズ。元吉ノ俗、尤モ河豚ヲ嗜ミ、腹ヲ刳《サ》キ、其腸血ヲ浄メ、葦箔[58]ニ連ネ、暴シ乾カス者、戸々皆然リ。鮞[59]頗ル大ニ、状ハ杏魚鮞《タラノコ》[60]ノ如ク、醃[61]シテ之ヲ食スト言ウ。

水島、柏野、松任ヲ過グルニ赤豆餈[62]ヲ名品トナス。野々市ヲ経テ金沢ニ到リ、岡島玄俊ヲ訪ナウ。主岡島氏玄俊[63]ノ父、名顕亨ハ年七十ヲ遂グ。弟名又玄年十七、又玄頗ル奕[64]ヲ善クシ、余

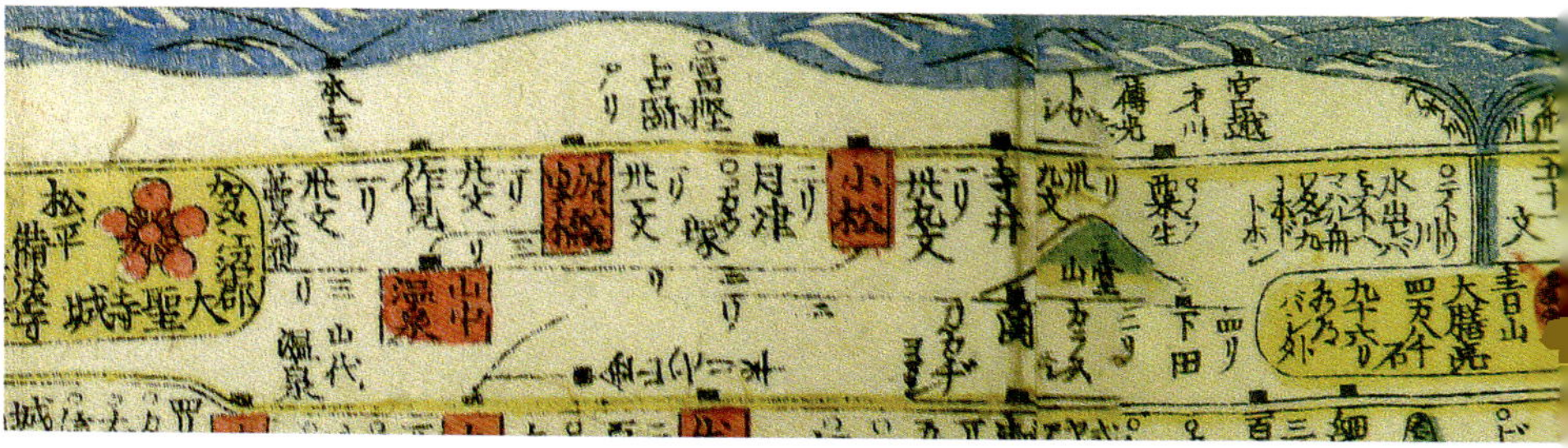

敵スル能ワズ。

（四月十一日、記事なし）

（51）螺はつぶ、にし、巻貝の総称、蚌（ボウ）はどぶ貝、ぬま貝、はまぐりなど二枚貝。（52）漁夫、漁師。罟は網。（53）丸い玉と四角な玉。宝石。（54）枰は碁または碁盤。枰星は碁盤の星。（55）とねりこ。「大和本草」に見ゆ（以下「和」と略記）。（56）物の周囲をはかる単位。一囲は五寸または一尺。（57）並木。（58）葦のすだれ。（59）はらご。魚卵。（60）鱈は漢名大口魚。江戸期大口を「呑」の一字を当てた。（61）塩漬けにする。（62）むし餅。（63）名は順、文化八年（一八一一）生れ、越中氷見町の医師西井良朔の子、加賀藩老臣前田監物手医師顕亭の養子となる。天保三年頃読書室に入門。嘉永三年養父隠居後跡を継いだ。養父顕亭は安政三年七十五歳で没す。（64）碁を打つ。

十二日　金沢滞在

前田監物[65]余ニ画ヲ需メ、并セテ詩ヲ題センコトヲ請ウ。為メニ玉蘭山鵲図ヲ製ス。

②異光疑ニ白玉一　異光白玉ヲ疑イ
芳気比ニ幽蘭一　芳気ハ幽蘭ニ比ス
禽鳥愛レ他否　禽鳥ハ他ヲ愛スルヤ否ヤ
日来立ニ樹端一　日ニ来タリ樹端ニ立ツ

（十三日、記事なし）

十四日　金沢市中遊覧

田中兵庫[66]、藤田玄庵[67]ヲ訪ネ、午後ハ玄俊ニ隋イ金城ヲ周覧ス。浅野川大橋ヲ過ギ、九人橋[68]ヲ経テ奥村内膳居[69]ヲ観ル。嵩宇雕牆[70]ハ儼然トシテ一諸侯ナリ。盖シ年寄衆者八家、諸臣中ニ在リテ尤モ貴族ト為ス。各領地ハ万餘石、最大ナル者ハ五万石、曰ク、本多播磨守[71]、人持衆[72]ハ五十餘家ナリ。之ニ次スル最大ノ者ハ一万四千石、曰ク、今枝内記、城ノ東辺ヨリシテ金湯[73]ノ固メタルナリ。瓦ハ皆鉛ヲ鍍シ、遠ク望メバ白金ノ如シ。濠亦タ深邃、曰ク百間濠[74]ナリ。

東望スルニ竹沢旧殿ハ先侯ノ終焉ノ所ナリ。前田内蔵助[75]、前

(65) 前田利家の五男利孝の三男寄孝の子孫が監物系。利孝は三日市藩主となるが、寄孝は加賀藩に迎えられ代々三千石を受けた。
(66) 田中躬之、菊園と号す。石川郡本吉の儒医の家に生れ、京に上り皇学を加茂李鷹に、医術を新宮涼庭に受け、天保五年帰郷して六年金沢に移り町儒医となり国学和歌を教授した。嘉永五年召されて藩学明倫堂の講師となり、安政四年藩命により類聚国史欠典補修を督したが業ならずして病没した。
(67) 不詳。文久年間の侍帳に藤田道乙（五人扶持）があるが別のようである。
(68) 九人橋通と胡桃町を連絡する惣構堀にかけた橋。この橋を十人並んで渡ると九人のみ影が映った故この橋名がついたと伝えた。
(69) 加賀藩老臣奥村氏の支家一万二〇〇〇石。
(70) 大きな屋根と彫刻した障壁。
(71) 五万石は本多安房と思われる。
(72) 或は人持組（ヒトモチグミ）、八家に次ぐ高禄の士を言う。藩末の頃は七十家を数え、知行は一万四千石の今枝氏以下千石までであった。
(73) 金城湯地。
(74) 金沢城石川門外西方一帯の塹壕、古くは蓮堀と言う。明治以後埋められて道路となる。
(75) 不詳。

渓山の頼った「岡島玄俊」は「金沢城下図」の拡大図にある「岡嶋」宅と思われる。手医者をつとめるという前田監物邸はすぐ浅野川向い。右本文に出る「奥村内膳」「本多播磨（周防）守」「今枝内記」「前田内蔵助」は○囲み。「金沢城下図」はこの度の三年後、安政元年 1854年の調整図という『加賀松雲公』下巻付録の絵図。

(76) 不詳。
(77) この翌年明倫堂に国学部門が設けられる。(66)をみよ。
(78) 前後の道筋からここに浅野川があるのは理解しにくい。
(79) 金沢城下の中心部、大手町、西町、十間町、中町、殿町等を総称して、中口または中口台ということがあった。台は区域の意。
(80) よく肥えて豊かな土地。
(81) 市中心部より犀川を渡った南西部の町名。
(82) 駱駝またはせむし。
(83) 筍の沢山茂るさま。
(84) 野田寺町にある真言宗倶利迦羅山宝集寺、俗に比丘寺とも言う。
(85) 同じく野田寺町の曹洞宗天祥山桂岩寺であろう。俗に五百羅漢と言う。
(86) 橋名と思われるが不詳。
(87) 不詳。
(88) 金沢城内の東照宮に奉仕する別当の寺院で天台宗、比叡山と号した。これに並んで徳川家光の像を安置した極彩色の仏殿があった。
(89) 加賀藩の老臣前田長種系であろう。
(90) 大手町の総構堀に架した橋であった。昔この橋詰に黒梅屋治左衛門という染物屋がいたことから黒梅屋橋と呼ばれたが、くるみや橋、くるみ橋と誤り伝えられた。
(91) 金沢下小川町にあり、天台宗に属した。山号は毘沙門山または卯辰山と言い、毘沙門天を祀った。

田織部[76]ノ居ヲ観ル。国学[77]前ヲ経テ香林坊橋、犀川大橋、浅野川[78]ヲ過ギ、犀川ニ到ル。之ヲ中口[79]ト謂イ、金沢膏腴[80]ノ地ト為ス。戸ヲ泉寺町[81]、玉泉寺前ヲ経テ六斗林[81]ヲ過ギ、地黄煎町ニ至ル。戸ヲ比《ナラ》ベテ皆橐駝[82]、尤モ大ナル者、余其ノ園ヲ窺ウニ復タ異草ナシ。野遥ヨリ十一屋ニ趣ク。十一屋[81]ハ盖シ坊名ナリ。此ノ間江南竹《モウソウ》極メテ夥シク、犢角戢々[83]トシテ京産ニ異ルコト無シ。唯皮色深黒、味亦大ニ下ル。田家ハ処々山芹菜《ウラジロ》ヲ曝ス。糕ニ和シテ食スレバ艾葉ニ勝ルト言ウ。宝集寺[84]、桂巌寺[85]前ヲ経テ、野田寺町、一橋[86]、十三間町、油車ヨリ不明門[87]ニ入ル。神護寺[88]を過ギ、寺ノ傍ニ東照君ノ祠堂有リ。前田美作守[89]ノ居ヲ観ル。大手櫓台ヲ観ル。胡桃橋[90]ヲ過ギ、復タ浅野川ニ出デ、岡島氏へ還ル。夜又玄ト毘沙門堂[91]及ビ来教寺ニ遊ビ、顕亭翁ニ詩ヲ呈ス。

③日日高斎何所為　日々高斎何ゾ為ス所
圍棋描画或裁詩　棋ヲ囲ミ、画ヲ描キ、詩ヲ裁ス
尤怡頻得嘗珍膳　尤モ怡ブハ頻ニ珍膳ヲ嘗スルヲ得ル
海蛤田螺奇更奇　海蛤田螺奇更ニ奇

右本文に出る「前田織部（織江）」「国学（学校）」「玉泉寺」「（六斗）林町」「地黄煎町」「十一屋」は○囲み（「金沢城下図」安政元年（一八五四年）の調整図という『加賀松雲公』下巻付録）

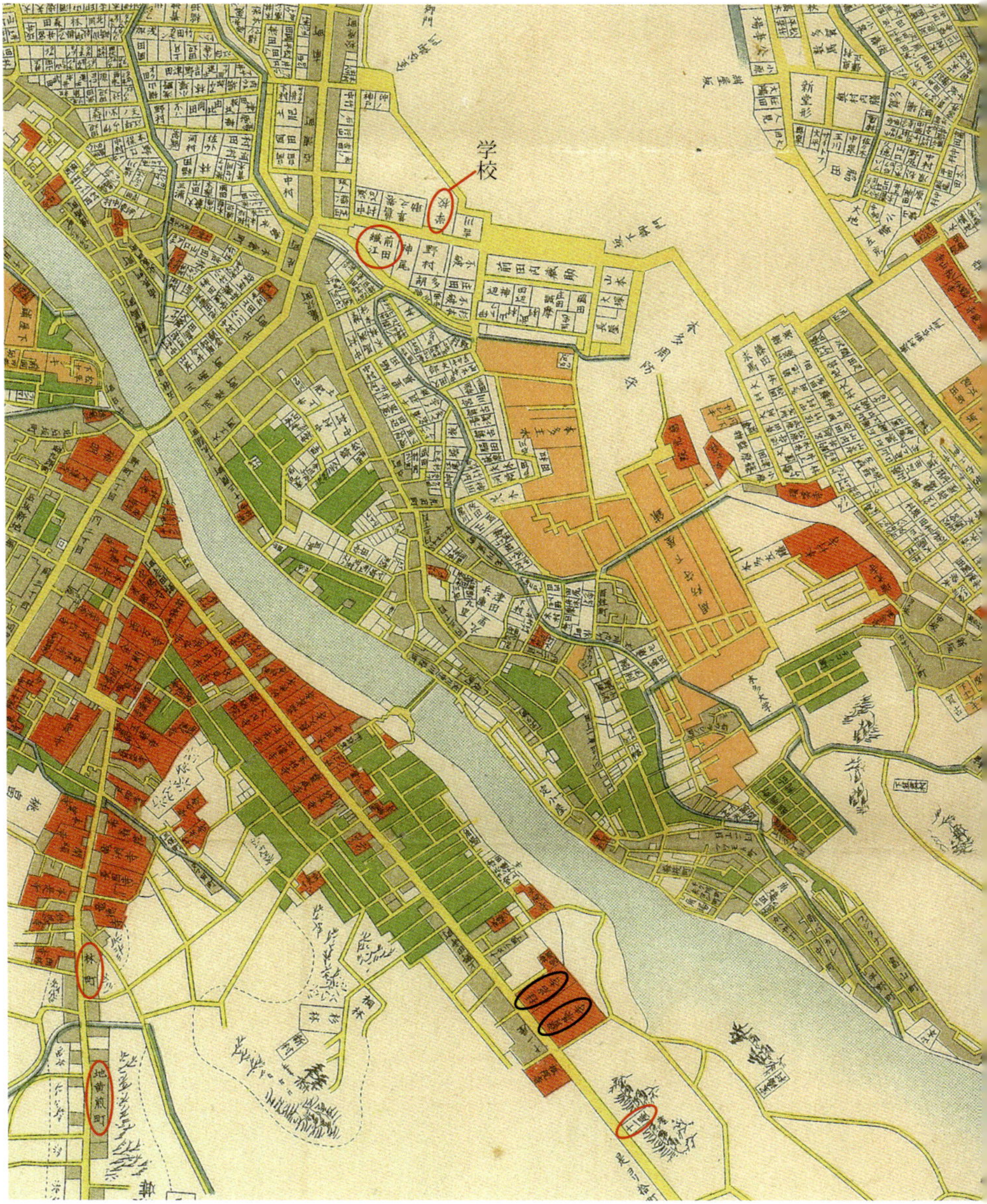
学校

十五日

金沢卯辰山閑歩　金沢地図ヲ借リ之ヲ観ル。午後又玄ニ隋イ、臥龍山[92]ヨリ多賀氏老玉川惣左衛門[93]宅ニ趣ク。此ノ日春日明神祭日ノ為メ其ノ招キニ応ズルナリ。顕亭、玄俊ハ已ニ先ンズ初メ観音院[94]ニ至ル。金沢一帯ハ歴然トシテ眼下ニ在リ。弥《イヨイヨ》登リ、弥佳ニシテ庚申塚ニ至ル。是レヲ山巓トナス。塔婆数十叢其ノ上ニ立ツ。晴望ハ極メテ佳ナリ。路少シク下ル。一老松有リ。特立シテ欝然タリ。樹勢ハ寿字ヲ成スト言ウ。

春日山地ニ相接シ、祠ハ其ノ麓ニ在リ。女児群集シ遊戯ス。廟ノ右小瀑布在リ。一道濺々之ニ及ブ。音羽ハ真ニ兄タリ難ク、弟タリ難シ。旧伝ニハ牛若弁慶此処ニ於テ相觴[95]スト。加賀ノ俗、毎祠ニ春秋二祭有リ。而シテ秋祭ヲ以テ重キト為シ、春ノ如キハ乃チ殊ニ蕭索トシテ沿道ニ復タ食品頑器ノ雑店ノ止ル無ク、地ニ席シ、雪ヲ売ル者[96]有ルノミナリ。遂ニ玉川氏ニ至リ、盃ヲ挙ゲ、詩ヲ賦シ、画三帳、詩三篇アリ。

④故園社祭在㆓前日㆒　　故園ノ社祭ハ前日ニ在リ
兄弟応㆑嘆㆑欠㆓一人㆒　　兄弟応ニ一人欠クルヲ嘆ズベシ
豈憶越山江水外　　豈憶ウ越山江水ノ外
無㆑端亦得㆑酔㆓佳辰㆒　　端無ク亦タ佳辰ニ酔ヲ得タリ

(92) 金沢の東方、城より卯辰の方向にある卯辰山の美称。
(93) 不詳。
(94) 金沢の東、観音山にあった真言宗の寺院で卯辰の観音院とも呼ばれた。本尊は観世音で、三重塔があり、宝暦九年焼失したが、弘化三年再建された。明治維新後の廃寺後も残ったが、同二十二年再度焼失した。
(95) 盃を汲み交す。
(96) 加賀藩では冬の堆雪を貯蔵して、六月朔日に二重の桐長持に入れて江戸へ急送して将軍家へ献上したので、この日を氷室の朔日と言った。庶民は医王山付近の堆雪を運び、この日売り歩き、これに砂糖をまぶして食べた。また、この日天神町高源寺では氷室祭が行われ、市内の饅頭店ではこの日のみ小さな白い饅頭（氷室饅頭）が販売された。

右本文に出る「観音院」「一老松」「春日山地」は○囲み（「金沢城下図」安政元年一八五四年の調整図という『加賀松雲公』下巻付録）

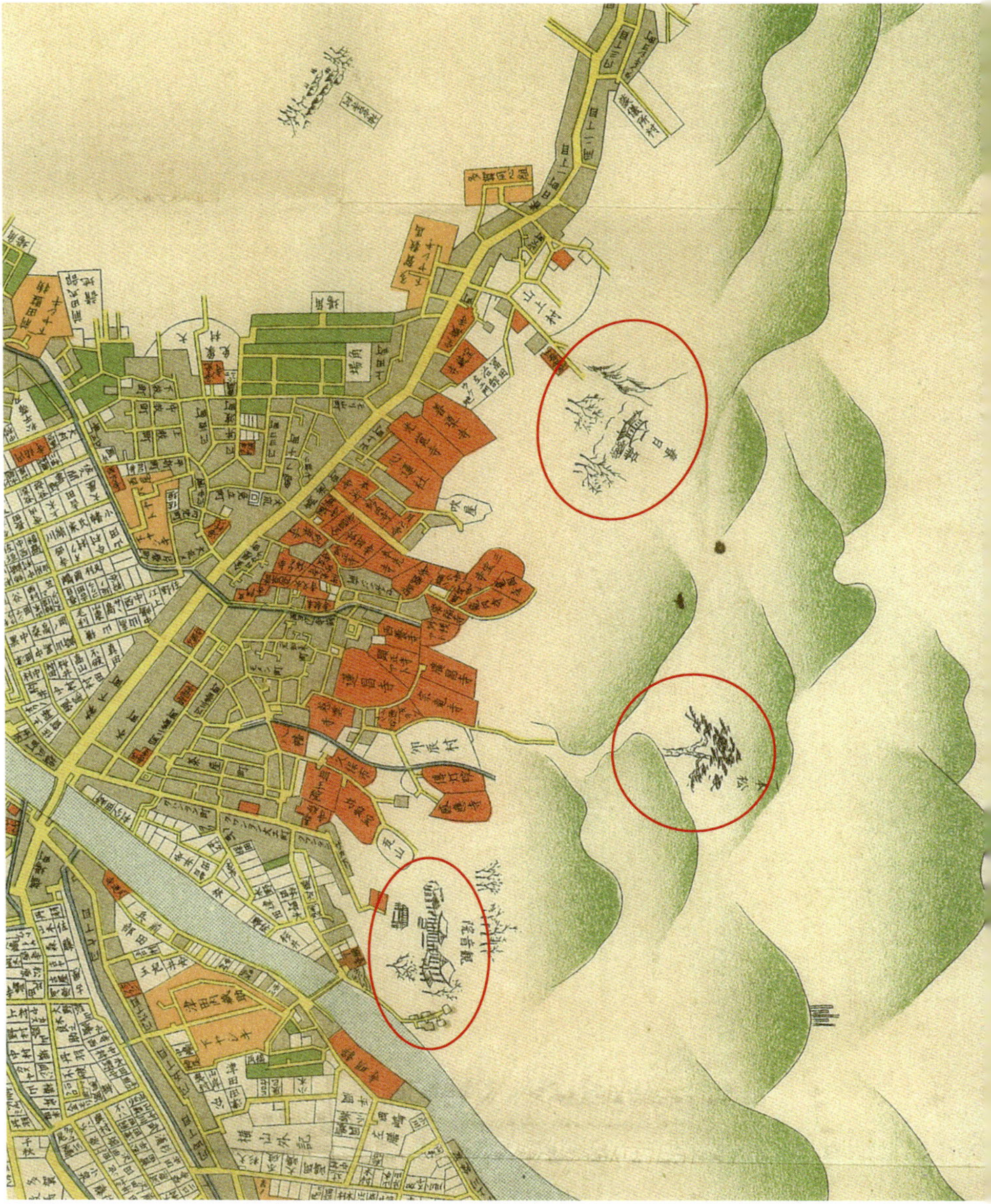

⑤　扇面山水

茅亭臨㆓緑水㆒　　茅亭ハ緑水ニ臨ミ
夏月更清涼　　夏月ハ更ニ清涼
時有幽㆓禽囀㆒　　時ニ幽禽ノ囀ズル有リ
主人夢正長　　主人ノ夢正ニ長シ

⑥　扇面梅花黄鳥

黄鶯何処来　　黄鶯ハ何処ヨリ来タル
来在㆓我庭梅㆒　　来タリテ我ガ庭梅ニ在リ
掌裡常春色　　掌裡常ニ春色
不㆑妨㆑日把㆑杯　　日ニ杯ヲ把ルヲ妨ゲズ

酒未ダ酣ナラズ、更ニ杉中騂右衛門[97]宅ニ至リ再ビ盃ヲ啣ミ、飦[98]ヲ喫ス。夜二皷[99]岡島氏へ還ル。明日謝スニ一画一詩ヲ以テス。

⑦物々驚看㆓海国珍㆒　　物々驚キテ海国ノ珍ヲ観ル
羽觴更到掌中頻　　羽觴[100]更ニ到ル掌中ニ頻リ
酔来径欲㆓枕書睡㆒　　酔イ来タル径、書ヲ枕シテ睡ラント欲ス
忘却身為㆓羈旅人㆒　　忘却ス身ハ羈旅ノ人タルヲ

四月十六日

市中再見（北西部）　午後、玄俊ニ随イ浅野川演馬場ニ至ル。

(97) 加賀藩士、玄俊の妻の弟騂《セイ》右衛門。
(98) 飯の異体字。
(99) 二更。十時頃。
(100) 盃の一種。雀をかたどって翼の形を付けたもの。
(101) 青山知次、七千六五〇石。文政六年家老、九年兼御近習御用、弘化元年致仕して俸七〇〇石、安政二年没。文化以後海外の事情に心を用い、学者を保護し、器械を購入し、天保末、斎藤三九郎を招き、弘化三年、大砲三門を作らせた。また黒川良安は天保十一年長崎より帰国の途次、金沢で長谷川猷の周旋で青山家の手医師（禄五〇石）となり、弘化三年には藩主に請い、その待医（禄八〇石）とし、黒川は安政元年壮猷館開設の時教授兼翻訳方となった。
(102) 鎌倉時代から能登の豪族、天正九年前田利家の与力となり臣事する。代々三万三千石。現在も金沢市に長氏の名を冠した長町がある。
(103) 村井氏は加賀藩の老臣八家の一つで代々一万六千ないし一万七千石を受けていた。
(104) 貴人の来訪を言う敬語。

右本文に出る「前田監物」「両本願寺」「青山将監」「長大隈守」「村井又兵衛」は○囲み
（「金沢城下図」安政元年 1854年の調整図という『加賀松雲公』下巻付録）

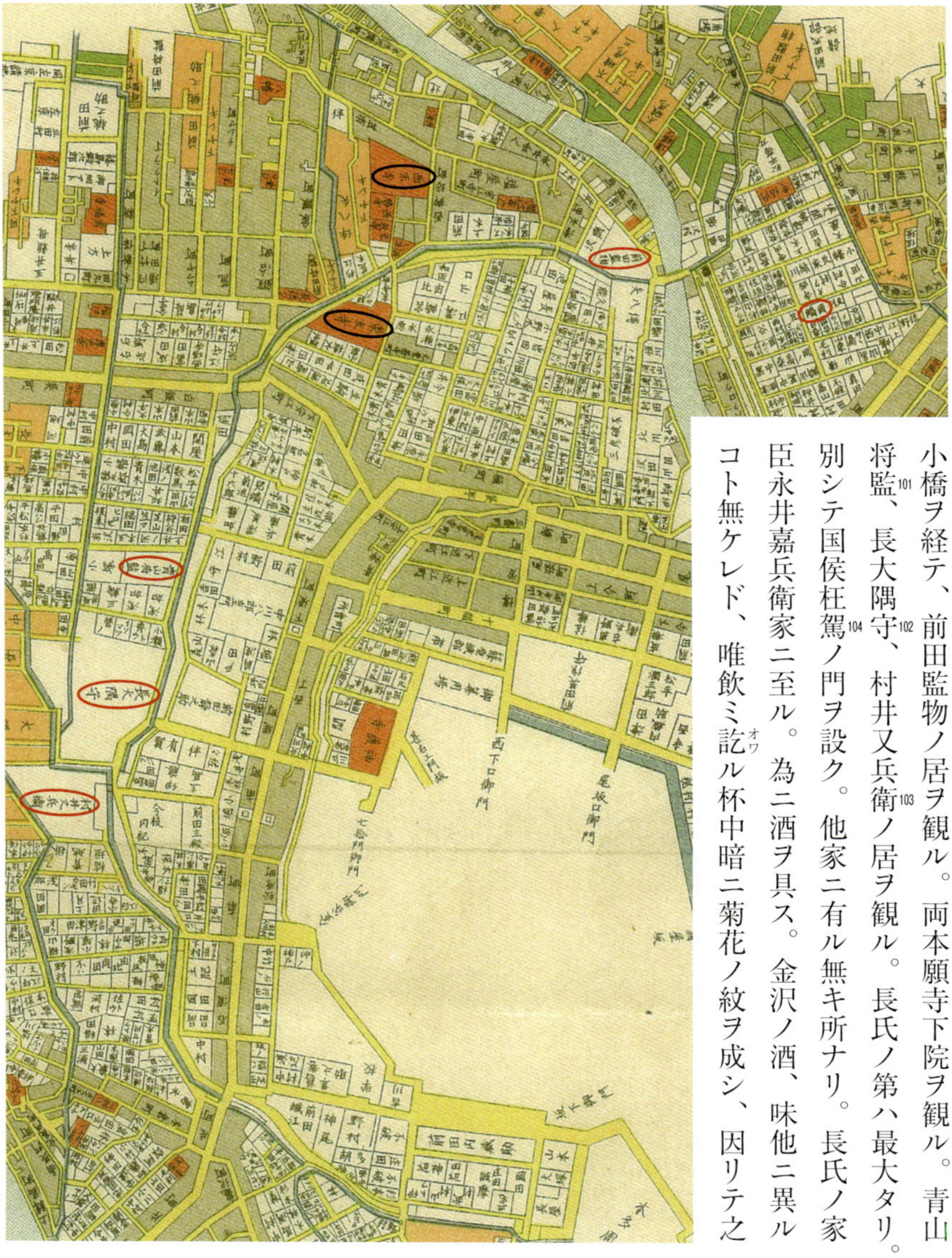

小橋ヲ経テ、前田監物ノ居ヲ観ル。両本願寺下院ヲ観ル。青山将監[101]、長大隅守[102]、村井又兵衛[103]ノ居ヲ観ル。長氏ノ第ハ最大タリ。別シテ国侯枉駕[104]ノ門ヲ設ク。他家ニ有ル無キ所ナリ。長氏ノ家臣永井嘉兵衛家ニ至ル。為ニ酒ヲ具ス。金沢ノ酒、味他ニ異ルコト無ケレド、唯飲ミ訖《オワ》ル杯中暗ニ菊花ノ紋ヲ成シ、因リテ之

ハナヒリノキ

(105) 不詳。
(106) 金沢上小川町にあり日蓮宗妙運山と号した。鬼子母神を祀る。
(107) 同下小川町にあり浄土宗孤峰山と号した。
(108) 銅像または仏像を意味するが、この寺には木像の大佛を安置した。
(109) 不詳。
(110) ごまのはぐさ科の草本。「野Ⅲ」
(111) 一名いわはぜ。

菊酒ト称ス。

下近江町菜市ヲ経テ、浅野川ニ沿イテ東、前田兵部ノ居ヲ観ル。一文橋[105]ヲ過ギ、諸寺院ヲ歴観ス。真成寺[106]ト称スル者ニハ俳優中村某ノ墓碑碣有リテ、高大詳カニ其ノ履歴ヲ誌ス。巨族大臣ノ墓ト雖モ殆ンド之ニ過ギズ。余観ルニ忍ビズ、唾シテ之ヲ去ル。

玄門寺[107]ニ至ル。寺堂ハ大金人[108]ヲ安ンズ。寺前ニ小流有リ。蛤殻渠ニ満ツルハ一町餘。蛤ハ皆多口《シャベリクチ》、時ニ大蛤有リテ之ニ雑《マジ》ル。猶京師ニハ蜆殻有ルガ如シ。金沢本《モト》ハ真文蛤無ク、蛤ト称スル者ハ皆多口ナリ。価甚ダ賤ニ、一升二十四五文ノ酬ニ止マレド尚良価ト言ウ。黄昏、岡島氏ニ還ル。

十七日

卯辰山採薬　午後、又玄俊ト臥龍山ニ采薬シ春日山ニ及ブ。木藜蘆《ハナヒリノキ》、木本黄精葉鈎吻《カナウツギ》、車水木[109]、藤木、鍬形草[110]、赤茂能[111]ヲ得タリ。

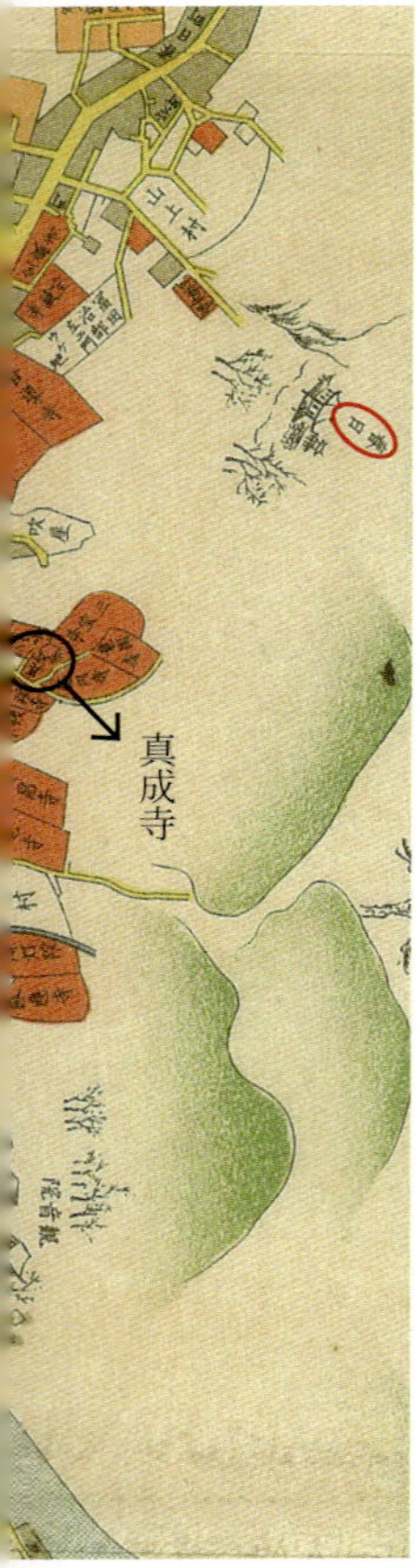

アカモノ（一名イワハゼ）

右本文に出る「下近江町」「前田兵部」「真成寺」「玄門寺」「春日山」は○囲み（「金沢城下図」安政元年 1854年の調整図という『加賀松雲公』下巻付録）

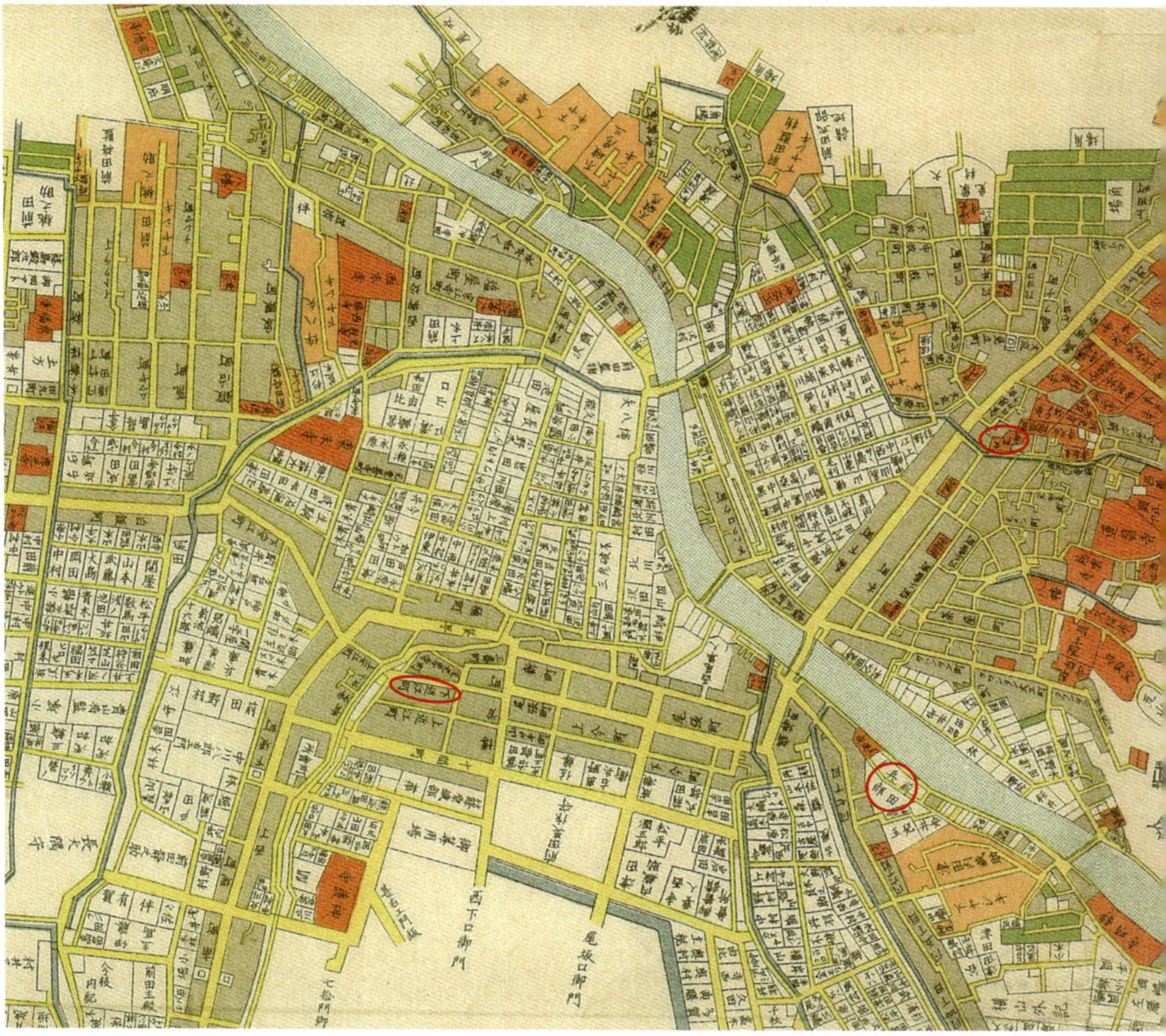

正徳二（1712）有沢永貞作「従加州金沢至武州江戸下通山川駅路之図」富山県立図書館蔵は、「倶利伽羅」から「立山」連峰を望んだという渓山の記事を髣髴させる。

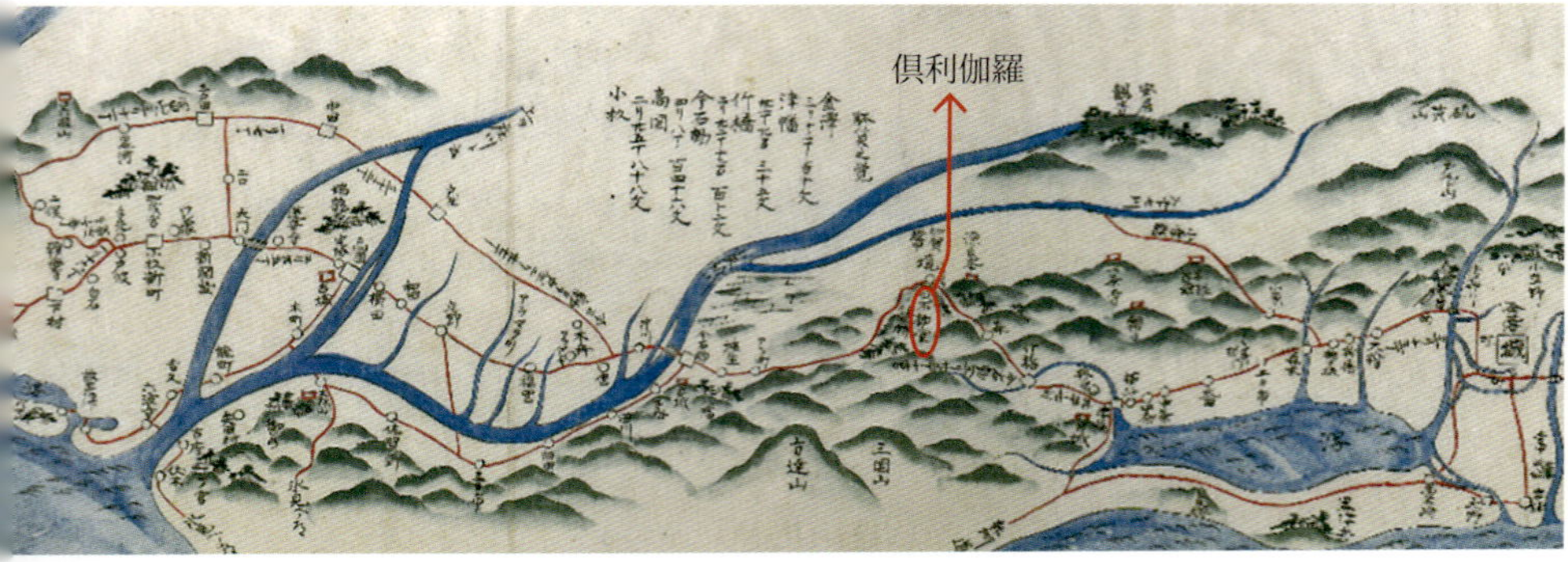

十八日

金沢発、高岡着　金沢を発シ、津幡ニ至ル。騎馬、倶利迦羅嶺ヲ過グ。木曽義仲戦争ノ地ナリ。路頗ル険巇ナリ。刺楸《ハリキリ》、鬼督《カサ》郵《ナ》極メテ多シ。馬首ニ隠見スルハ山ニ似テ山ニ非ラズ。雲ニ似テ雲ニ非ラズ。状ハ礬山[112]ニ類シ、銀光閃々、翠靄上ニ浮キ出シ、疑イテ未ダ定マラズ。旁ノ人ニ之ヲ問ヘバ即チ立山ナリ。凝視良ク久シクスレバ、意ハ塵ニ非ラザルニ似テ蹤キテ到ル可キノ地ナリ。[113]今石動、小矢部川ニ到リテ、舟ヲ僦イテ直チニ越中高岡ニ達ス。棚田屋喜作[114]ヲ訪ウニ会《タマタマ》家ニ在ラズ。其ノ子喜兵衛延ベテ一酒楼ニ至リ宿ス。余初メ是ノ酒楼ナルヲ知ラズ。既ニシテ悟リ、終夜安ンジテ寝ヌル能ワズ。服部季逸[115]［名文、字脩徳］来タル。

クルマバソウ（カサナの異名）

ハリギリ

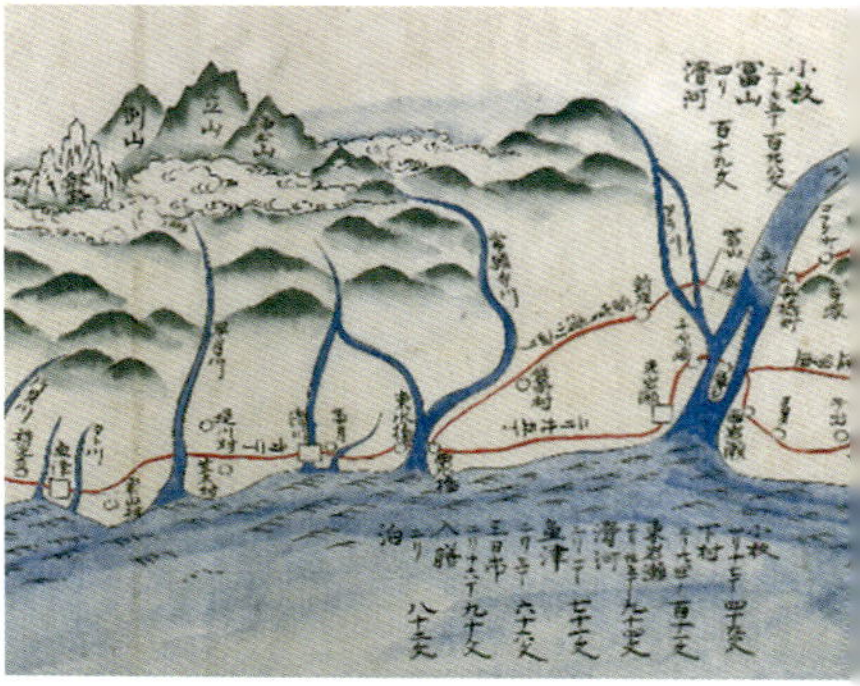

(112) 礬は明礬。アルミニウムおよびカリウムの硫酸塩の複合物。白色または透明で酸味をもつ。

(113) この峠から遠望した立山の眺めが後日渓山をして立山登山を計画させたと思われる。

(114) 高岡の薬種商人。岡島顕亭の妻、すなわち玄俊の養母はこの家の生れであった。

(115) 立山の生れ、天保十四年二月読書室に入門、後越中高岡に移る。高岡神農講の記録では弘化二年には二十二歳とあるから、この時は二十八歳となる。

信濃で挙兵した源義仲が北陸道を攻め上がり、平維盛率いる軍勢と寿永二年（1184）五月、倶利伽羅山で激突、火牛の計を用いた義仲軍が大勝したという古戦場の跡。

四月十九日（新暦五月十九日）

高岡、日下家へ　早ク起キ、喜作ト二鳳日下氏[1]ヲ訪ウ。日下氏ノ居ハ廓ヲ負イ、幽静真ニ棲隠ノ地ナリ。重願寺[2]ハ其ノ西ニ在リ。影無水ハ其ノ北門辺ニ在リ。孝子石津屋六兵衛ノ碑有リ。余遂ニ留宿ヲ請ウ。高田元三郎[3]来ル。

二十日

高岡滞在　二鳳ニ隋イ、知己上子元城[4]、高峯元稑《ゲンロク》[5]［名紳］、逸見方舟[6]［俗称高原屋文九郎］、長崎言定[7]［号春蛟］ヲ遍訪シ来ル。

二十一日

佐渡三良[8]、沢田早雲[9]来タル。

二十二日

上原文伯[10]、津島彦逸[11]［名佶、号北渓］来タル。

二十三日

服部三郎左衛門[12]、津島清五郎[13]来タル。上原氏ハ飲ニ招ク。

（1）日下家の当主。日下家は渓山の祖父山本封山の生家で、以後渓山はこの家に滞在する。

（2）位置からみて現在の超願寺であろう。この寺の北側に影無坂があり、坂の中途に影無井がある。

（3）不詳。

（4）高岡の医師。文化四年（一八〇七）生れ。はじめ金沢藩医内藤玄幽の塾に入り、次いで江戸に出て朝川善庵に儒を学ぶ。美濃大垣の江馬春齢に蘭方を学び、文政十一年頃山本亡羊に入門、さらに小石元瑞に学んで帰った。詩画をよくした。幕末期の高岡神農講に名を連ねる。

（5）高峰玄臺の長男（一八二七―一九〇〇）で天保十四年小石元瑞に、弘化二年坪井信道に学び、嘉永二年帰郷した。安政二年、金沢藩に召し出され、壮猶館に出仕し、百石十人扶持を受けた。維新後精一と改名する。この長男が高峰譲吉である。

（6）代々蔵宿を営み、町役人に列せられた家柄の第十四代当主（一八二五―一八七五）。幼時から明敏強記、四書五経を読み、詩文を作り、書画をよくした。加賀の勤王家小川幸三と親交を結び、ために獄に投ぜられたことあり。この妹が長崎言定の室である。

（7）後出長崎浩斎の長子。文政九年（一八二六）生れ。小石元瑞に学んで家業につき同家六代目となるが、一方では経史詩文を好み国学、和歌に傾注して、維新後は官吏になったり、射水神社の祢宜権中講義を拝命したりして、比較的若く、明治七年、四十八歳で没した。

（8）高岡の名門医家の第九代当主養順（一八二〇—一八七八）である。はじめ小石元瑞に、後江戸昌平黌に学ぶ。家業を助け、守成の功を挙げ『和蘭薬性歌』（二巻）の著書がある。同胞の坪井信良、九鬼透達、建部賢隆、阿波加脩造、佐渡亥六の五弟はすべて医家となる。この母は長崎浩斎の妹とらである。

（9）文化十一年（一八一五）の神農講名簿に三十八歳で名を連ねているから、この時は七十歳を越していた。この子（或は孫）と思われる沢田龍岱（文政十一年生れ）は天保十一年に十三歳で神農講社員、同十四年十六歳で読書室（京都）に入門し、この時二十四歳であるが、同じく早雲と号していたとみられる。このあと明治二年設立された高岡学館の句読師に選ばれるが記録には早雲四十二歳となっている。二人の早雲のうち後者であろう。

（10）後出上原迂斉（24）の関係者であろう。

（11）高岡の名門医家の第十代当主（一八一三—一八六三）で増島蘭園、小島葆素に学んだ。同家第四代の法橋元俊は向井元桂の門人、その弟恒之進（如蘭）は松岡恕庵の門人で京阪で名をなした。以来同家には多数の本草家等を輩出して高岡で重きをなした。北溪自身には、慶長十四年高岡開町以来の文人墨客の詩作の記録『高岡詩話』（五巻）があり、長崎浩斎等とともに幕末期神農講の中心的メンバーであった。

（12）高岡の醸造家。慶応三年（一八六七）にこの地で初めてビール千石を造ったとされる。

（13）北溪は『高岡詩話』で同族の津島如栢の子陶園について「名ハ之篤、清五郎ト称シ、後小右衛門ト称ス。殊ニ和歌ヲ能クス」としている。

出てくる商家を高岡市街図（明和８年＝1771年、『越中史料Ⅱ』）に落として見る。
①日下②棚田屋③高峰④佐渡・津島⑤長崎⑥高原（逸見）⑦服部⑧沢田⑨松田⑩中條。

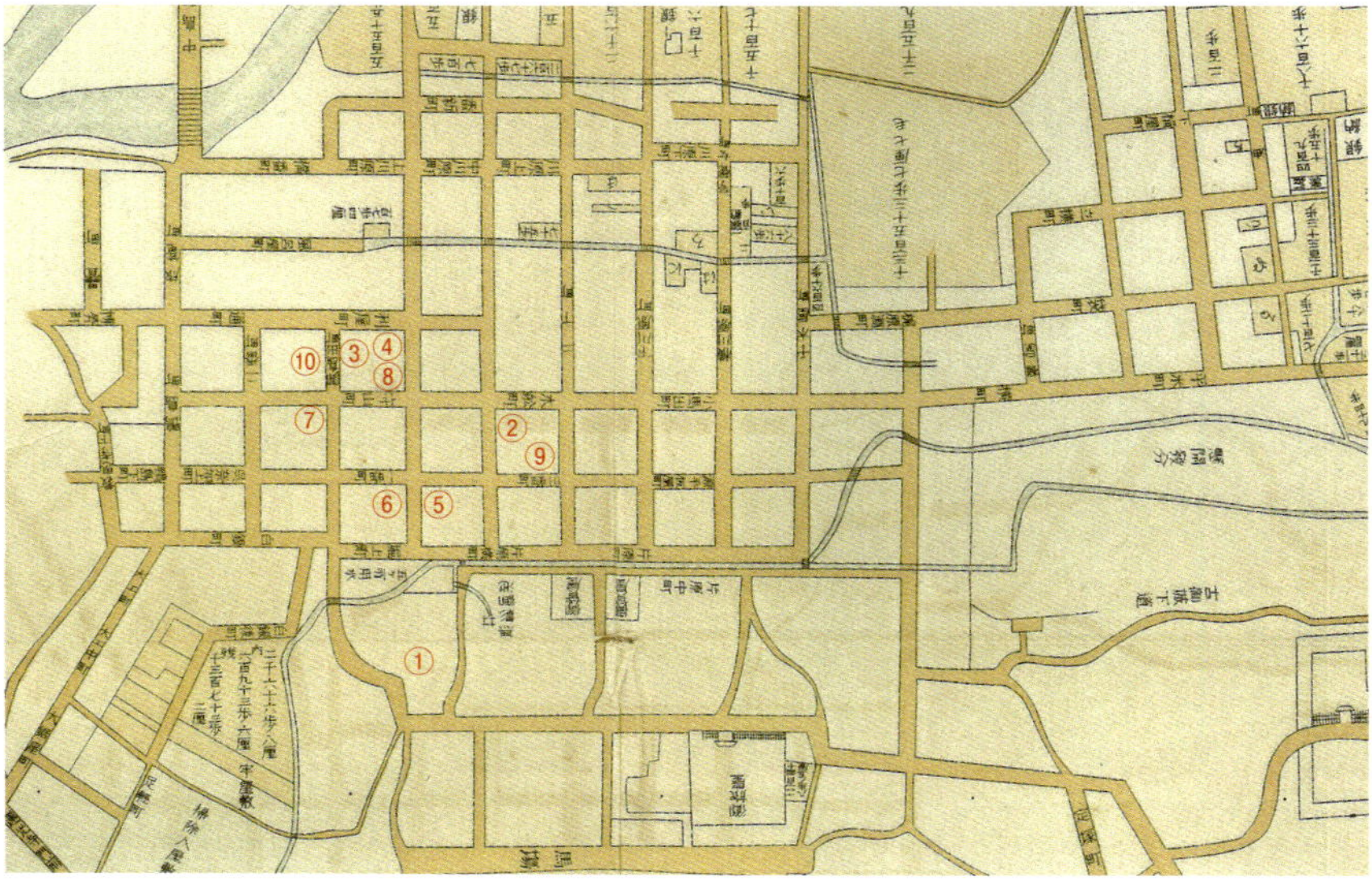

二十四日

古城閑歩　晩間、上子元城、越前屋甚蔵[14]ト古城ニ遊ビ、遂ニ桜馬場ニ至ル。

二十五日

古城再遊　採薬　諸子ト古城ニ再遊シ、遂ニ御旅舎《オタヤ》ニ至ル。甚ダ異草無シ。大戟《タカトウダイ》、狗舌草《フジサカギク》、藤木ヲ得ル。

⑧　山水図

危巌當㆓背立㆒　危巌當ニ背ニシテ立ツベシ
怪鳥隔㆑渓飛　怪鳥渓ヲ隔テテ飛ブ
誰有山河癖　誰カ有セン山河ノ癖
終年不㆑擬㆑帰　終年帰ルヲ擬《ハカ》ラズ

⑨　千葉蓮

不㆓独濂渓愛㆒　独リ濂渓[15]ヲ愛ズルノミナラズ
仙家亦所㆑珍　仙家モ亦珍ズル所
畫来壁間掛　画来タリ壁間ニ掛ケ
尚可㆑鎮㆓紛塵㆒　尚《コイネガワ》クバ紛塵ヲ鎮ム可シ

二十六日

(14) 高岡の町年寄由緒町人の一人。後、文久二年苗字を許され伊藤と名乗る。
(15) 中国湖南省にある川の名。
(16) 松田家は二代三知（一六三五―一七〇三）の頃氷見から高岡に移り、以来代々眼科専門医として栄えた。代々三知を襲名し、ここに登場するのは九代三知（一八〇三―五三）であろう。神農講社員に列し、十五代までが医師である。町医の身分ながら、安永八年藩公の世子教千代の病気に同じく高岡の小児科医金子氏とともに対診治療した話は有名である。

タカトウダイ

サワオグルマ
（フジワサギクの異名）

(17) 杯の古字。

高田氏宅酒宴　松田三知[16]来タル。高田氏飲ニ招キ、名家ノ扇面数十柄ヲ観ル。同ジク酌ヲ梧[17]スル者二鳳、方舟、李逸、元稑ナリ。

二十七日

川上宣方《ママ》[18]［中條屋六郎右衛門］来タル。

（四月二十八日、記事なし）

二十九日

逸見氏宅酒宴　李逸ト国儲[19]築前守入藩ヲ観ル。沿街ノ人家錦氍《ママ》毹[20]ヲ鋪キ、画屏風ヲ並ベ児女雑沓シテ、恰モ祭日ノ如シ。此ノ夕逸見氏飲ニ招ジ、同ジク脩徳、二鳳到ル。大福帳瑞図書ヲ観ル。二タビ家書[21]ヲ出ダス。

五月朔[22]

古老封山ヲ語ル　白崎屋[23]某来タリ、年八十四、視聴衰エズ、家祖父封山君ノ事ヲ知リ、言及ス。上原迂斎[24]来タル。

二日

淫雨在宅　淫雨。方舟、李逸来訪シ、字ヲ分ケテ同ジク賦ス。

(18) 前出高原屋文九郎すなわち逸見方舟の実弟川上三六である。天保元年生れ。後、高岡学館の句読師として中庸を講じた。その著書に『高府安政録』『射水通覧』などがある。渓山は宣方と書くが宜方が正しい。

(19) 国君のあとつぎ。

(20) 毾㲪（トウトウ）のことか。目の細かい毛織の敷物。

(21) 家族からの頼り、手紙。

(22) 新暦では五月三十一日にあたる。

(23) 町算用聞役白崎屋清左衛門の子孫か。

(24) 天保十一年十二月、津島北渓、長崎浩斎、松田丁夢（三知）らが神農講を再興した時参加者名簿総数十三名の冒頭に上原迂斎［時二年六十四］がある。

⑩ 鵓鳩声裡雨濛々
鵓鳩[25]ノ声裡雨濛々タリ

陰曀計応㆓四海同㆒
陰曀[26]計ルニ応ニ四海同ジカルベシ

階下移来青蘚石
階下ニ移シ来ル青蘚ノ石

樹頭吹老紫花桐
樹頭吹キサラバエル紫花ノ桐

代㆑翁好㆔是烹㆓新茗㆒
翁ニ代リテ是レ新茗[27]ヲ烹ルニ好シ

呼㆑婢何須㆑剪晩菘
婢ヲ呼ビテ何ゾ須ラク晩菘[28]ヲ剪ルベシ

今日偶因為㆓雅会㆒
今日偶因リテ雅会ヲ為シ

兄弟憶起思無㆑窮
兄弟憶イ起シ思ハ窮リ無シ

⑪ 高方舟ノ韵ニ次ス

幾日託㆓幽地㆒
幾日カ幽地ニ託シ

己迫樹結㆑陰
己ハ迫《イタ》リ樹ハ陰ヲ結ブ

話稀知坐久
話ハ稀レ坐シテ久シキヲ知ル

礼簡覚㆓交深㆒
礼簡交リ深キヲ覚エ

欲㆑索新詩料
索メント欲ス新詩ノ料

却擾故国心
却テ擾ス故国ノ心

誰如高適句
誰カ如カン高適[29]ノ句

独自脱㆓塵襟㆒
独リ自ラ塵襟ヲ脱ス

⑫ 服李逸ノ韵ニ次ス

雨声相和暮鐘声
雨声相和ス暮鐘ノ声

(25) 鵓はいえばと。鵓鴿《ボツコウ》または鵓鴣《ボツコ》。
(26) (いんえい) 暗く曇る。
(27) 茗《ミョウ》は茶。
(28) 菘《スウ》は唐菜、漬け菜、白菜。
(29) 唐の詩人。

此日客懐難レ得レ清　此ノ日客懐清ヲ得難シ
分レ字賦レ詩慰二幽独一　字ヲ分ケ詩ヲ賦シ独ヲ慰ム
謝レ君一片故人情　君ニ謝ス一片故人ノ情

三日

暁ニ起キテ一絶ヲ得タリ。

⑬三竿日上夢初回　三竿[30]日上リ夢初メテ回ス
東戸南窓随レ意推　東戸南窓意ニ従イテ推《ウツ》ル
昨夜蕭々簾外雨　昨夜蕭々トシテ簾外ニ雨フル
松花満レ地蔽二青苔一　松花地ニ満チテ青苔ヲ蔽《カク》ス

二鳳軒

⑭杉柏蓊然映二緑紗一　杉柏蓊然[31]トシテ緑紗[32]ヲ映シ
詩房画室書無譁　詩房画室ニ書キテ譁無シ
客携庭際旧栽草　客ハ携ウ庭際旧栽ノ草
主煮京南新寄茶　主ハ煮ル京南新タニ寄スル茶
識類二挈瓶一唯恐レ竭　識ハ挈瓶[33]ニ類シ唯竭スルヲ恐ル
談如鋸レ木不レ知レ涯　談ハ木ヲ鋸《ヒ》ク如ク涯ツルヲ知ラズ
相期明日牢晴在　相期ス明日牢晴在ルヲ
阮杖好レ倶蹈二晩霞一　阮杖[34]倶ニスルニ好シ晩霞[35]ヲ蹈クニ

(30) 太陽が竹竿三本につないだ程に上る。午前八時頃。
(31) 盛んなさま。
(32) うす絹。
(33) 手にさげる瓶、小さな例え。
(34) 中国の人名。竹林の七賢中に阮籍と阮咸があり、ほか明末に阮大鋮、清代の阮元などがあるが、ここでは阮籍であろう。老荘思想を好み、青い目と白い目を持ったという。
(35) 夕焼け。

四日

節句前日　家々簷端ニ蒲艾[36]ヲ挿ミ、菖蒲湯ヲ設ケテ之ニ浴ス。糕ヲ製シ、復タ艾ヲ以テ和セズ。

五日

端午節句　朝食ハ薯蕷[37]ヲ供シ、以テ節物ト為ス。高田弥右衛門[38]来タル。人家三五歳児ハ皆ナ五采ノ縐紗[39]ヲ用イテ裁チ、蝴蝶ト成シ、飾ルニ金錦、硝子類ヲ以テシ、其ノ大サ尺許リ、鳳子《(アゲハテフ)》状ニ以テ之ヲ児背ニ負ウ。貧家ノ女、稍長ズルニ及ブ者ハ只寸許リノ者ヲ製シ、髻上ニ之ヲ挿ス。童男ハ乃チ蒲葉ヲ結ビ卍ニ作リ、同ジク艾葉之ヲ脳後ニ垂ラス。更ニ蒲束ノ長サ四五寸ニ截リタルヲ長縄ヲ以テ繋ギ、通衢ニ出デテハ争イテ婢ヲシテ尻後ヲ打タシメ戯笑ト為ス。之ヲ菖蒲倍[40]ト謂ウ。

繁久寺・瑞龍寺　午後、元城、李逸ト繁久寺[41]ニ遊ブ。利長公ノ墳有リ。碑碣極メテ高大、他ニ未ダ比アルヲ見ズ。堂ニ上リ屏障ヲ遍ク観ル。画皆古敗、色具剥落ス。是桃山御殿ノ旧物ト言ウ。

更ニ瑞龍寺[42]ニ至ル。利長公神主上尚題大居士ノ字有リ。余其ノ解ヲ知ラズ。堂宇ノ製最モ整巌。山上ノ某西土ニ到リ、径山寺[43]ヲ摸シテ之ヲ造ルト言ウ。哺時日下氏ニ還ル。長崎半健[44]来タル。

(36) 軒下に菖蒲と蓬を挿して疫病除けのまじないとした。
(37) やまのいも。
(38) 後出(62)の高田欣右衛門の誤記か。
(39) ちぢみ、ちりめんの薄物。
(40) 現在この習風はないし、古老に尋ねても不明、ただし方言で、太鼓を打つ撥などを「ばい」と言った。
(41) 前田利長廟の正面にある御廟守の寺。
(42) 高岡市南郊にある曹洞宗の古刹。前田家第三代利常が先代利長の菩提のために造営した。明暦二年（一六五六）頃の落慶で、平成九年秋、山門、佛殿、法堂の国宝指定が決まった。
(43) 正しくは中国杭州にある径山萬寿寺《キンザンマンジュジ》。加賀藩儒官富田景周の記した『瑞龍閣記』（一七九九）には「良匠山上善広［善右衛門］ニ命ジ、其ノ造法ヲ脂那《シナ》ノ萬寿寺ニ取ル［伝ニ曰ク、人ヲシテ支那臨安府径山万寿寺ニ遣ワシメテ夫ノ寺図ヲ求メシメ、其ノ造法ニ傚イテ再ビ這ノ伽藍ヲ建ツ。又云ウ、其ノ殿柱ハ則チ、啻ニ良工ノ之ヲ刮リ、忽糸ノ鉋痕ナカラシメシノミナラズ、微公手ツカラ着衣ノ密絹ヲ以テ撫デシメ、其ノ精絶ヲ試ス。故ニ俗ニ之ヲ羽二重拭イノ柱ト呼ブ云々］」と見える。また俗間に言う金山寺味噌はこの寺から導入されたものである。
(44) 前出(7)長崎言定の父浩斎（一七九九―一八六四）で、初め高峰幸庵（元稑の祖父）

に医の手ほどきを受け、十九歳の時江戸に出て大槻玄沢に師事した。高岡の蘭方医を代表する人物。北渓、高峰玄台、佐渡養順らと親交あり、神農講でも活躍した。一方、詩文にもすぐれ幾多の書物を残した。長崎家第五代。

瑞龍寺、繁久寺（図の「御廟」）の位置（石黒信由作図「二上組分間絵図」文政十年（1827）より）

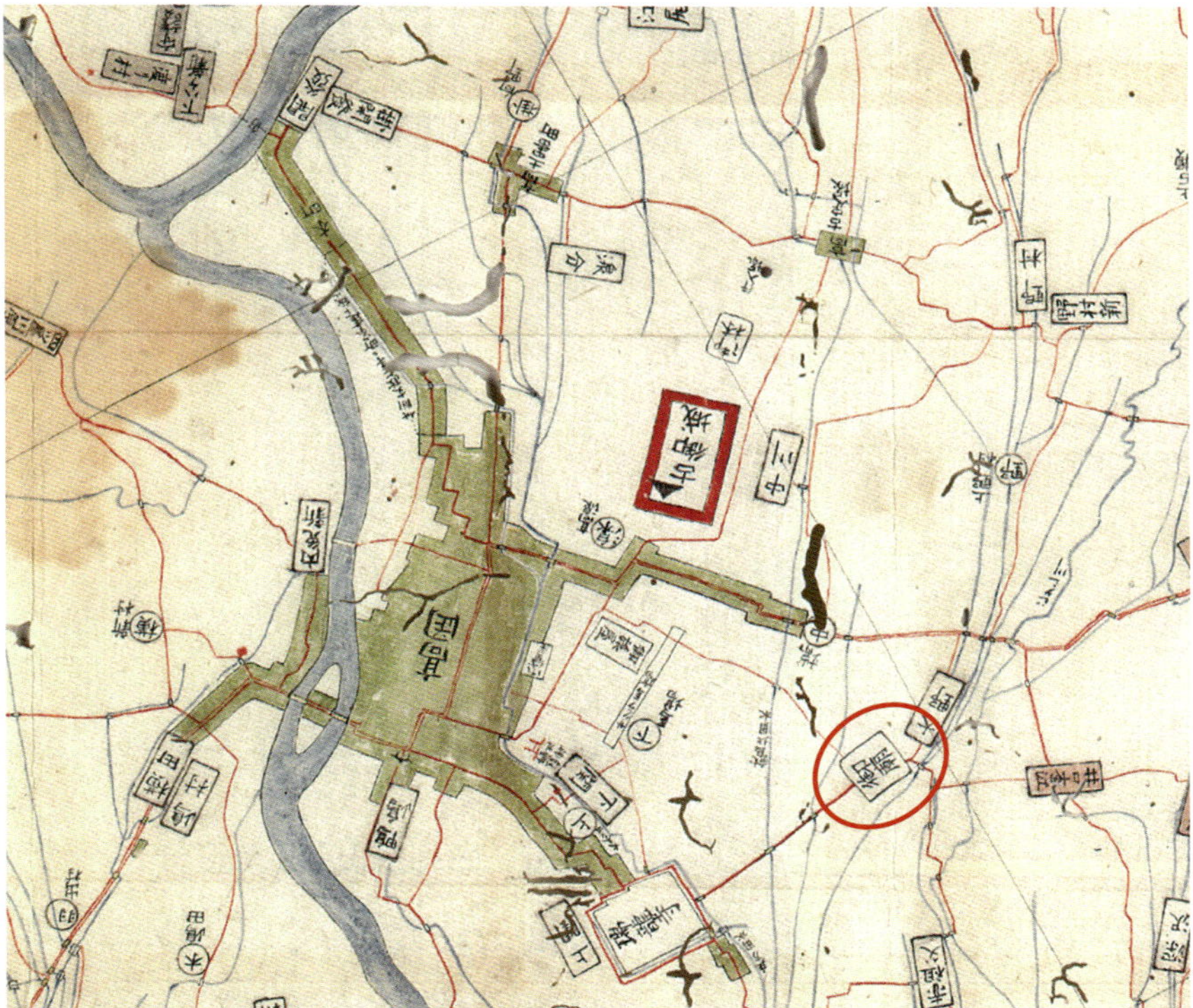

六日

在宅 池田大造[45]来タル。三タビ家書ヲ出ダス。

⑮ 鐘馗賛

終南進士　　終南ノ進士[46]
見レ夢明皇　　夢ニ見タリ明皇
魑魅無レ近　　魑魅近ヅク無ク
威霊千霜　　威霊千霜[47]

⑯ 山水図

一轉臨二碧水一　　一転シテ碧水ニ臨ミ
二轉望二丹霞一　　二転シテ丹霞[48]ヲ望ム
轉々行尽処　　転々シテ行キ尽ス処
正是故人家　　正ニ是故人ノ家
臨レ水何人宅　　水ニ臨ムハ何人ノ家カ
李桃繞二竹扉一　　李桃竹扉ヲ繞ラス
文禽恋レ春否　　文禽ハ春ヲ恋ウルヤ否ヤ
未レ肯趁レ群帰　　未ダ肯セズ群ニ趁《シタガ》イテ帰ルヲ

⑰ 扇面黒竹

一柄聚二頭扇一　　一柄頭扇ニ聚メ
比二君南牖明一　　君ハ南牖[49]ノ明ニ比ス

(45) 不詳。
(46) 科挙の試験に応じた者、又は合格した者。
(47) 年月。
(48) 赤くたなびく靄。
(49) 窓、連子窓。

把来搖㆓鳳影㆒　把リ来リ鳳影ヲ搖ガシ
自覚㆓満堂清㆒　自ラ満堂ノ清ヲ覚ユ

⑱　鴿

相近不㆓相駭㆒　相近ヅイテ相駭カズ
飛奴名所㆑由　飛奴[50]ノ名ノ由ル所
吾思寄㆓郷信㆒　吾ガ思イ郷信ニ寄セ
能取報来不　能キヲ取《モト》メテ報来タルヤ不《イナ》ヤ

⑲　虎

鋸牙与鈎爪　鋸牙ト鈎爪ト
百獣尽逡巡　百獣尽ク逡巡ス
独歩夜三鼓　独リ歩ム夜三鼓[51]
長嘷月半輪　長嘷[52]シテ月イマ半輪

（五月七日－十三日、記事なし）

十四日

滞在高岡　此ノ夕月光極メテ瑩[53]タリ。詩ヲ賦セント欲スレド友無ク、終ニ就《ナ》ラズ。

（十五日―廿日、記する無し）

(50) 鴿は土鳩、ここでは鳩のこと。飛奴も土鳩の異名。
(51) 時刻を示し、三更に同じ。夜十二時頃。
(52) 吼える、叫ぶ。
(53) 明らか、鮮明。

廿一日

滞留高岡　津島彦逸ハ能州名跡志[54]ヲ示シ、并セテ附スニ詩ヲ以テス。

⑳　蛭子賛

所レ獲果何物　獲ル所ハ果シテ何物ゾ
敢然開二絳脣一　敢然絳脣[55]ヲ開キテ
始知知足者　始メテ知ル知足ノ者
便是此戝神　便チ是レ此ノ戝ノ神

㉑　四君子賛

桃紅与李白　桃ノ紅ト李ノ白ハ
於レ我若二浮雲一　我ニ於テハ浮雲ノ若シ
千百芳菲裡　千百ノ芳菲[56]ノ裡
僅能見四君　僅ニ能ク見ル四君[57]

㉒　利久賛

地去二萬里一　地ハ万里ヲ去リ
世後二千年一　世ハ千年ヲ後ニス
遠纘陸緒　遠纘陸緒[58]トシテ
茶中神仙　茶中ノ神仙ナリ

㉓　剣仲[59]賛

---

(54) 太田頼資（文聾斎）著の能登地誌、安永六年自序。北渓の著書『高岡詩話』第三巻には「嘉永中、山本渓山来リ寓ス。其ノ能登ニ遊ブ。余蔵スル所ノ『能州名跡志』ヲ借リ、謝シテ一絶ヲ以テ曰ウ。

沙径泥途六十郵　晴望佳処幾回休
依君両冊旧蔵巻　福海寿山得縦遊

とある。この絶句はこの日記中八月七日の條にも集録されている。

（石川県立図書館蔵）

(55) 濃い赤。

(56) 花のよい香り。

(57) 四君子（蘭、菊、梅、竹）をうたっているが、転じて四大詩人（李白、杜甫、韓愈、白居易）のことを作者は思っているようである。

(58) 纘緒《サンショ》は先人の残した仕事を受け継ぐ。

杓乎筅乎孰不㆓彬々㆒　杓カ筅カ孰レモ彬々[60]ナラズ
施㆑名㆓寰中㆒只是斯人　[61]寰中ニ名施ス只是斯ノ人

（廿二―廿三日、記事なし）

廿四日

長崎氏　長崎氏ヲ訪ウ。書画介石数十品ヲ看ル。翁為メニ酒ヲ具ス。

㉔名畫法書看未終　名画法書看《ミマモ》ルモ未だ終ラズ
巨觥到㆑手幾回㆑空　巨觥手ニ到リテ幾タビカ空シク回ル
愛㆑君簾外薔薇架　君ハ愛ズル簾外薔薇ノ架ヲ
照㆑面偏能乱㆑酒紅　面《カオ》ヲ照シ偏ニ能シ酒ニ乱レテ紅ナルモ

（五月二十五日、記す無し）

廿六日

二上山採薬　李逸、桂圃[62]［高田欣右衛門］ト二上山養老寺ニ采薬ス。下御前、上御前、袴越ニ至ル。神保安藝守ノ城址ト為ス。時ニ燋米石《ヤキコメイシ》[63]ヲ得ルト言ウ。

㉕陟来神保古城辺　陟《ノボ》リ来タル神保古城ノ辺
望尽越中海与川　望ミ尽ス越中ノ海ト川

（59）不明。
（60）並び揃うさま。
（61）世界。
（62）蕙圃は高岡の酒造家米屋弥三郎の次男で、初め高岡の画師堀川敬周について、後、京に上り百谷などについて画業を修めて帰った。この時は二十七歳。明治十二年五十五歳で没した。
（63）高岡神農講で、この焼米石が展示されたことがある。（正橋剛二『方意便蒙』―高岡長崎家収蔵の神農講の記録―、医譚六四号（一九九三年）を参照）

杜宇声々催二客去一　杜宇声々トシテ客ノ去ルヲ催シ
片雲疾走擁二山嶺一　片雲疾走シテ山嶺ヲ擁ス
此ノ山小ナリト雖モ遠望極メテ佳ナリ。只梅天ノ灰雲四塞シテ吟眸ヲ縦騁[64]スルヲ得ザルヲ恨ム。夜、雨電光数閃。

廿七日

午後、暴風微雷アリ。四タビ家書ヲ出ダシ寄ス。

廿八日

五タビ家書ヲ出ダス。

（二十九日、記述なし）

六月朔（新暦六月二十九日）

高岡習俗　節物トシテ五色豆ヲ炒リ、之ヲ皿中ニ盛ル。牌餅二片ヲ以テ上襯トシ、更ニ饅頭二三枚ヲ以テ圧シ、合家皆ナ之ヲ饗シ、親戚互イニ相餽[65]遺ス。

㉖　泥菖

雖レ産二淤泥中一　淤泥中ニ産スルト雖モ
曽供二聖帝膳一　曽《スナワ》チ聖帝ノ膳ニ供ス

(64) ほしいままにする。
(65) 贈り物、進物をする。
(66) 冕《ベン》は大夫以上の者が着用する礼装の冠。板状の前後に飾り玉を下げる。
(67) 固い約束をする。
(68) 大雑把過ぎる。
(69) 巳の刻、四ツ時、午前十時。
(70) 菅笠用の菅を造る田。

正徳二（1712）有沢永貞作「従加州金沢至武州江戸下通山川駅路之図」富山県立図書館蔵にみる高岡から津幡の道程。

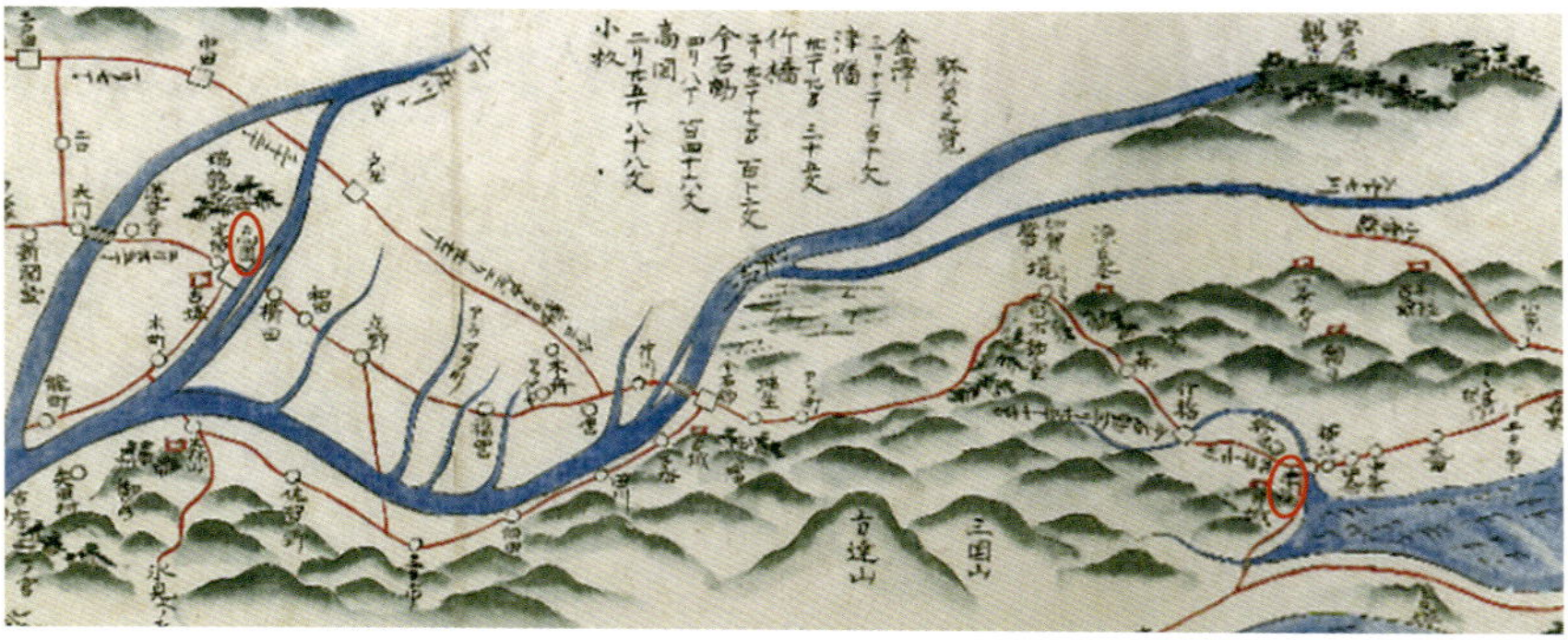

苟才之可レ観　苟クモ才ノ観ル可キハ
何必在二冠冕一　何ゾ必ズシモ冠冕《カンベン》[66]ニ在ランヤ

二日

大聖寺荻野玄端ノ書来タリ。以テ帰途留宿ヲ要ス。

（三日―五日、記事なし）

六日

能登周遊計画　余、二鳳ニ随イ能州ニ趣カントシ、明日高岡ヲ発センコトヲ尅ス[67]

旅中ニ旅ヲ為ス、コレ夢中ノ夢ナリ。七尾八波ハ新ヲ厭ワズ［能州ノ村、波ヲ以テ名ヅクル者八總、名ヅケテ曰ク八波ノ地、尾ヲ以テ名ヅクル者七總、名ヅケテ曰七尾］疎宕豪奇[68]ニ文字ヲ作レドモ、自ラ是レハ馬遷ノ倫《トモ》ニ非ラズト憐ムナリ。

六月七日

高岡発　巳牌[69]高岡ヲ発シ、二鳳ハ一僕三郎右衛門ト曰ウヲ従エ、余ト合シテ三人タリ。立野、福岡ヲ経テ見ル所、蓋田[70]ノ人家皆笠ヲ製スル以テ業トナス。今石動ヲ経テ倶利迦羅ニ上ル。路ノ安永六年（1777）刊、太田頼資『能州名跡志・上』（石川県立図書館蔵）の口絵にある「能登壹國之図」。渓山はこれを携帯していたと思われる。

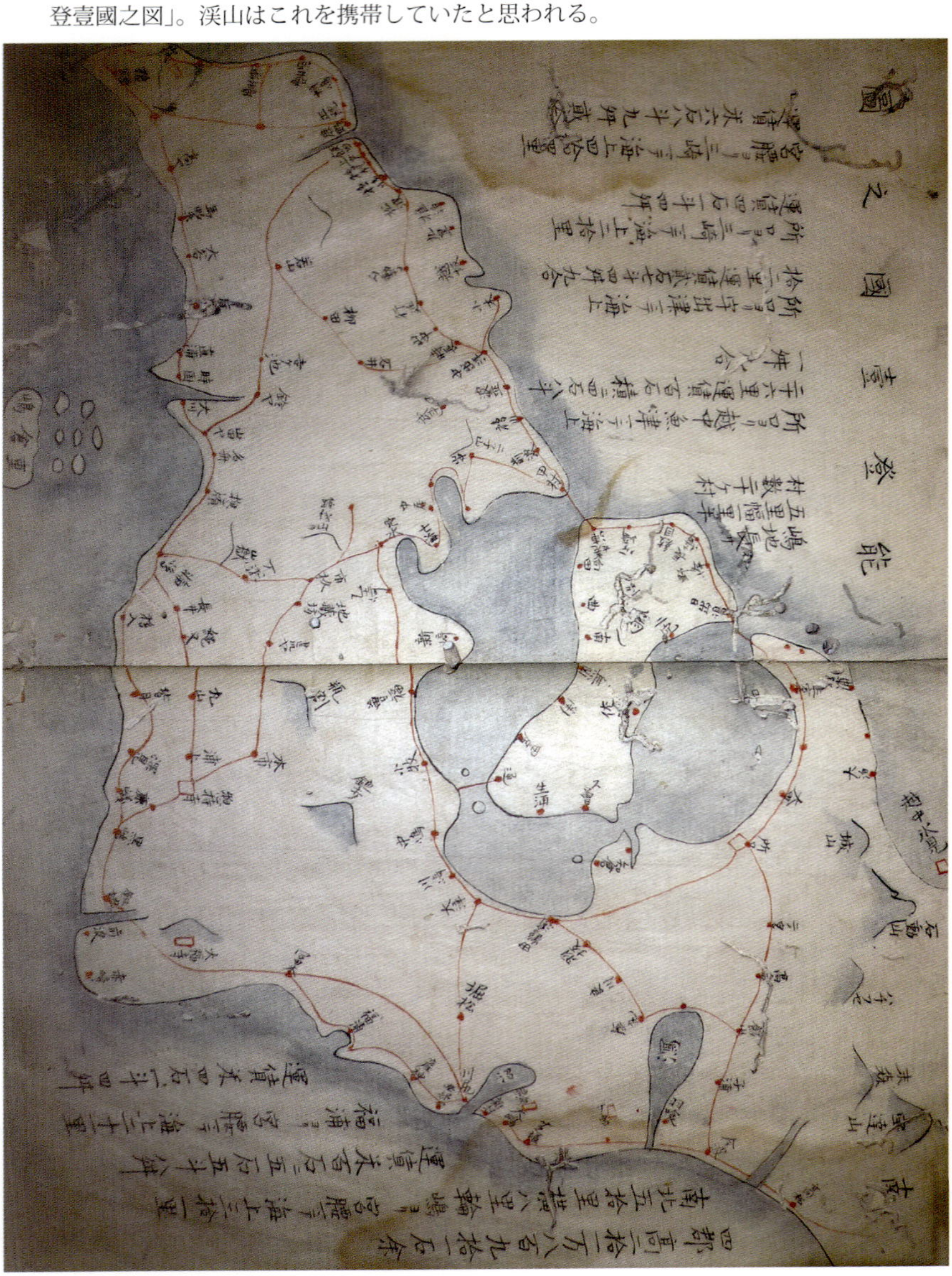

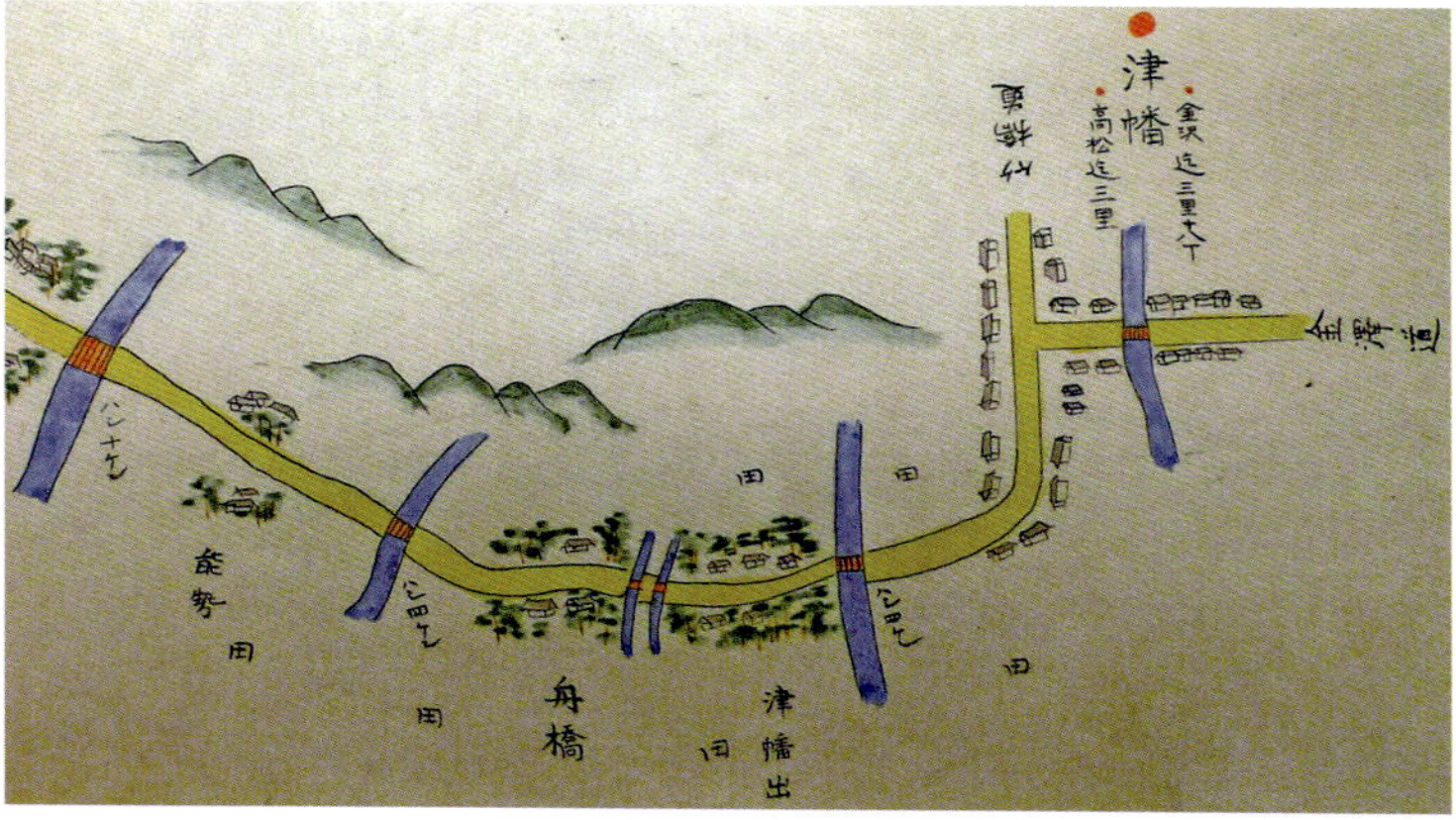

能登路について以後、時代不明であるが、江戸期と考えてもいい「能州道中図」金沢市立玉川図書館蔵を参照していく。最初は「津幡」の様子。

石、一木高サ数尺、朱実纍々天竹《ナンテン》ニ類スル有リ。甚ダ愛玩ス可ク、近ヅキテ之ヲ見ルニ即チ黄精葉鉤吻[71]ナリ。津幡ニ宿ス。

八日

津幡発　野瀬[72]ニ到リ海子[73]有リ。雁金兎毛[74]ヲ経テ高松ニ到ル。初メテ海浜ニ道ス。此従リ三崎ニ至ル。曰ク外浦ナリ。即チ外洋ナリ。三崎ヨリ七尾ニ至ル。曰ク内浦ナリ。即チ内洋ナリ。白沙満目、怒涛雷ノ如シ。能人ハ馬ヲ他州ノ者ニ貸シ、草縄ヲ用イテ五六駒ヲ繋ギ、身ハ先行スル在リ。駒皆ナ尾ヲ啣《フク》ミテ進ム。此ノ如キ者其ノ幾隊ナルヲ知ラズ。

㉗余高松自リ騎シテ来リ、戯ニ一絶ヲ賦ス

怒涛㆑捲雪向㆑巌翔　怒涛雪ヲ捲キ巌ニ向イテ翔ブ
六月凄然身覚㆑涼　六月凄然タリ身ニ涼ヲ覚ユ
薹笠油衣騎㆓欵㆒段　薹笠油衣款段[75]ニ騎リ
強顔自擬㆓孟襄陽㆒　強顔自ラ孟襄陽[76]ニ擬ス

(72) 現在の能勢か。(73) 湖。能勢は河北潟に面す。(74) 雁金（かりかの）と宇野気（うのけ）の村。(75) 足の遅い馬。(76) 盛唐の詩人孟浩然（六八九―七四〇）のこと。河北省襄陽の人であるところからこのように呼ばれた。不遇のうちに各地を旅し、多くの自然を歌い、五言古詩に優れ、王維と呼び称された。

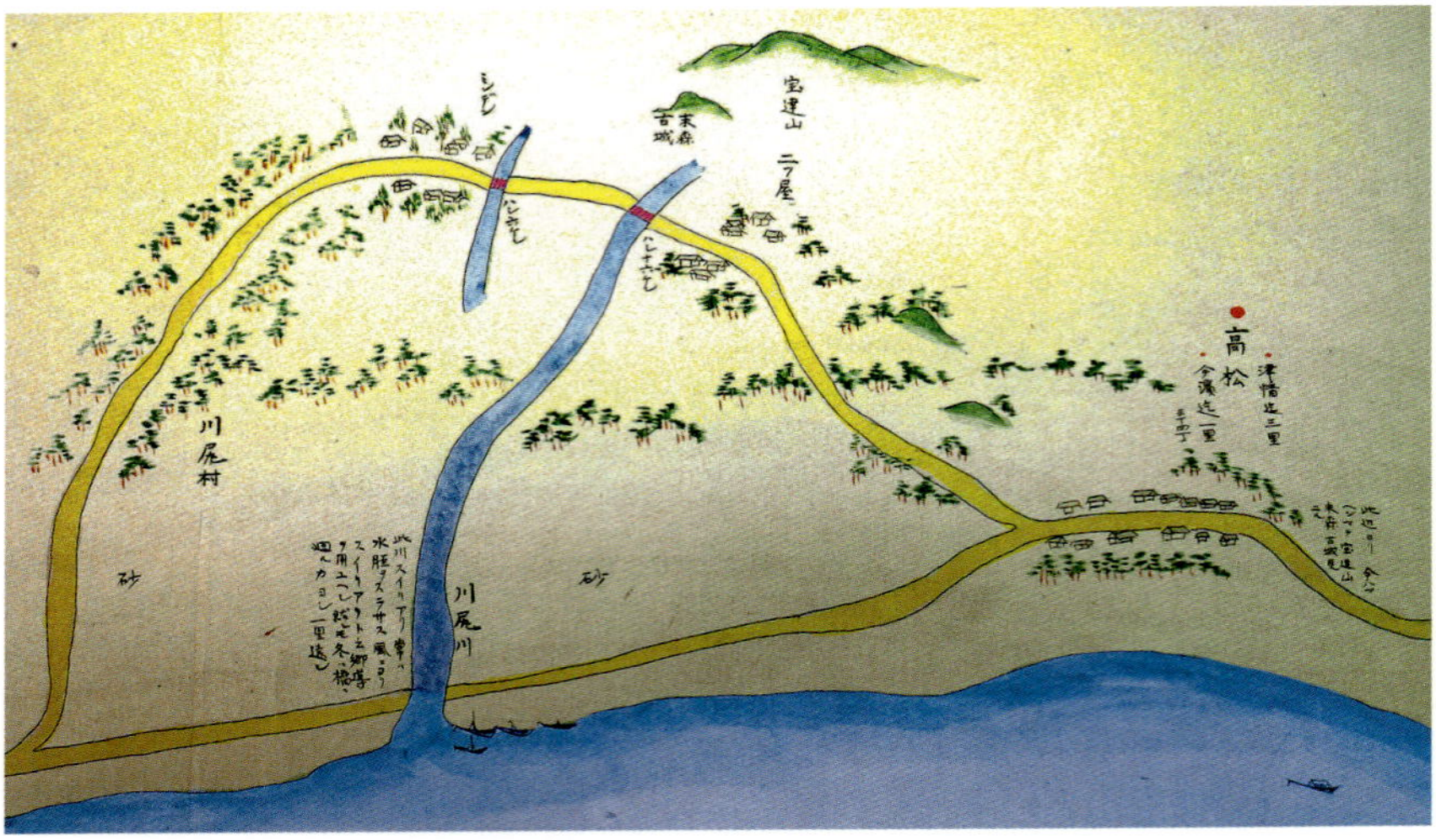

「能州道中図」金沢市立玉川図書館蔵にみる「川尻川」は、「常は水膝を濡らさず」とあるから、騎馬で十分に渡ることができたであろう。

既ニシテ沙逕数里。螺蚌[77]ハ馬足ニ蹂躪サル。余捨テ去ルニ忍ビズ。下馬セント欲スル者再三ナリ。馬夫モ亦余ノ意ヲ解シ、為メニ数介ヲ拾ウ。余喜ビニ堪エズ、二鳳ニ謂イテ曰ク、古人言ウ、人間ノ至楽ハ鶴ニ騎シテ揚州[78]ニ遊ブナリト。余意《オモ》ヘラク、馬ニ騎シ能州ニ遊ブニハ如《シカ》ズト。二鳳曰ク、足下ノ言是《ゼ》ナリ。腰ニ十万貫ヲ繋グ者ヲ知ラズ。足下顧ミテ欲セザルカト。余曰ク、今軽装シテ僻境ニ入リ、尚ヲ腰膝ハ頑疲ニ苦シム。縦《タト》ヘ十万貫有ルトモ用ウル所無キノミト。二鳳大笑ス。

九日

　川尻川ヲ渉《ワタ》リ、今浜ニ到ル。羽喰[79]ヲ経テ、鰻鱺ニ名アリ。玫瑰[80]多シ。一宮ニ宿ス。

一宮発、村松方着　瀧谷ニ至ル。妙成寺[81]ノ楼門及ビ坊額ハ皆佐々木志津麻[82]ノ書ク所。五級ノ浮屠[83]有リ。荘厳僻境ニ類セズ。出村川尻ニ赴ク。路旁ニ青蘭多シ。海浜一望スルニ螺蚌夥シク、萋斐[84]満目、殆ド介筐ヲ覆ウガ如キ者アリ。余捨テ去ルニ忍ビザレド、只駅馬騤々、二鳳ト相失ウヲ恐ル。忽チ留リ、忽チ

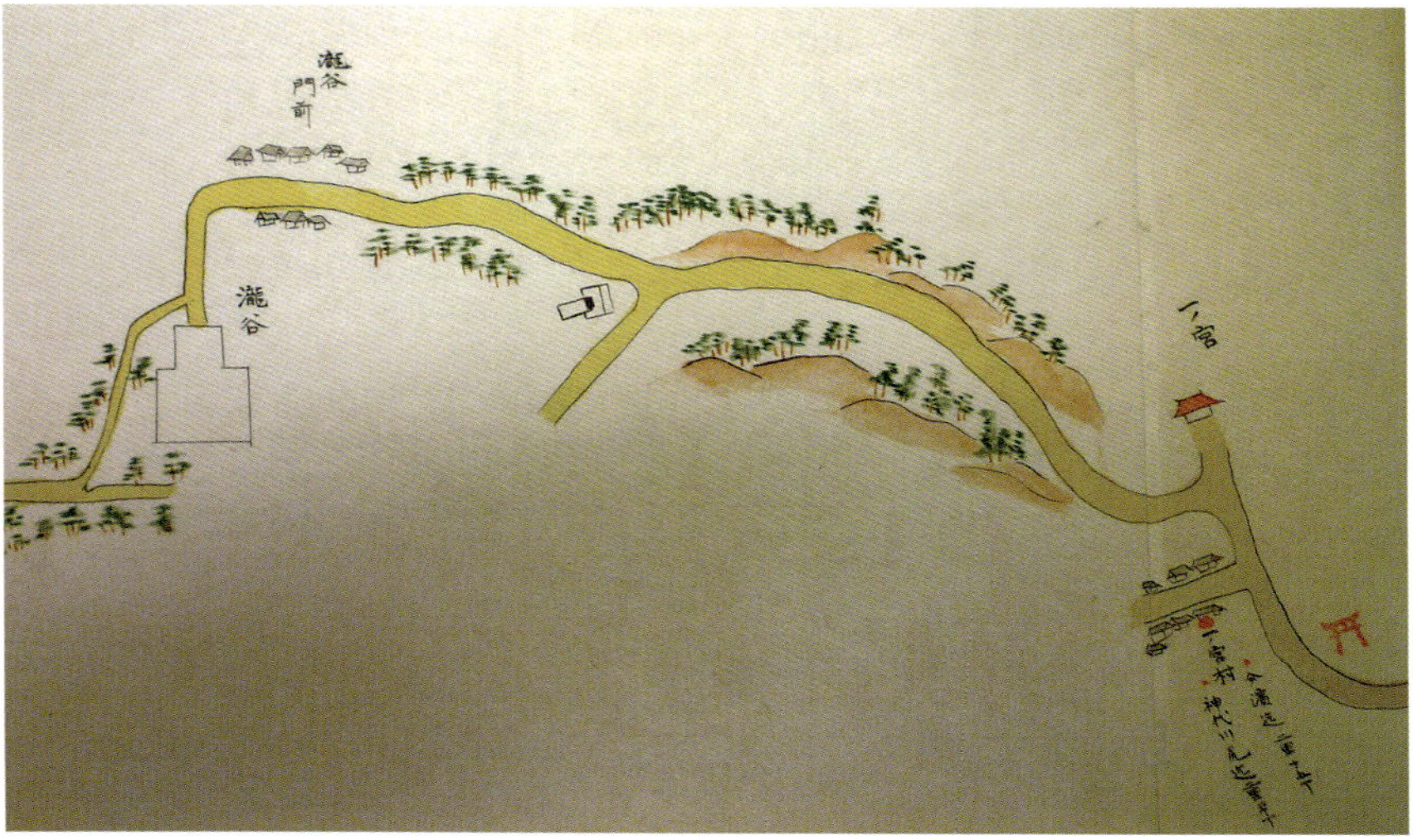

「能州道中図」金沢市立玉川図書館蔵にみる「一宮」と妙成寺のある「瀧谷」。

妙成寺の仁王門。「金栄山」の扁額がかかる。

(77)螺は巻貝、蚌は二枚貝。(78)江蘇省江都県にあり、豊かで景色がよい。蘇州と並ぶ観光地。(79)現在は羽咋と書く。うなぎの名所。(80)はまなす。(81)日蓮宗の古刹、金栄山妙成寺。(82)江戸前期の書家(一六一九—九五)。京都(一説に加賀)の人。大師流の能書家藤木敦直の門弟、後唐様書法を学び、一派を開き志津麻流と呼ばれた。加賀前田家に仕え、帰洛後も門葉は栄えた。(83)梵語Buddhaを漢訳するに当たって、当初は浮屠または浮図をあてたが、後、佛陀となった。(84)草が茂り美しいさま。

進ミ、殆ド遺金[85]ヲ拾ワザルノ想イヲ作《ナ》ス。

㉘蚌類二桃花《モモノハナカヒ》一紅灼々　蚌ハ桃花ニ類シ紅灼々[86]タリ

螺如二荷葉《ハスノハカヒ》一白田々　螺ハ荷葉ノ如ク白田々[87]タリ

無由レ小姪相携拾　由無シ小姪相携エテ拾ウ

独立悵然斜日前　独リ立チテ悵然[88]トスル斜日ノ前

既ニシテ婦女数百沙上ニ群ヲ成シ、各竹器ヲ持チ、海藻ノ状石花菜《トコロテンクサ》ニ類スルヲ拾ウ。是衛吾《トコロテン》[89]ト云イ、米粉ヲ以テ和シ、搗キテ糕ト為シ、亦瓊脂ト為ス可シ。

(85) 落したお金。
(86) 花の美しいさま。
(87) 緑色に輝くさま。
(88) 気の重いこと。
(89) 不明。

高浜から「堀松」を経て「町居」まで（五万分「富来」「七尾」明治四十二年測図より）

堀松ヲ経テ町居村ニ向ウ。山路三里ニ近シ。赤土泥濘、馬皆膝ヲ没シ、余ハ体疲レ、脚滑リ酔人ノ如シ。[90]然シテ母馬薪ヲ載セテ来ル者有リ、児ハ皆其ノ後ニ従イ、瞿々トシテ相離レズ、大キサ鹿ノ如シ。余之ヲ見テ感アリ。

㉙犬馬尚能知レ恋レ親　犬馬尚能ク親ヲ恋ウルヲ知ル
相随不三復厭二辛勤一　相随イテ復辛勤ヲ厭ワズ
慙吾無状去二郷里一　慙ズ吾無状ニ郷里ヲ去リシヲ
欠二却晨昏一已七旬　晨昏欠却シテ已ニ七旬

山ニ入リテ益深ク、道ヲ経テ益隘シ。遂ニ町居村ニ達ス。村ハ畳山ノ中ニ在リ、農家ハ四十楹[91]ニ止マル。亦並居セズ、星散シテ村ヲ成ス。冨木、福浦、中嶋、川崎ニ至ル道有リ。皆路程二里ヨリ近キハ無シ。此ニ於テハ昼日寂寥トシテ只啼鵑鳴鶯有ルノミ。日西ニ向イ則チ茅蜩[92]ノ声ヲ聞キ、熠燿[93]ノ飛ブヲ見テ弥《イヨイヨ》旅中ノ愁情ヲ増ス。

村松保一郎ヲ訪ウ。保一郎ノ祖父標左衛門[94]ハ草学ヲ以テ名アリ。此ノ夕村松氏ニ宿ス。

十日

村松方滞在　保一郎祖父所蔵ノ介品数百種并セテ古陶器二十餘

(90) 目を見張る。
(91) 太く丸い柱。
(92) ヒグラシ。
(93) ホタル火。
(94) 能登町居の人。諱は修平又は紀風、尚志軒と号す。京都に行き小野蘭山に師事、本草学を学ぶ。加賀藩老臣村井氏に仕え、関東に行き人参栽培法を伝え、長崎に赴き甘藷栽培を研究し、紀州へ行って蜂蜜製法を明らかにした。著書に『大和本草大意』『救荒本草啓蒙』『尚志軒夜話』『馬療本草』ほか多数がある。天保十二年、七十九歳で没す。保一郎はこの年六十七歳とすれば標左衛門の子であろう。なお、標左衛門が晩年の小野蘭山から受取った書簡十三通は『白井光太郎著作集』第一巻（科学書院）に集録されていて師弟の交流を知ることができる。

村松家の遠景

品、葉腊十餘帖ヲ出シ示ス。晩餐ニ棘鬣[95]ノ膾有リ。鮮美常ニ異ナリ、頗ル鯉魚ニ類ス。之ヲ問ウニ主人云ウ。拂暁人ヲ冨木ニ走ラセ、網ノ収ムルヲ待チテ贖イ来タリ。半途尚ヲ澆刺トシテ、制ス可カラズト。味、常ノ餞ト異ナル所以トス。此ノ夕雨フル。

六月十一日

村松方滞留　雨未ダ晴レズ。更ニ一宿ヲ請イ、晴ルルヲ待チテ福浦ニ遊バント計ル。保一郎ニ畫ヲ需ム。為メニ松枝ヲ写シ、一絶ヲ以テ題ス。

㉚一別于今二十年	一別今ニ二十年
恐君不㆑記㆓旧時顧㆒	恐ル君旧時ヲ顧ミテ記セザルヲ
好図何物贈為㆑信	好図何物カ贈リテ信トナス
龍影横斜学舎前	龍影横斜ス学舎ノ前

〔保一郎先ニ家塾ニ在リ、今時年六七歳[94]〕

夜、村人蝗ヲ送ル[96]ヲ観ル。人炬火一束ヲ把リ、行キテ登山ヲ成ス。鐘鼓ノ声緩慢ナルヲ聞ク可シ。村ハ小子女奴婢ト雖モ合戸尽ク出デテ之ヲ観ル。情ヲ慰ムルモ亦旅中ノ一興ナリ。

六月十二日（新暦七月十日）

スイカズラ

ヤブ

ヤマボウシ

ニシキソウ

(95) 鯛。(96) 虫送りの行事。
(1) ニシキソウか。(2) かさな又ははぐま。(3) やまぼうし (4) やぶじらみ「啓」(I―二二三)。(5) すいかづら (6) 不詳。

「町居」と「福浦」と「富来」の位置
(五万分「七尾」「富来」明治42年測図より)

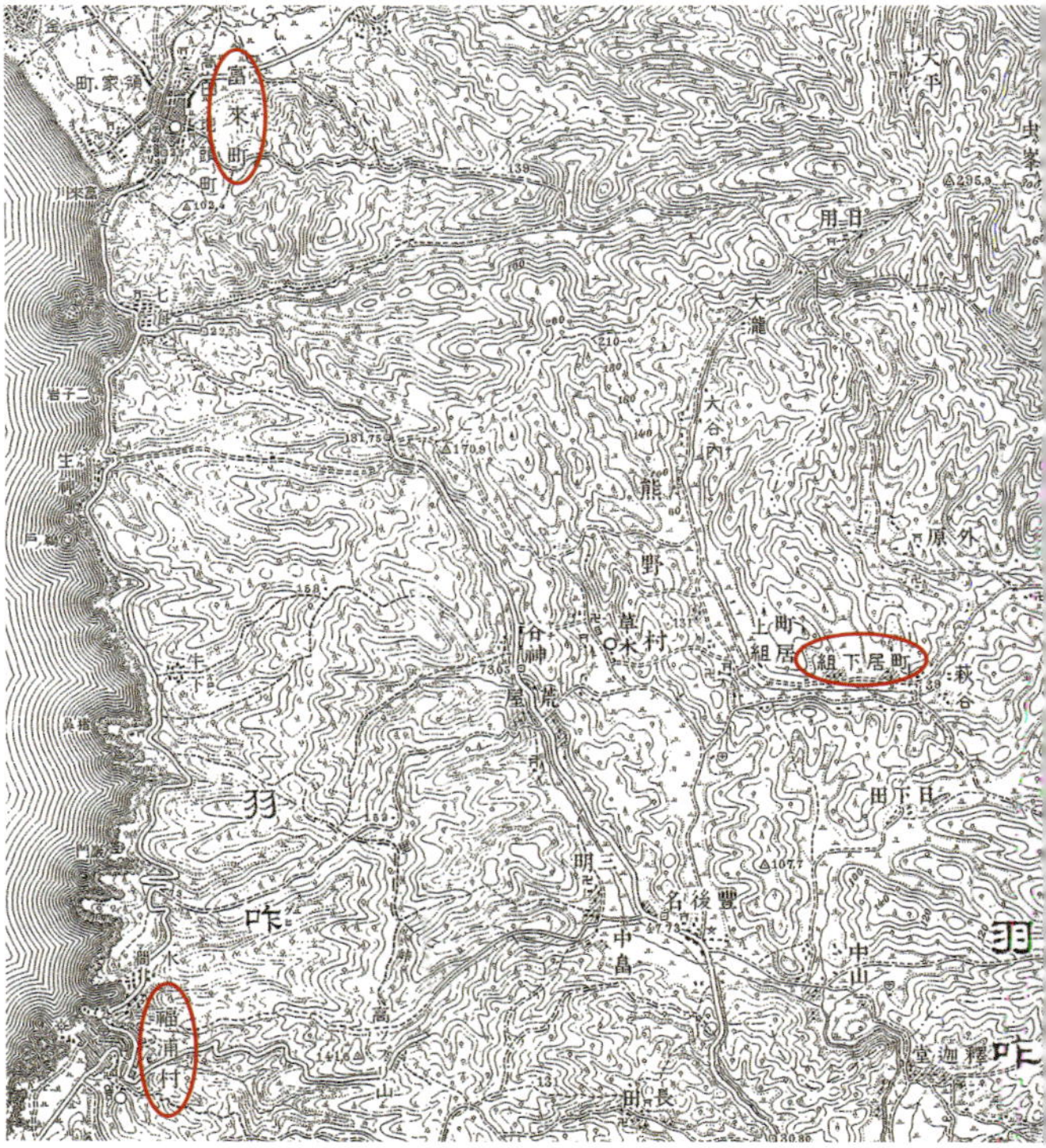

町居村発　雨尚ヲ未ダ已マズ。村松氏ヲ辞シ福浦ニ到ラズ、直ニ冨木ニ赴ク。山路里許リ、白雲谷ニ満チ、前峰後峰相望マズ。綿葉[1]、鬼督郵[2]、四照花《イツキ》[3]ヲ得タリ。七海ニ至リ、復タ海浜ニ出デタリ。蛇床子[4]、木本忍冬[5]、浜菊、砂引岩薇[6]、仙台萩、蝦夷車前ヲ得タリ。

既ニ冨木ニ到リ、天漸ク晴ニ向ウ。余先ニ巌門、鷹巣ノ奇ヲ聞ケリ。家ヲ去リテ百里、本ヨリ探奇ノ景ハ今咫尺[7]ニ在リ、而シテ見ルニ及バザレバ恐ラク終身ノ遺憾ト為ラン。因リテ二鳳ニ請イ、踵ヲ回シテ福浦ニ向ウ。遂ニ孔方兄[8]ヲ以テ介ト為シ、舟師二人ヲ倩《ヤト》イテ船ヲ装《トトノ》エ、岸ニ沿イテ福浦ニ到ル。七海ヲ経テ怪厳奇石啻ナラズ十数アリ。其ノ最モ奇ナル者三ナリ。曰ク機具《（ハタグ）》、鷹巣《（タカノス）》、巌門《（ガンモン）》ナリ。機具岩ハ状最モ高大、一方ハ隆起シ、一方ハ低伏ス。下ニ洞穴有リテ潮ヲ通シ、宛《サナガ》ラ腰機ノ如シ（図一）。舟具ノ洞ノ下縁ノ岩ニ至リテ上ル。石皆焦枯蹙恤[9]シテ足ヲ刺シ、久シク立ツ可カラズ。石蜐[10]、蜯牙[11]ノ類ハ倒垂シ、平粘ノ海蛆[12]ハ人ヲ見テ疾走ス。眞ニ喜ブ可ク且ツ懼ル可キナリ。復タ行クコト数町、岸上ニ三瀑布有リ、相去《ハナ》ルルコト各七八仭[13]、佳観ニ非ラズト為サズ。然レド奇景叢立ノ中ナルヲ以テ只一

五万分「富来」明治四十二年測図より

「能州道中図」金沢市立玉川図書館蔵にみる能登金剛海岸で、左端は「ハタゴ島」とある。

(7) 咫はわずかな距離、約八寸、尺は十寸。
(8) こうほうひんと読み、兄《ヒン》は唐音で親しみを込めた敬称。穴あき銭のこと。
(9) 蹙《シュク》はちぢこまる、恤《ジュツ》はうれえる。
(10) 石蜐はかめのて「啓」（Ⅲ—三〇三）。
(11) 蜯は蚌の異字体。
(12) ふなむし。
(13) 周代の長さの単位で約八尺。

機具巌　(図一)

(14) 鷲や鷹など猛々しい鳥。

(15) 鸕《ロ》も鷀《ジ》もともに鵜。「啓」（Ⅲ―三三三）。

(16) 古屋谷石。「百」一三九頁。

(17) 黒褐色の石、石中に粘土又は砂礫を蔵する。「雲根志」前編には禹餘糧をイシナダンゴ、またはハッタイ石とし、太乙《タイイツ》禹餘糧を樽石、岩壷、鈴石、袋石などというとある。「百」は鈴石は別の物とする。

鷹巣山

顧ヲ寵スルノミ。生神ヲ経テ鷹巣山ハ数百仭ニ聳立ス（図二）。上ニ喬松十餘株欝然トシテ林ヲ成ス有リ。曽テ鷙鳥[14]来タリ、其ノ上ニ巣セル有リ。此ヲ以テ名ヲ得シナリ。巌門ハ巌洞ヲ成シ、船其ノ下ヲ通ズ可シ（図三）。退潮ヲ以テ舟行スルヲ得ズ。還リテ其ノ背ニ出ズレバ大瀑布有リ、不動瀧ト曰ウ。其ノ餘数十ノ岩一トシテ奇技ヲ呈セザル無シ。雄獅子、雌獅子、棊子、棊盤、鸕《ロ》鷀《ジ》島[15]等ノ諸名有リ。大斧モテ劃開セル如キ者有リ、小刀剞鑿セル如キ者有リ、槌ヲ擁スル大黒天ノ如キ者有リ、結跏スル達磨ノ如キ者有リ、労山石[16]ノ如キ者有リ、太乙禹餘糧[17]ノ如キ

（図二）

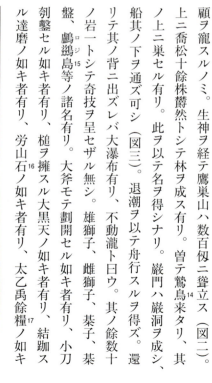

「能州道中図」金沢市立玉川図書館蔵にみる能登金剛海岸の様子。右から「タカス島」「サギタウ」「ハタゴ島」とある。

(図三)

巌門

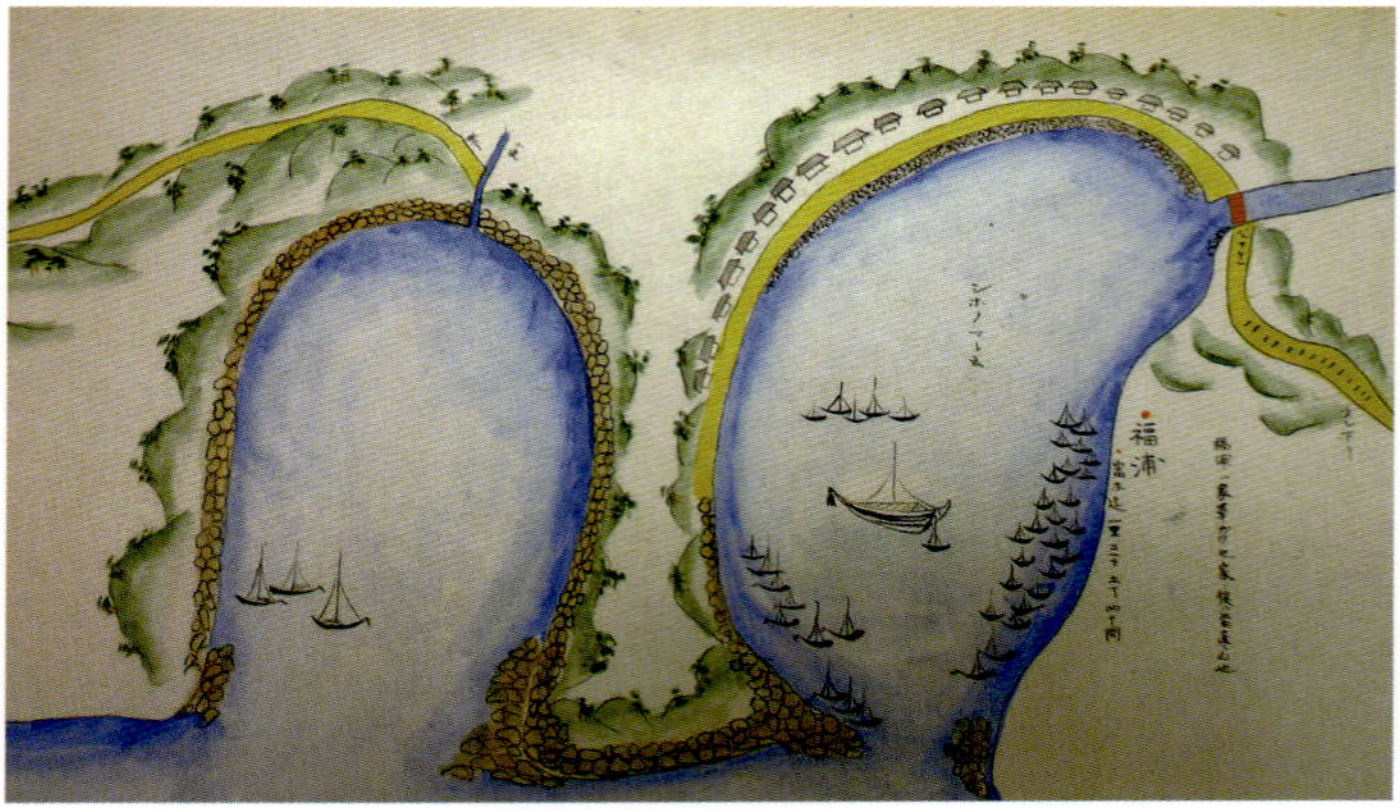
「能州道中図」金沢市立玉川図書館蔵にみる「福浦」の様子

者有リ、或ハ虎ノ伏スル如ク、或ハ龍ノ蟠ル如ク、千変万化詳状ヲ得可カラズ。舟行二里遂ニ福浦ニ至ル。大澗、水澗二港有リ。澗ハ間ノ字訓ト同ジク讀ミ、泊舟ノ処ト謂ウナリ。澗ヲ還リテ人家アリ。他ニ危趣ナキヲ知リ、復タ上岸セズ。棹ヲ回シ、径富木ニ還リ、中町茂右衛門家ニ宿ス。

㉛　機具巌

幾日天孫不㆓上機㆒　幾日天孫上機ナラズ
鵲橋為㆑是有㆓佳期㆒　鵲橋[18]是レガ為メ佳期ニ有リ
無㆑端容得塵中客　端ナク容ルルヲ得タリ塵中ノ客
題㆑遍尋常鄙近詩　遍ク題ス尋常鄙近ノ詩

㉜　鷹巣山

古木蜿蜒上接㆑天　古木蜿蜒トシテ上天ニ接ス
巨巌欝嵂下臻㆑泉　巨巌欝嵂トシテ下泉ニ臻《イタ》ル
後身若不㆑免㆓飛走㆒　後身若クシテ飛走ヲ面レズ
願㆛化㆓蒼鷹㆒棲㆚此巓㆙　蒼鷹ニ化シテ此ノ巓ニ棲マンコトヲ願ウ

㉝　巌門

不㆑用鎖扃与守閽　用イズシテ鎖ス扃[19]ト守閽[20]
巍々巨闕海中門　巍々タリ巨闕[21]海中ノ門
憶応㆔天帝為㆓吾国㆒　憶ウニ応ニ天帝吾国ノ為ニス

ハマナス（上）

シナノキ（上）

キリンソウ（上）

オウチ（上）
ルリソウ（下）

クガイソウ（上）

タツナミソウ（右）

（次頁に出る草木の花）

設二此神関一厭二外蕃一　此ノ神ノ関ヲ設ケテ外蕃ヲ厭ウ

六月十三日

冨木滞在　本光寺ハ中町氏ヲ介シテ余ノ画ヲ索《モト》ム。余辞スルヲ得ズ、為メニ留マリテ一日玉堂ノ富貴図ヲ畫ク。晩飰、主僧酒ヲ侑《スス》ム。辞ニ曰ク、今日、網中更ニ他魚ヲ止ムル無ク棘鬣有ルノミ、珍饌ニ具ウル能ワズト。食ニ及ビ、鱠炙、[22]臛汁[23]ニ至ルマデ皆是レ棘鬣ナリ。余ノ饕《ザン》饞[24]モ亦饜《エン》飫[25]ヲ知ルト雖モ、独リ家郷百里ニシテ慈親ニ奉ルノ路ナキヲ恨ミ、感慨ト為サザル能ワズ。此ノ日会スル者藤井順安、中町茂右衛門ナリ。

十四日

冨木発、総持寺　八幡浜ニ到リ小介ヲ拾ウ。酒見、相神ヲ経テ高爪山ヲ還リ剣地ニ到ル。高爪ハ海浜ニ在リ、特立聳然トシテ海舟ノ見ル所、以テ表[26]ト為ス者ナリ。

(18) 鵲が翼を並べて天の河にかける橋。男女の仲をとり持つ。(19) 扃は局の異体字。(20) 門番。(21) 物見台、門または宮殿。(22) なますとあぶり肉。転じてありふれたもの。(23) 肉のあつ物。(24) 饕も饞もともにむさぼる。(25) 饜も飫もともに食べあきる。(26) 目じるし。

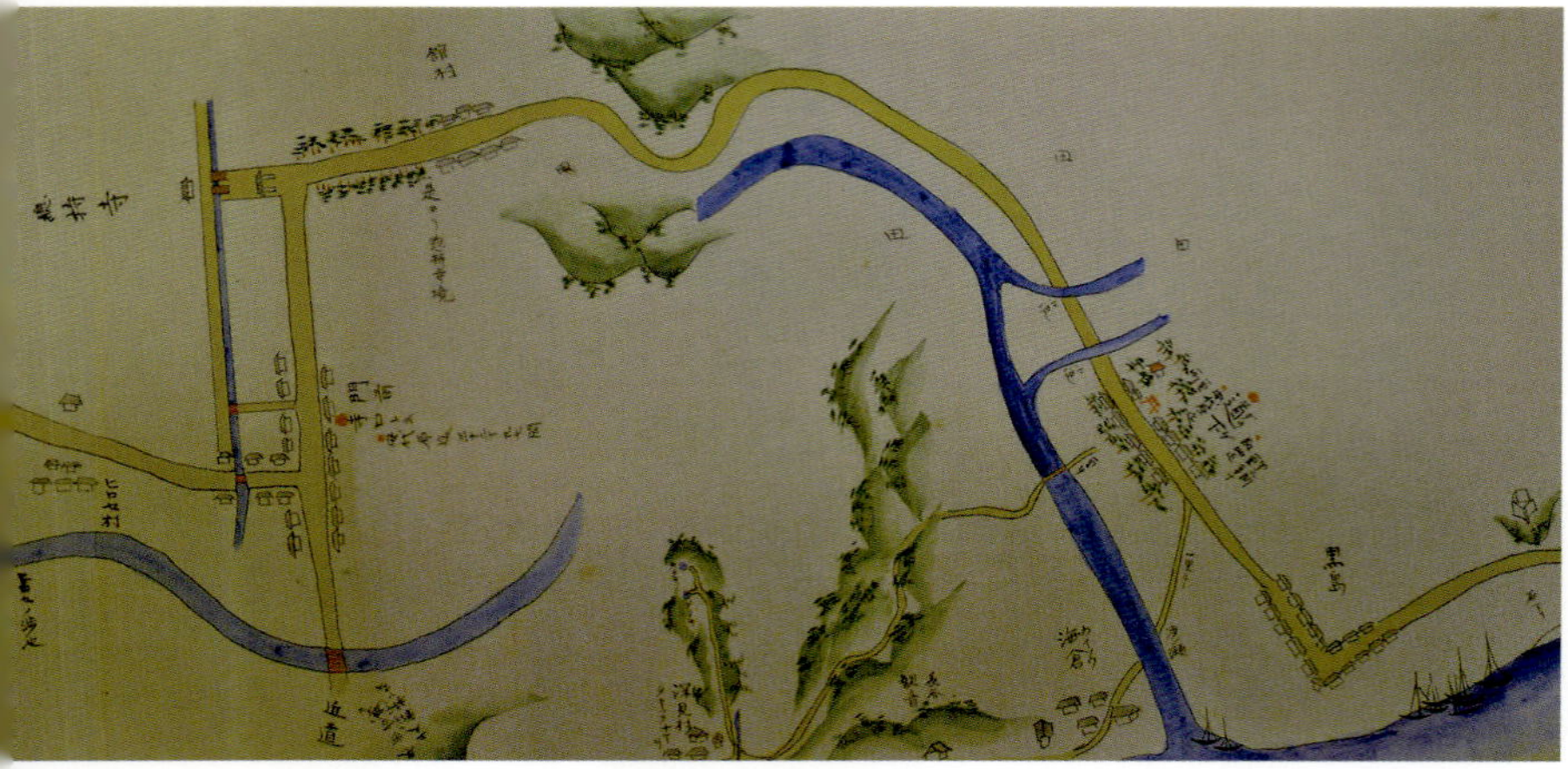

「能州道中図」金沢市立玉川図書館蔵にみる「黒島」から総持寺「寺口」の辺

欒華[27]、琉璃[28]、立波[29]、日光萩、下毛ヲ得タリ。黒島、道下ヲ経テ、費菜《キリンソウ》、玫瑰《ハマナス》盛リニ花着ク。菩提樹《シナノキ》、威霊仙《クカイソウ》ヲ得。寺口ニ宿ス。寺口ハ総持寺ノ門前ニ在ルヲ以テ名ヲ得シナリ。総持寺ニ到リ、堂房ヲ偏《ママ》ク観ル。規模宏大、眞ニ能州第一ノ大院為リ。剣地黒島ノ間、尤モ奇多シ。井泉石《ボタンイシ》有リ。形[30]ハ皆大ニ、携エ去ル可クモナキ者ナリ。

塩田　塩田多シ。塩戸ハ各平沙ニ畎澮[31]ヲ分ツ。潔浄ヲ穢ヨリ遺養スル者ナリ。啻ニ霄壌[32]ノミナラズ烈日ヲ待チ、沙ヲ鋪キ、其ノ上ニ海水ヲ汲ミテ之ニ澆《ソソ》ギ、暴シテ復タ澆ギ、澆ギテ復タ暴ス。然ル後、男婦同ジク装イ、薹笠ヲ戴キ、板斗[33]ヲ把リ、沙ヲ畫シ罫ト成シ、易ク収録セシム。縦横斉《ヒト》シク整シ、畦ト為スガ如シ。然レバ別ニ木桶ノ下承《シタウケ》有リ、短キ桶ヲ以テ下シ、復タ承ケ以テ架シ、沙ヲ収メテ上桶ニ満タシ、水ヲ以テ之に澆ゲバ則チ鹵水[34]ハ桶ニ滴下ス。更ニ岸ニ倚リテ屋ヲ為シ、巨釜ヲ以鹵水ヲ煮レバ乃チ白塩ヲ成ス。此レ其ノ概ナリ。

鳴キ砂　復タ行クコト二三町池田村ニ至ル。辺歩履《クツ》ニ

(27) オウチ、せんだん葉のぼだいじゅ。

(28) ルリ（青色の宝石）の名を冠した植物であろう。ルリソウ、ルリハコベ、ルリヤナギなど。

(29) タツナミソウ（紫花地丁）。

(30) 石見銀山にて石餅という形丸く、大小ありという「雲根志」前編巻二。

(31) 田の畦、溝。

(32) 天と地。転じて大差あること。

(33) 板で作ったひしゃく。

(34) 鹵水は塩からい水。

揚げ浜式の塩田の様子（この写真は剱地辺のものではなく、曽々木海岸より東の仁江海岸で今も「株式会社奥能登塩田村」が行っている能登唯一の揚げ浜式の様子）

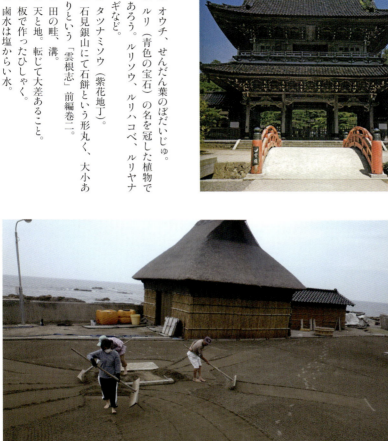

「能州道中図」金沢市立玉川図書館蔵にみる「袖ヶ浜」から「輪島」のあたり

異声有ルヲ覚エ、踵ヲ曳キテ之ヲ試ムルニ、殆ド琴ヲ弾ズルガ如シ。豈ニ通鑑[35]謂ウ所ノ鳴沙[36]ナルモノナランヤ。

大抵能州ノ俗、婦人ヲ役スル、他州ニ比シ酷ト為ス。独リ田ヲ耕シ、塩ヲ煮ルノミナラズ、駅夫馬卒ニ至ルモ往々婦女之ヲ為ス[37]。

六月十五日

輪島へ　浦上ヲ経テ、若狭阪ヲ上ル。山路甚ダ険ナリ。鞋頭触ルル所、悉ク皆化石ナリ。是幣樹ノ化スル所、名ヅケテ幣石[38]ト曰ウ。円山、縄又、長井ヲ経タリ。皆山間ノ小村ナリ。尤モ小ナル者ハ十五六家ニ止マル。輪島ニ宿ス。人家僅カニ三千戸。板橋有リ、其ノ半バ断チ、南ハ鳳至町ト曰イ、北ハ河合町ト曰ウ。髹器《キュウ》[39]、索麪[40]ハ天下ノ最品タリ。

日尚高ク、将ニ袖ケ浜ニ遊バントシテ、畠中長次郎[41]ナル者ヲシテ導キ行カシム。已ニ海浜ニ至ル。此ノ日ヲ以テ牛頭祭ノ襷（ママ）[42]日トナス。児女多ク出デテ遊ビ、又、沙ニ席シ、涼ヲ納ムル者多シ。五色ノ石ヲ拾ウ。方言ハ之ヲ五穀石ト謂ウ。仰首一望スレバ渺々タル蒼海、右ハ則チ鎌浦[43]、七島成リ行キテ洋中迸リ出ズ（図四）。猶金雁ノ箏[44]ニ在ルガゴトシ。左ハ則チ光浦、茅屋

（35）「百」では「通鑑綱目集覧」中の霊州の砂即ち鳴砂について述べている。
（36）別名琴引砂、丹後の琴引砂浜にあるとする。「百」四五六、「雲」前巻四。
（37）筆者はかつて「加賀のかか楽《ラク》、能登のとと楽《ラク》」という言葉を聞いたことがあるが、このような事情をいうものであろうか。
（38）「雲」に記述なし。
（39）漆器。
（40）そうめん。
（41）不詳。
（42）釈日（祭日）であろう。
（43）現在の鴨ケ浦か。
（44）十二弦の琴。

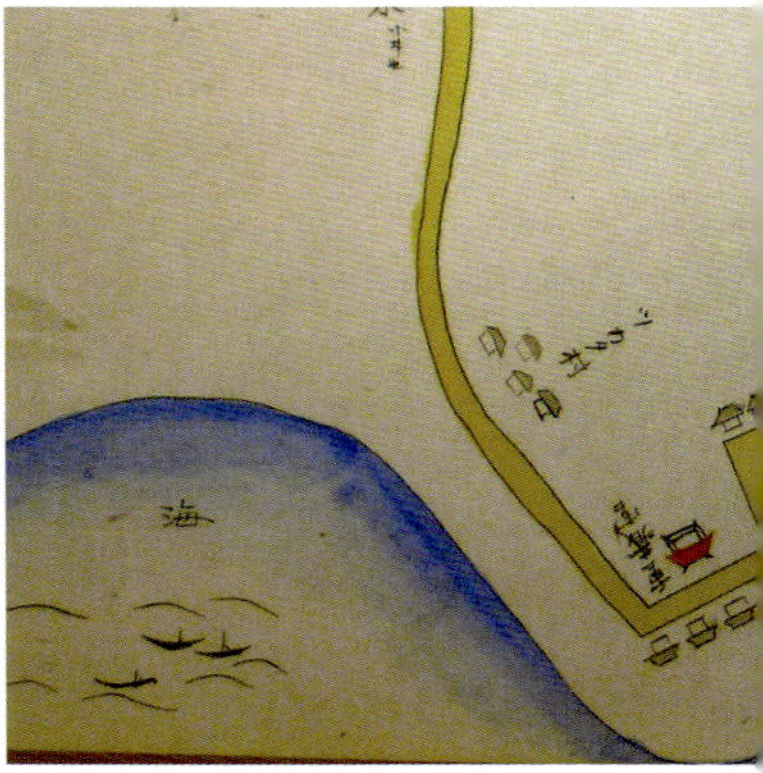

（図四）

数十簇々ト沙觜ニ集ル。右顧左眄スレバ佳境言ウベカラズ。頃《ヤヤ》有リ、畠中氏一小廝[45]ヲシテ酒ヲ送ラシム。亦今日王弘[46]ノ使者ナリ。獻酬数回大酔ヲ覚エズシテ旅舎ニ還ル。飫訖《オウ》リ、浴ヲ罷《ヤ》メ、更ニ苦茗[47]十餘椀ヲ啜ル。快言ウ可カラズ。夜ハ大雨盆ヲ傾クルガ如シ。

十六日

輪島滞留　風雨殊ニ甚シク、為メニ留マルコト一日。畠中氏飲楼ニ招ク。甚シクハ高カラズト雖モ滄溟[48]ハ庭戸ニ在リ。翠屏前ニ列スル者、近キハ則チ輪島﨑、遠キハ則チ仁江崎ナリ。海舟数十大小相錯シ、瞭然トシテ眼中ニ在リ（図五）。主人為メニ鮮魚ヲ烹シ、索麪ヲ薦ム。覚エズ大酔シ因リテ長句ヲ製シテ謝ヲ伸べ、并セテ平安ノ諸友ニ寄ス。

㉞風雨歩履難二自由一　　風雨ノ歩履自由難シ
暫脱二旅装一且遅留　　暫ク旅装ヲ脱シ且遅留ス
雅致却応二主人招一　　雅致却テ主人ノ招ニ応ズ
登来海岸第一楼　　登リ来タルハ海岸第一ノ楼
捲レ颿鼓レ舵集二港口一　　颿[49]ヲ捲キ舵ヲ鼓シ港口ニ集ウ
一先一後大小舟　　一先、一後ス大小ノ舟

(45) 使い、小者。(46) 不明。(47) 晩茶。
(48) 滄海、青い海。(49) 舟の帆。
(50) 唐代中期の詩人こうい。
(51) 夕暮、たそがれ。
(52) とりでのそば。(53) 仲間。

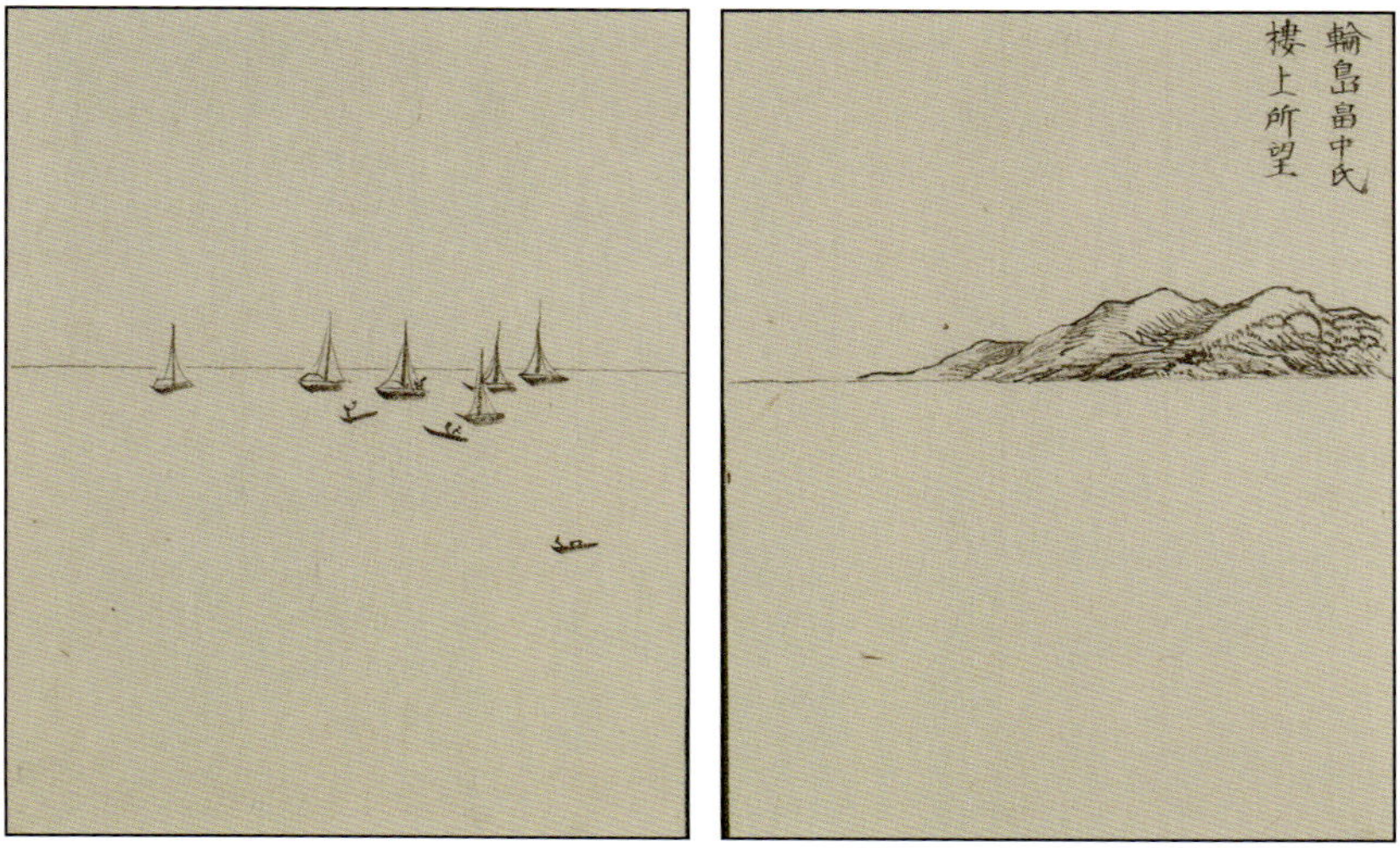

（図五）

泛々影列白波上　泛々影列ブ白波ノ上
宛似㆓小児随㆑母遊㆒　宛ラ小児ノ母ニ随イ遊ブニ似タリ
潮声不㆑懼初来㆑客　潮声懼レズ初メテノ客来タル
偏甘㆓海味㆒頻献酬　偏ニ海味甘ク頻リニ献酬ス
［耽湋ノ[イ50]詩、潮声偏懼初来客　海味惟甘久住人］
雨止風収日又曛　雨止ミ風収シ日モ又曛ル[51]
只有栝杓未㆓肯休㆒　只有栝ト杓未ダ休ムヲ肯ゼズ
嗚呼能州天下奇　嗚呼能州ハ天下ノ奇
輪島况又冠㆓能州㆒　輪島ハ況ンヤ又能州ニ冠タリ
海楼望月少㆓小題㆒　海楼望月小題ワヅカ
例為㆓塞下[52]閫中儔[53]㆒　例エバ塞下[52]閫中ノ儔[53]トナス
豈思㆔今日践㆓北地㆒　豈ニ今日北地ヲ践ムヲ思ワン
飽㆑弄㆓此景㆒放㆓此眸㆒　此景弄スルニ飽キ此ノ眸ヲ放ツ
寄言平安同社子　言ヲ寄ス平安同社ノ子ニ
君輩能為㆓此遊㆒不　君輩能ク此ノ遊ヲ為スヤイナヤ

十七日

輪島発　輪島ヲ発シ総領ニ到ル、此自《ヨ》リ塩田益多シ。能州ノ地本より狭窄、左右ニ海ヲ受ケ魚塩ノ利有リ。

故ニ駅路ニ於テ、山ニ非ザレバ則チ海、沙ニ非ザレバ則チ泥ニ至ル。平野ノ如キハ甚ダ少ク、民ノ食大半ハ之ヲ越中ニ仰ギ、而シテ民皆ナ海ヲ煮テ業ト為ス。塩ヲ以テ税ヲ納メ、塩十包ハ米一包ニ當ツ。此其ノ大略ナリ。未ダ総領ニ到ラズシテ老松樹有リ。根株ハ高竦[54]ニシテ、形半截ノ鶏籠ノ如シ。下リテ屋ヲ架シ、畫ヲ番シ、榕[55]ニ倚リ舎ヲ造ルベキ者未ダ深ク路ヲ譲ルニ足ラズ。

(図六)

七島　皆海ニ傍シ、七島《ナナツジマ》ハ歴々トシテ眼界ヲ離レズ。七島[56]ハ一ニ曰ク鮩《トド》之島、二ニ曰ク竹生島、三ニ曰ク御厩《クリヤ》島、四ニ曰ク新魂《アラミサキ》島、五ニ曰ク中子島、六ニ曰ク鯨島、七ニ曰ク大島、大小列峙シテ伯叔ノ如シ。然シテ更ニ重倉《ヒグラ》島[57]有レド陰雨ヲ以テ見ズ。九孔螺[58]多ク之ニ産ス。輪島ノ蜑戸ハ夏月ハ家ヲ挙ゲ其ノ地ニ至リ、采螺ヲ以テ業ト為ス。

時国　名舟ノ海浜ニ至リ、小円石皆縷文有リ、劣品ノ芋魁文ノ如シ。又一種ノ白石、鬆脆砕ケ易ク、中ニ多ク靭《ジン》介[59]ヲ含ム。破リテ之ヲ出スニ皆空殻ノミ。南志見ヲ経テ三子坂ヲ上ル。雨後ノ泥濘稲田ニ陥ツルト異ル

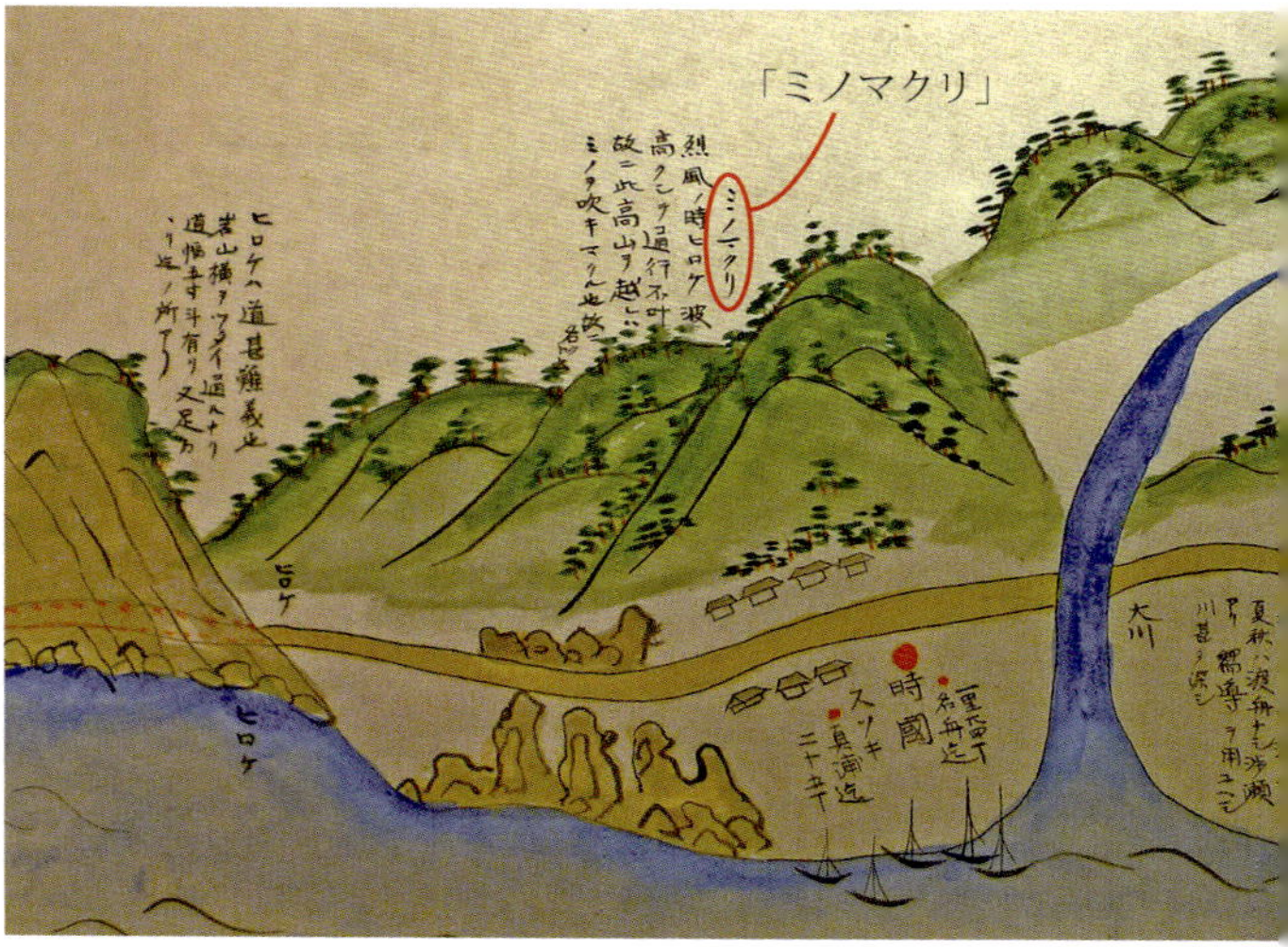

「能州道中図」金沢市立玉川図書館蔵にみる「時国」

コト無ク、殆ンド行ク可カラズ。将ニ倒レントシテ地ニ拠ル者再三、漸クニシテ坦途ヲ得タリ。路ヲ夾ミテ玫瑰盛ンニ花ヲ着ケ、茶圃ノ如シ。然シテ矯艶愛ズルニ堪エタリ。時国ニ至ル。時国某ナル者土豪族タル有リ。盖シ能州ノ地ハ本僻遠、古昔板蕩[60]ノ世、敗軍ノ亡将往々此ノ延武村ニ難ヲ避ク。延武大谷村有リ、頼兼有リ、此ノ如キ者一二数ウ可カラズ。皆其ノ先諱ヲ以テ氏ト為ス。亦夫レ、之ヲ質スニ甚シキ者ナリ。

窓岩有ルハ高サ百餘仭、當ニ中通シテ臍一孔、窓ノ如シ（図六）。然レバ此従リ眞浦ニ向ウ二道有リ。山路ニ従ルハ険悪無比、号ヅケテ※蓑捲ト為ス。海岸ニ従ウハ危険亦言ウ可カラズ。号ヅケテ広木ト為ス。余広木ニ従ウ。初メ一巨洞ニ至ル。名ヅケテ福穴ト曰ウ。上レバ則チ巨巌数百仭、高ク臨ミ簷ノ如シ。下レバ則チ大石磊々濤激ノ響キ、轟雷ノ如キ響ク。岩ニ倚リテ

※蓑捲は、道中図のミノマクリと思われ、説明に「烈風の時にこの高山を越えれば蓑を吹きまくる也故に名づくと云う」とある。また、広木は図中のヒロケと思われ、「岩山横を伝い通るなり。道幅五寸ばかり、足がかり迄の所あり」とある。

(54) そばだつ。 (55) 熱帯樹あこう。

(56) 輪島沖の七ツ島は現在それぞれ呼び名が変っている。鮩《トド》之島→烏帽子島、竹生島→赤島、御廏《ミクリヤ》島→御厨島、新魂《アラミサキ》島→荒御子島、中子島→狩又島、鯨島→龍島、大島(不変)。 (57) 重倉《ヒグラ》島は現在の舳倉《ヘグラ》島。

(58) 鮑。 (59) ねばり強く、毀れない。

(60) 乱世をそしって言う言葉。

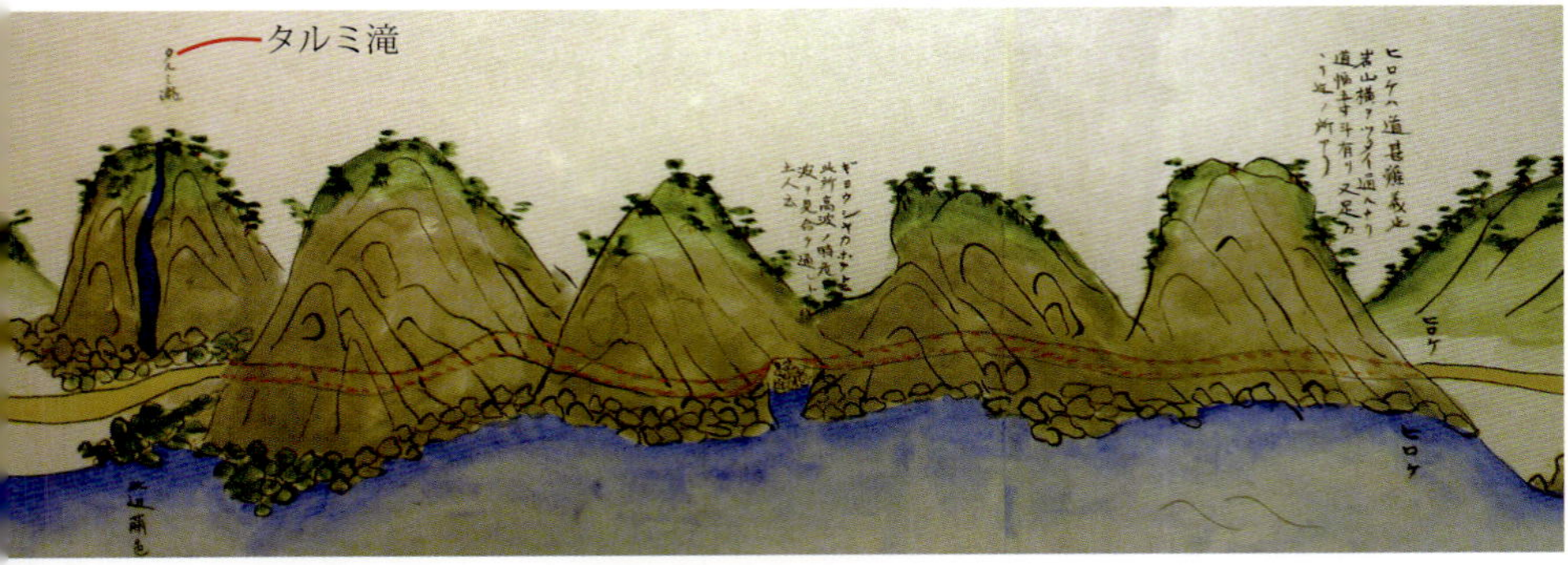

「能州道中図」金沢市立玉川図書館蔵にみる曽々木海岸。文中に出てくる「瀑布」は図の左端の小山に描かれる「タルミ瀧」がそれだろう。

行キ、下深淵ニ臨メバ神悸心驚ス。巌ハ皆奇古甕恤攫《ツカ》ムガ如ク起リ、揑《コネ》ルガ如ク成ル。色皆鉄黒、青緑ヲ帯ビ宛然トシテ石緑ナリ。

　十餘町ノ険路ヲ行キ、方《マサ》ニ畢ラントスルニ忽チ大瀑布有リ道ニ当ル。高キ岸上ヨリ噴出シテ、復タ水道ヲ分タズ。復タ深潭ヲ成サズ。巌ニ触レテ下リ、滝瀑[61]ト呼号ス。眞ニ天下ノ絶奇ナリ。既ニシテ沙磧ヲ出ズレバ、小緑石極メテ夥シク、其ノ餘尽ク皆円熟シテ旋紋有リ、頑ズ可シ。只恨ムラクハ此ノ行、志ヲ同ジクシ倶ニ異品ヲ究ムルヲ得ザルヲ。若シ余ノ兄弟或ハ雲鉏満堂ノ徒[62]ヲ得レバ終日沙ヲ披キ、金ヲ揀シ[63]、寧ゾ東坡ノ佛印[64]ニ供スル所有ラザルヲ知ランヤ。

　行クコト小許、又瀑布有リ。稍小ナリト雖モ左右雙流ノ観モ亦悪《ニク》カラザルナリ。磧ハ極マリテ山有リ、名ヅケテ朴坂(ホウサカ)ト曰ウ。亦復タ崎嶇[65]タリ。天門冬[66]、藤、生ズル者苧麻ノ一種、犬朱慮極メテ夥シ。

　雨大イニ至リ、路皆渓ヲ成ス。衣ハ湿シ、笠ハ漏シ、目は開クヲ得ズ、足ハ進ムヲ得ズ。酔ウガ如ク、睡ルガ如ク、僅カニ能ク仁江ニ達ス。又行クコト少許、清水ニ至リテ宿ル。嗟能州ノ奇、余既ニ其ノ大半ヲ悉クス。然レドモ今日ノ景ノ甚ダ佳ニシテ今日ノ路ノ甚ダ険ナルガ如キハ此ヨリ先未ダ覩《ミ》ザル所ナリ。

十八日

清水発　片岩ヲ過ギ、鞍坂山ヲ上ルニ馬群ヲ為ス者有リ。駒ハ其ノ旁ニ立テバ大イサ老狗ノ如シ。牛雙立スル者有リ。犢其ノ間ニ臥シ大イサ亦タ狗ノ如シ。角未ダ繭栗[67]ニ至ラズ、唯二白点ノ星ノ如キ有ルノミ。

大谷ヲ経テ馬緤（マツナギ）、鍔崎ニ至レバ極メテ絶景タリ。左右ノ小岩其ノ麗百ナラズ。大ナルハ数仞、小ナルハ三五尺、一トシテ愛ズ可カラザル者無シ。草零陵香、紅毛芹ヲ得タリ。鉤吻最モ多ク、満山皆是ナリ。

笹波ヲ経テ高屋ニ到リ宿ス。山黧豆（ニシキサウ）、転色百脉根（ミヤコグサ）ヲ得タリ。高桑喜二郎、上田二郎三郎ト会ス。此ノ地浜海ト雖モ更ニ漁者無ク、魚ハ皆醃鮑[68]ニシテ飯田ヨリ来タル。貧邑ト謂ウ可シ。

六月十九日（新暦七月十七日）

高屋発、狼烟、飯田　折戸ヲ経テ一河ヲ馮《ワタ》リ、青石脂[1]ヲ得、河浦ニ至リテ釵子石ヲ得タリ。一ニ之ヲ鉄砲石ト謂ウ。狼烟《ノロシ》ニ至リ蔓菜[2]ヲ得。玉火石[3]多シ。山伏山ヲ経テ寺家ニ至レバ三崎権現

(61) [氵+雹]は雹《アラレ》であるか。
(62) 読書室に集まる多数の門弟たちを指すのであろう。鉏《ショ》は鋤または鍬。
(63) えらび出す。
(64) 不詳。
(65) 山路が険しいこと。
(66) くさすぎかずら「啓」（Ⅱ七五）。

クサスギカズラ

(67) 繭と栗。形が似ているので生えたばかりの小牛の角、または筍の形容。
(68) 醃《エン》も鮑《ホウ》もともに塩漬けの魚。
(1) 「啓」に五色石脂、すなわち、赤、白、黄、青、黒色の五種あり、石のやにといい、赤、白は薬用とする。「雲」はさらに紫を加えて六色ありとする。
(2) 不詳。
(3) 火打石またはカドイシ。「啓」

渓山の描いた「馬緤・鰐崎」と「能州道中図」金沢市立玉川図書館蔵にみる同地。

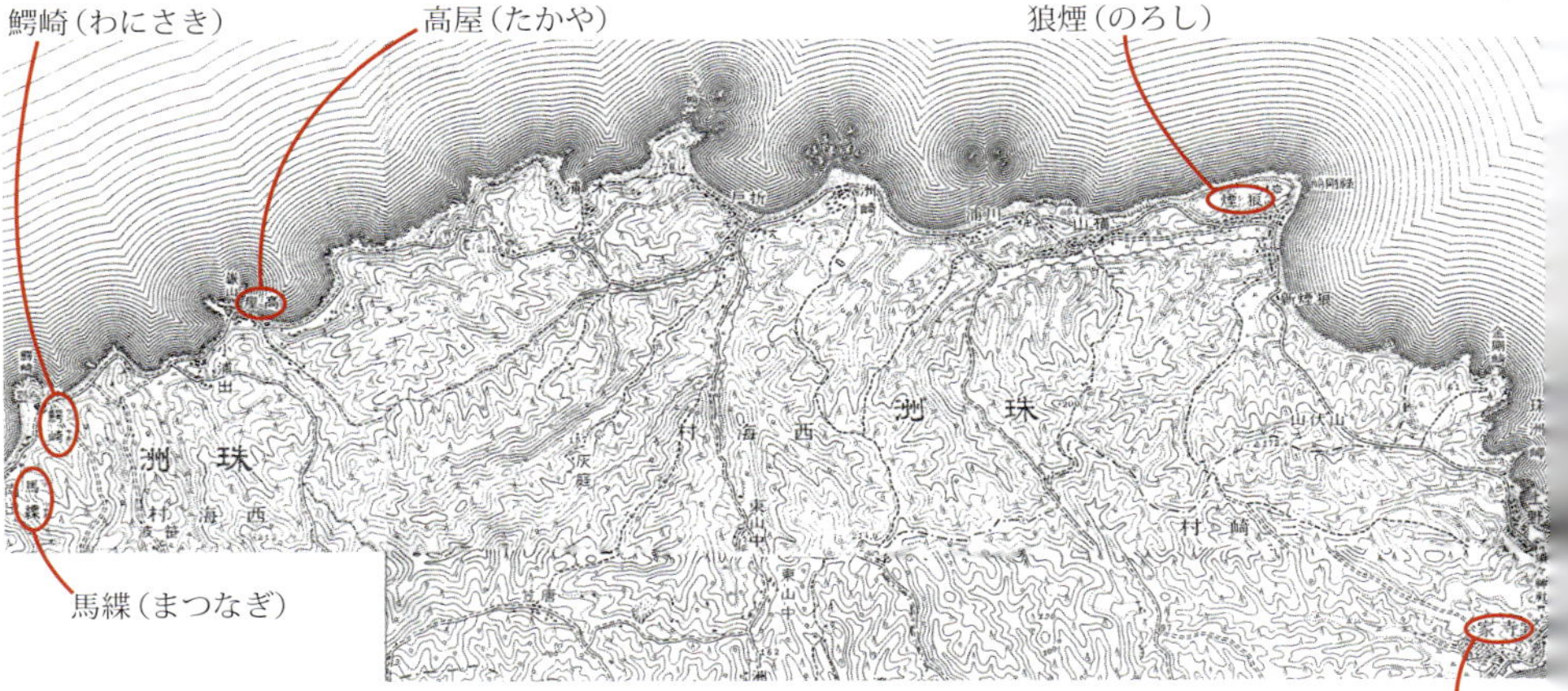

「五万分「馬緤」「珠洲岬」「飯田」明治42年測図より。下は「能州道中図」金沢市立玉川図書館蔵にみる狼煙・山伏山・寺家の様子。

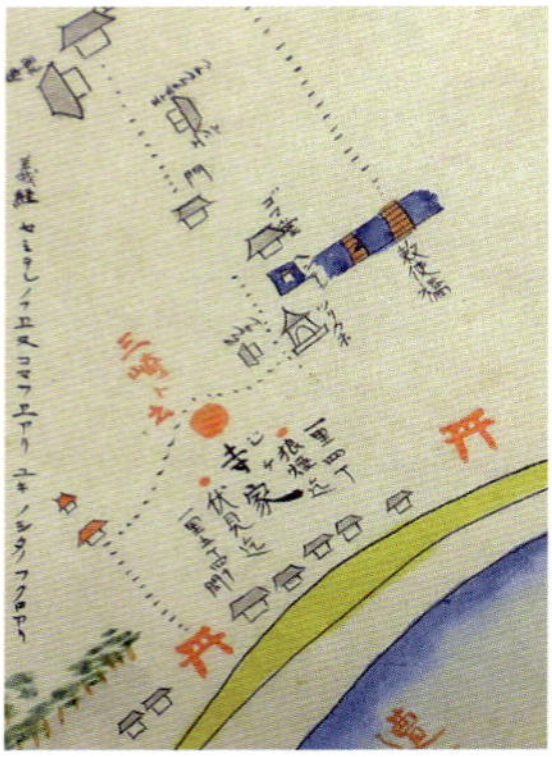

「能州道中図」金沢市立玉川図書館蔵にみる寺家、左は現在の須須神社。

有リ。祠ハ是能州北辺ノ極タリ。佐渡、越後、能登ノ三崎尖出シ、鼎立スル故ヲ以テ、三崎ト曰イ、或ハ神祠在ル所故御崎ト曰ウト云ウ。粟津本村ヲ経テ正院、鹿野ヲ過ギ、飯田ニ至リ。六郷安兵衛[4]家ニ宿ス。

二十日

飯田滞在　森屋久平[5]ト会ス。此ノ日、土神春日明神祭日ノ為メ晝間ハ平常ト異ル無ケレド、夜ニ及ベバ則チ、多ク山車ヲ造リ、隊毎ニ各己ガ意ヲ以テ之ヲ作リ、復タ定形無シ。鐘鼓ヲ以テ之ニ鬧《ドウ》[6]シ、少年百餘輩之ニ随イ、乍《タチマ》チ去リ、乍チ来タリ、紛喧、明ニ達ス。更ニ綵燈[7]青竹上ニ紮緊スル有リ、坊間来往スル者、七夕ト一ノ如シ。

廿一日

藻寄行蔵[8]来タル。二鳳ハ三郎右衛門ヲシテ高岡へ還ラシム。

廿二日

朝市見学　朝食訖《オワ》リ、市ヲ観ル。飯田ノ俗ハ毎月二日、七日ヲ以テ市ヲ成シ、近村ハ往々薪炭魚菜ノ類ヲ賚イ[9]、街ニ沿イテ遍

(4)不詳の人物。宿屋の主人か。

(5)不詳、しかし渓山はこのあと六月二十八日宇出津でこの人物と再会し夜釣をともにする。

(6)さわがしくする。

(7)高張提灯あるいは行灯のようなもの。

(8)藻寄行蔵（一八二〇―八六）珠洲郡上戸の農家に生れ、江戸昌平黌に学ぶ。明治維新後、奥能登の製塩業再建に尽力し、明治五年製塩資金借入制を実現。鳳至河原田村村長、輪島町長などもつとめた。

(9)掛売り、掛買い。現金でなくあとで払う約束で売り買いする。

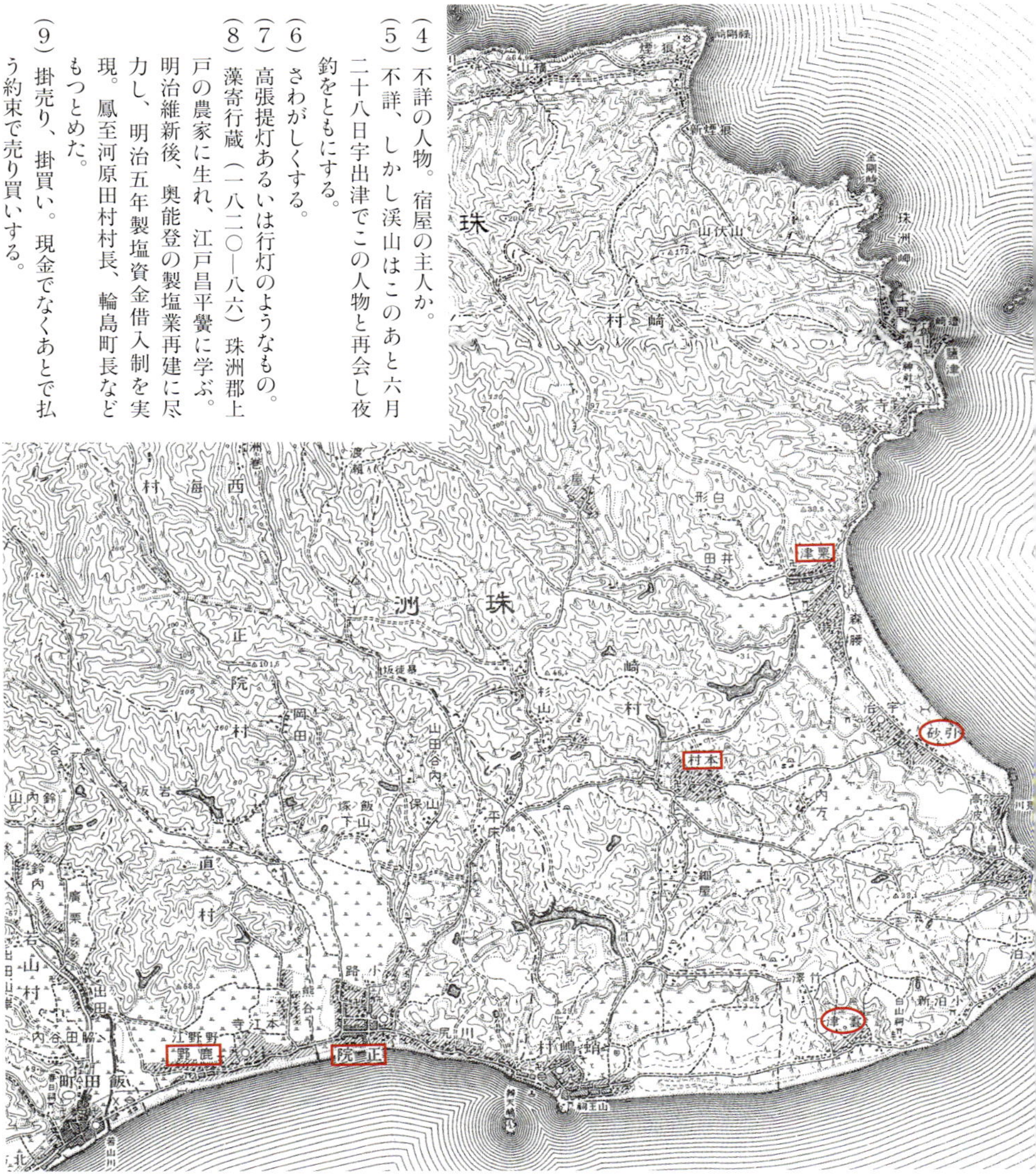

渓山は□囲みの「粟津」から海岸沿いから山越えに切り替え「本村」を経て飯田へ達することを示す。○囲みの「引沙」と「雲津」は後の文中に出てくる（「五万分「珠洲岬」「飯田」明治42年測図より」

ウワバミソウ

ク之ヲ陳べ、人々其ノ有スル所ノ者ヲ売リ、其ノ無キ所ノ者ヲ買ウ。薪ノ者ハ魚ヲ提ゲテ還リ、牛載セテ来タル者ハ馬負イテ去ル。午ニ至リテ止ム。

菜中ニ款冬[10]ニ類スルアリテ、繊小ノ者ハ称シテ片葉[11]ト為ス。即チ赤車使ナリ。午ノ刻、海浜ニ魚ヲ観ル。漁舟ノ港口ニ聚マル者十餘隻、吉鬣極メテ多ク、大ナル者ハ七八寸、小ナル者ハ四五寸、百五六十尾ヲ通シテ酬ハ銭四鎰[12]半ヲ以テス。低価ト謂ウ可キナリ。乗光寺ニ謂ウ。

㉟　茅店片月図

庾亮譏偏盛　庾《ユ》亮[13]ノ譏[14]偏ニ盛ンナレド
寛平興不非　寛平ノ興ハ非アラズ
誰知茅店月　誰カ知ル茅店ノ月ハ
一倍有清輝　一倍ノ清輝アルヲ

六月廿三日

乗光寺ノ宴　晩間、乗光寺ハ飲ニ招ク。此ノ夕飯田ノ橋ニテ納涼ス。橋ハ海ヲ距テテ百餘歩アリ。清風大イニ至リ、且ツ俗客無シ。二鳳ハ庵ニ紛レ已ニ舎ニ還リ、余ハ尚オ去ルニ忍ビズ。

㊱庶人雌風不レ用レ譚　庶人ハ雌風譚ヲ用イズ

(10) ふき。　(11) うわばみそう、またはみずな。
(12) 緡のことか。銭の穴に通して束にする紐。
(13) 庾は米倉、亮は次官。　(14) 酒盛り。語りあう。
(15) 静かなさま。　(16) 塩を焼く煙。
(17) すげ笠。　(18) 袖なしの短い着物。
(19) 不詳。　(20) ひるね。

大王雄風未㆑足㆑誇　大王ハ雄風未ダ誇ルニ足ラズ
団扇擲去汗巾廃　団扇擲去シ汗巾廃ス
清風萬斛来㆓海涯㆒　清風萬斛海涯ヨリ来ル
洛下若得㆑有㆓此涼㆒　洛下若シ此ノ涼有ルヲ得バ
奚恨吾廬小如㆑蝸　ナンゾ恨マン吾ガ廬ノ小ナル蝸ノ如キヲ

廿四日

舟行引沙村　未明、便風ニ乗ジ、運塩ノ船ニ上リ、引沙村ニ到ル。時ニ東方、未ダ白片ノ月西ニ向カイ、涼意掬ス可シ。且ツ海ニ波瀾無ク、恬然[15]トシテ鏡ノ如シ。檣ニ倚リ假寐スルコト数刻、赤白方《マサ》ニ升《ノボ》ル。塩烟[16]簇起シ、糢糊トシテ暮靄ノ如シ。海浜ノ人家皆ナ塩ヲ煮ルヲ事トス。晴ニ乗ジ尽ク出デテ夫須[17]ヲ戴キ短衫[18]ヲ着テ海ヲ汲ミテ沙ニ澆グコト数里一ノ如シ。舟引沙ニ近ヅキ、三崎一帯ハ歴然トシテ眼中ニ在リ。余ハ詩意勃々ナレド只伴侶無キ故ヲ以テ篇ヲ終ウルヲ能クセズ。

已ニ岸ニ上リ、一民舎ニ至リ小憩シ、山瀬武右衛門[19]ト会ス。午餉訖《オワ》リ、盛暑沙熱シテ火ノ如ク、殆ド行ク可カラズ。黒甜[20]一場以テ午炎ヲ避ク。

高波ヲ経テ伏見ニ至ル。小螺蚌極メテ多シ。小泊、雲津ヲ経

テ雲津原ヲ過グ。此ノ地ハ昔広原タリ。今則チ極目松林、旧観ヲ改ムルト云ウ。蛸島ニ至レバ沙嘴ノ小丘ニ一団ノ茂林有リ。遠望スレバ嶼ノ如シ。山王祠有リ、涼陰愛スベシ。茅蜩ノ声数処、互イニ和シ、弥幽静ヲ覚ユ。海中別ニ小洲有リ。広袤[21]二三十歩ニ過ギザレド、樹ハ其ノ上ニ駢生[22]シ、宛然《サナガラ》仮山ノ携エ去ル可キ者ノ如シ。又、正院、鹿野ヲ経テ六郷氏ニ還ル。

六月廿五日

正院再訪　正院ニ至リ、帰途鹿野村藤兵衛ヲ訪ウ。

飯田ニ在ルコト七日、閑暇無事ニシテ戯作ノ詩四篇ヲ以テ土風ヲ記ス。

㊲家々蔵貯二魋《タイ》皮茵一　　家々ハ蔵魋皮[23]ノ茵[24]ヲ貯ス
意視二松前一如二比鄰一　　意ウテ松前ヲ視ルニ比隣ノ如シ
対戸之翁遊未レ返　　対戸ノ翁遊ビテ未ダ返ラズ
舘人有レ女亦帰レ人　　舘人女《ムスメ》有リ亦人帰ル

㊳俗淳無三復有二竊穿一　　俗淳ニシテ復タ竊穿有ルコトナシ
不レ用二楼居一鑰二四辺一　　楼居ハ用イズ四辺ノ鑰
被レ酒臥来四更後　　酒ヲ被リ臥シ来タル四更[25]ノ後

現在の上戸にはこの「三盃」の姓を持つ家が十軒余もあるという（「能州道中図」金沢市立玉川図書館蔵の一本杉は高照寺の旧境内という）

（21）広は東西、袤は南北、大きさを言う。（22）並んで繋る。（23）赤熊の皮。（24）しとね、敷物。（25）夜を五つに分けてその四つ目、午前二時頃。（26）心のいやしい男。（27）辰の刻、午前八時頃。（28）天から人間界へ流された仙人。すなわち李白（または蘇軾）のこと。

満嶋明月照二孤眠一　　満嶋ノ明月ハ孤眠ヲ照ス

㊴登高左右望二街衢一　　登高シテ左右ノ街衢ヲ望ム

非二是昔時賎丈夫一　　是レ昔時ノ賎丈夫[26]ニアラズ

海族老青認レ文レ鴿　　海族ノ老青、鴿《ヨウ》ノ文《カザ》ルヲ認メ

菜中嫩緑有二縣瓠一　　菜中嫩緑ノ縣瓠有リ

㊵流停為二是隘溝渠一　　流レハ停ス是レ隘溝渠ノ為メ

閔レ賎自因二小黨閭一　　賎ヲ閔ミ自カラ小黨閭ニ因ル

下午漁童叫街去　　下午漁童叫ビテ街へ去リ

更無二一箇不鬃魚一　　更ニ一箇ノ不鬃魚無シ

（廿六日、記事なし）

廿七日

九十九湾・宇出津　将ニ九十九湾《ツクモガタ》ニ遊バントシ、辰牌[27]飯田ヲ発シ、上戸ニ至ル。浜宇土、海桐ヲ得。酒家三盃屋ノ居ヲ観ル。俗ニ祖先善ク酒ヲ造ル者有リト云ウ。一日猩々海中自リ出デ、乞イテ之ヲ飲ム。酔ヲ致スノ餘、謫仙[28]ト題シ、一杯一杯腹一杯ト句シテ去ル。因リテ号《ナズ》ケテ三杯屋ト曰ウ。今其ノ幅ヲ蔵スル

恋路の見附島

ヲ見ル。此レ自カラ斉東野語[29]ト云ウ。録スニ足ラズ。然レドモ此ノ名家ニ因ル。奇ト謂ワザル可ケンヤ。

鵜飼ニ至ルニ海中ノ石山翼然トシテ屋ノ如シ。石色ハ赭白、先ノ奇古ト蹙恤スル者、大イサ同ジカラズ。半腹以上ハ古松森然タリ。傍ニ一小岩有リ、更ニ草草無シ。二石並ビ人工ノ斲成[30]スル如キ者、名ヅケテ見着嶋[31]ト曰ウ。奇観ト謂ウ可キ矣。只ダココニ畫ク可カラズ。

鵜島ヲ経テ、村中用ウル所ノ石、皆薄扁、板ノ如シ。畳ミテ隄[32]ヲ為シ、磚[33]ヲ重ヌル如シ。然レドモ或ハ之ヲ架スル渠[34]有リ。大イサ五六尺ニ至ル者有リ。

恋路ヲ過ギ小嶼有リ。松之ニ生ジ、蛸島ノ嶼ト相似ル。風致ハ則チ大イニ輸[35]ス。松波ヲ経テ白丸ニ至ル。道ノ左樹木頗ル茂リ、蟪蛄[36]、茅蜩、蛁蟟[37]、螽斯[38]ノ声有リ。夏景既ニ老イテ漸ク秋意ヲ催ス。唐詩ニ謂ウ所、孤客最モ先キニ知ル者、弥《イヨイヨ》人情ノ切ナルヲ覚ユ。

(29) 山東省の斉の国のさらに東の国の人達の言葉、すなわち信ずるに足りない出鱈目な話。 (30) 切る、削る。 (31) 現在は「見附島」と表記する。別名「軍艦島」として有名。 (32) 隄は堤。つつみまたは土手。 (33) 瓦、煉瓦。 (34) 溝、掘割。 (35) 移す、運ぶ、負ける、劣る。 (36) にいにい蝉。 (37) つくつく法師「和」。 (38) きりぎりす。

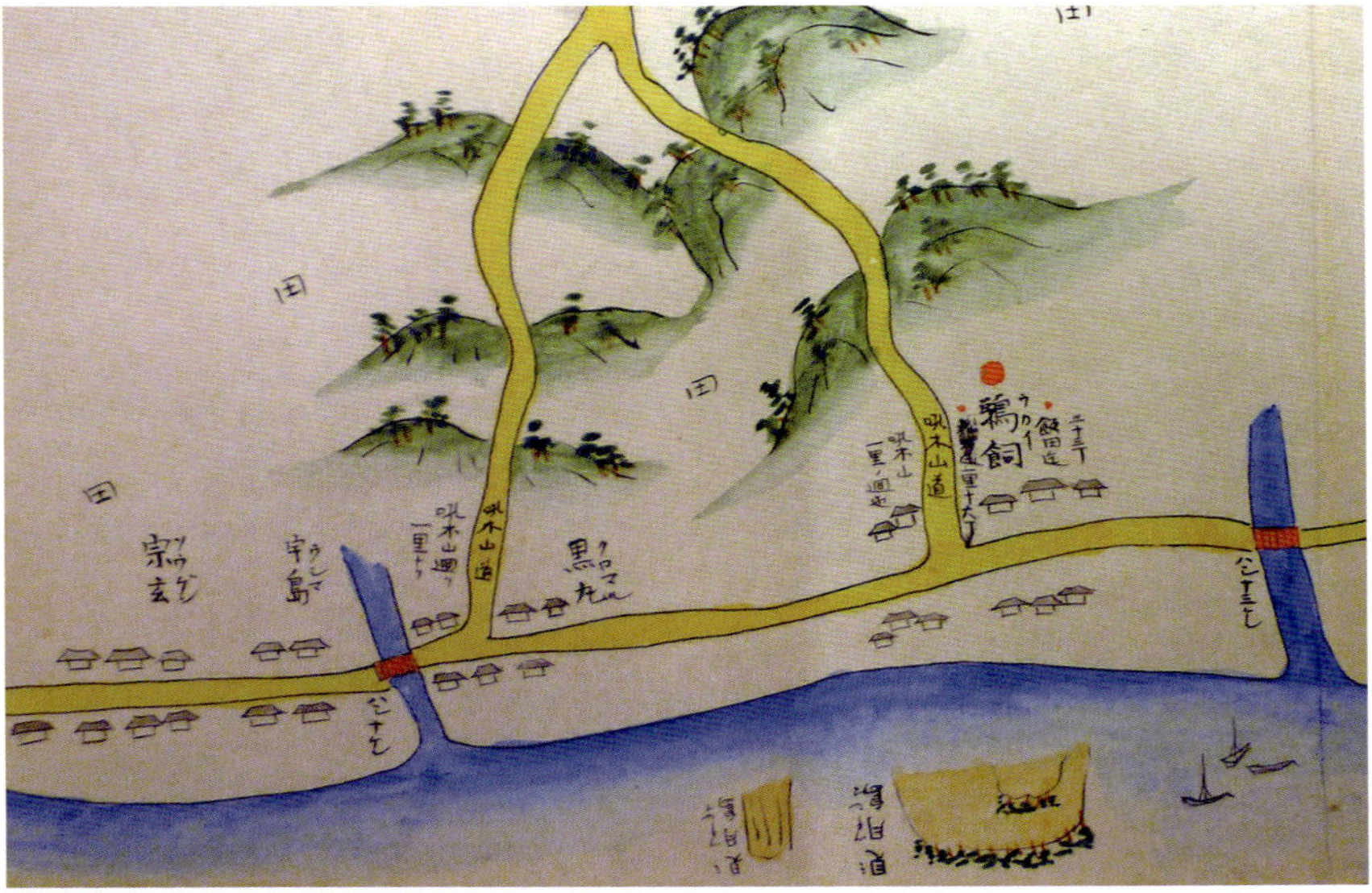

鵜飼の「見附島」（上）と恋路の「弁天島」を描く「能州道中図」金沢市立玉川図書館蔵。

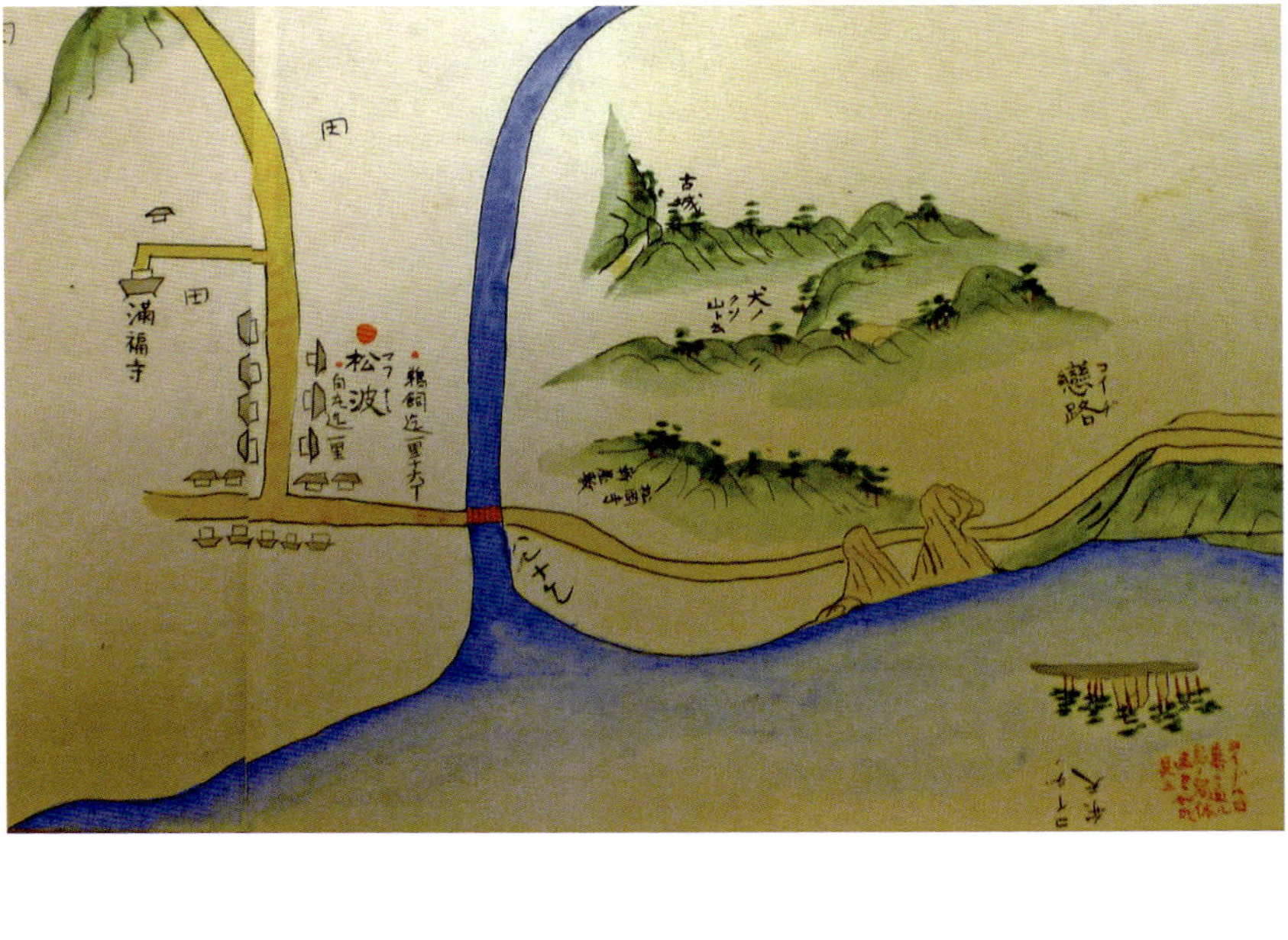

「能州道中図」金沢市立玉川図書館蔵にみる「越坂」から「小木」まで船渡しの九十九湾

越坂ニ至リ、舟ヲ僦イ九十九《ツクモ》湾ニ遊ブ。九十九湾ハ一ニ之ヲ九十九入ト謂ウ。是レ能州ノ内洋第一ノ絶景ト為ス。蓋シ此ノ処、凹入シテ港ノ如キ者、六七町、乍チ出デテ乍チ入リ、尽ク皆湾ヲ成シ、頭ヨリ尾ニ至リ、細カニ之ヲ数ウレバ九十九ノ曲岸有リ。皆赭白、高低相若《シ》キ、小松雑駁ナリ。四顧スレバ一ノ如シ。其ノ水心ニ当リ、一小山有リ。雑木茂リ生ジ、上ニ老松樹有リ。山根ハ承クルニ礁石ヲ以テシ、其ノ平ラカナルコト砥上ノ如ク、水ト均《ヒト》シ。名ヅケテ蓬莱山ト曰イ、或ハ之鶴落島ト謂ウ。舟師ヲ嘱シ還リテ之ヲ去ル。

㊶不レ羨放翁姑蘇遊　　羨シカラズ放翁ノ姑蘇[39]ノ遊
不レ羨坡仙赤壁秋　　羨シカラズ坡仙ノ赤壁ノ秋
赤壁姑蘇何足レ言　　赤壁ト姑蘇ト何ゾ言フニタラン
自有二能州山水優一　　自カラ能州ノ山水ハ優ル有リ
舟発二越坂一向二小木一　　舟ハ越坂ヲ発シ小木ニ向ウ
右顧左眄労二詩眸一　　右顧左眄シテ詩眸ヲ労ス
幸是陽侯波不レ起　　幸イ是陽侯波ヲ起サズ
一任三滄海弄二蜉蝣一　　一ニ滄海蜉蝣ヲ弄スルニ任ズ
舟師生年十四歳　　舟師ハ生年十四歳
亦能学レ爺鮮レ進レ舟　　亦能ク爺ニ学ビ舟ヲ進ムルコト鮮カ

不レ記九十九湾名
只至二風光佳処一留
四囲怪巌巧陳布
深湾短曲不レ遑レ数
中有二一山一嶷然峙
漂波宛成二蓬莱趣一
群木嵯峨不レ知レ名
頂上一幹是松樹
徐市楼船未レ到処
縹緲似レ有二仙子住一
回頭時見二翡微間一
鷺鷥一隻穿レ雲去
平生慣レ看三山図
恍疑二真箇鶴飛度[42]一
援レ筆欲レ写二山海真一
又恐二山霊厳呵嗔一

記セズ九十九湾ノ名
只風光佳ナル処ニ至留マル
四囲ノ怪巌巧ミニ陳ヲ布ク
深湾短曲シテ数ウルニ遑アラズ
中ニ一山有リ嶷然トシテ峙ス
漂波宛ラ蓬莱ノ趣ヲナス
群木嵯峨トシテ名ヲ知ラズ
頂上ノ一幹是レ松樹
徐市[40]ノ楼船未ダ到ラザル処
縹緲トシテ仙子ノ住有ルニ似タリ
回頭時ニ翡微ノ間ニ見ル
鷺鷥[41]一隻雲ヲ穿チテ去ル
平生看慣ルル三山ノ図
恍トシテ真箇ノ鶴飛ビ渡ルヲ疑ス
筆ヲ援ケ山海ノ真ヲ写サント欲ス
又山霊ノ厳ナル呵嗔[43]ヲ恐ル

(39) 山名。山上に姑蘇台がある。春秋時代呉王闔閭が作り、子、夫差が美人西施と遊んだ。 (40) ＝徐福。始皇帝の命を受け、不老不死の薬草を求めて東海の蓬莱山を目指し、遂に帰らなかった。 (41) 鷺鷥は白鷺。 (42) 度＝渡。
(43) 呵は責める、とがめる。嗔はいかり＝瞋。

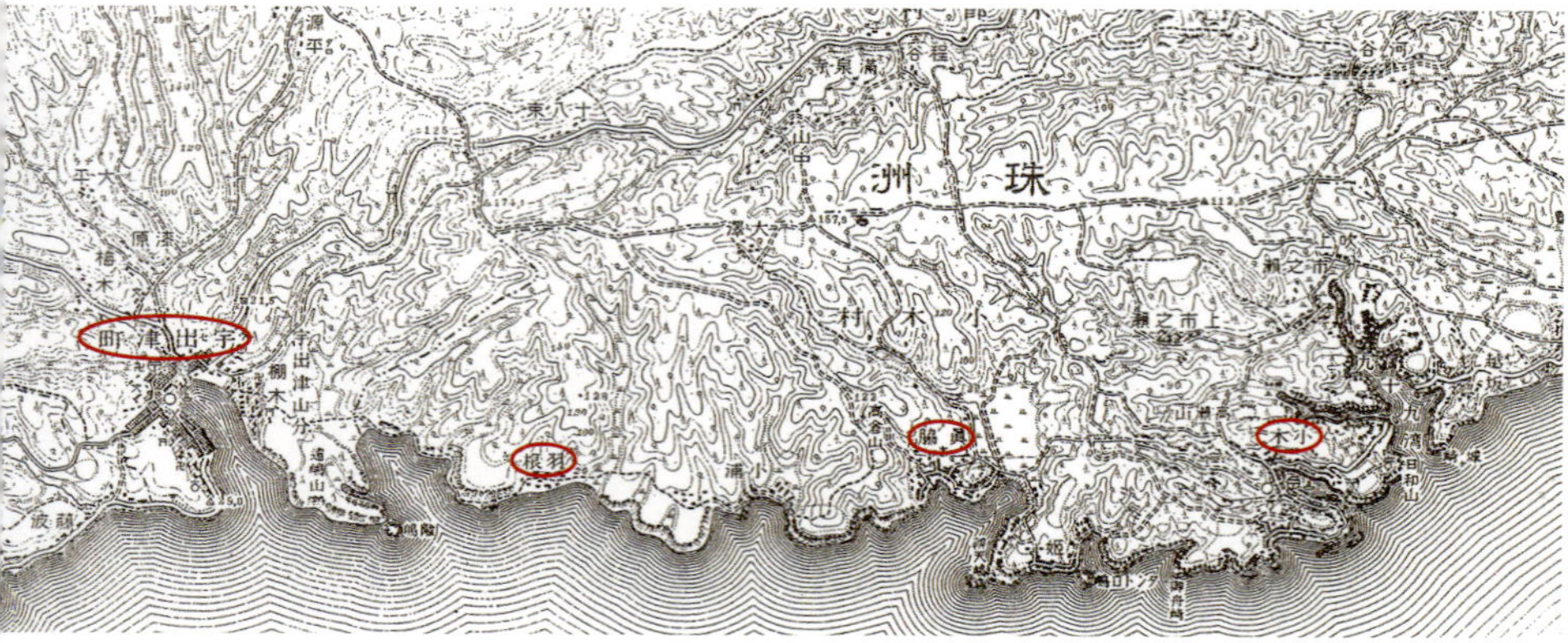

小木から宇出津まで（五万分「宇出津」明治 42 年測図・大正 6 年発行より）

吾今賦レ詩誓二山霊一　吾今詩ヲ賦シ山霊ニ誓ス
此帖慎不レ伝二俗人一　此ノ帖慎ミテ俗人ニ伝エズ

既ニシテ小木ニ至ル。偶《タマタマ》估客[44]纜ヲ解キ将ニ宇出津ニ赴カントス。余上岸ニ及バズ、遂ニ遷リテ估客ノ船ニ座ス。羽根、真脇ヲ経テ漸ク宇出津ニ近ヅク。海面鰮網ヲ敷クノ処、網綱多ク片木ヲ以テ縛シ、海底ニ没セザラシム。鴎鳥来タリ其ノ上ニ集イ、以テ魚ノ過グルヲ窺イ、其ノ幾百羽ナルヤ知ラズ。綿々トシテ断タズ、貫珠[45]ノ如ク夕日ニ映エ、羽色翯々《カクカク》タリ。然レドモ晩ニ向カイ、漁艇烏賊ヲ釣ル者、席帆ヲ挙ゲ続々港ヲ出ズ。僂指[46]スレバ殆ド八十餘艘、一舟大抵三四人ヲ載ス。盛ント謂ウ可キカ。後、村人ニ之ヲ問ウニ、本村ノ漁船多カラズ。一夕百餘艘ニ止マル。小木則チ二百艘ヲ過グルガ如シト。漁盛ンナレバ則チ一舟万餘頭ヲ獲ルト云ウ。

遂ニ宇出津ニ達ス。民家九百餘戸。此ノ日、新町ノ土神祭日ノ為メ簷端ニ尽ク紙裁ノ花ヲ挿シ、女児皆ナ盛飾シテ出デテ遊ブ。晩間小雨驟ニ至リ興味之ガ為ニ大イニ沮《サマタグ》ルニ似タリ。石浦

(44) あきんど、商人。　(45) 数珠。　(46) 指折り数える。

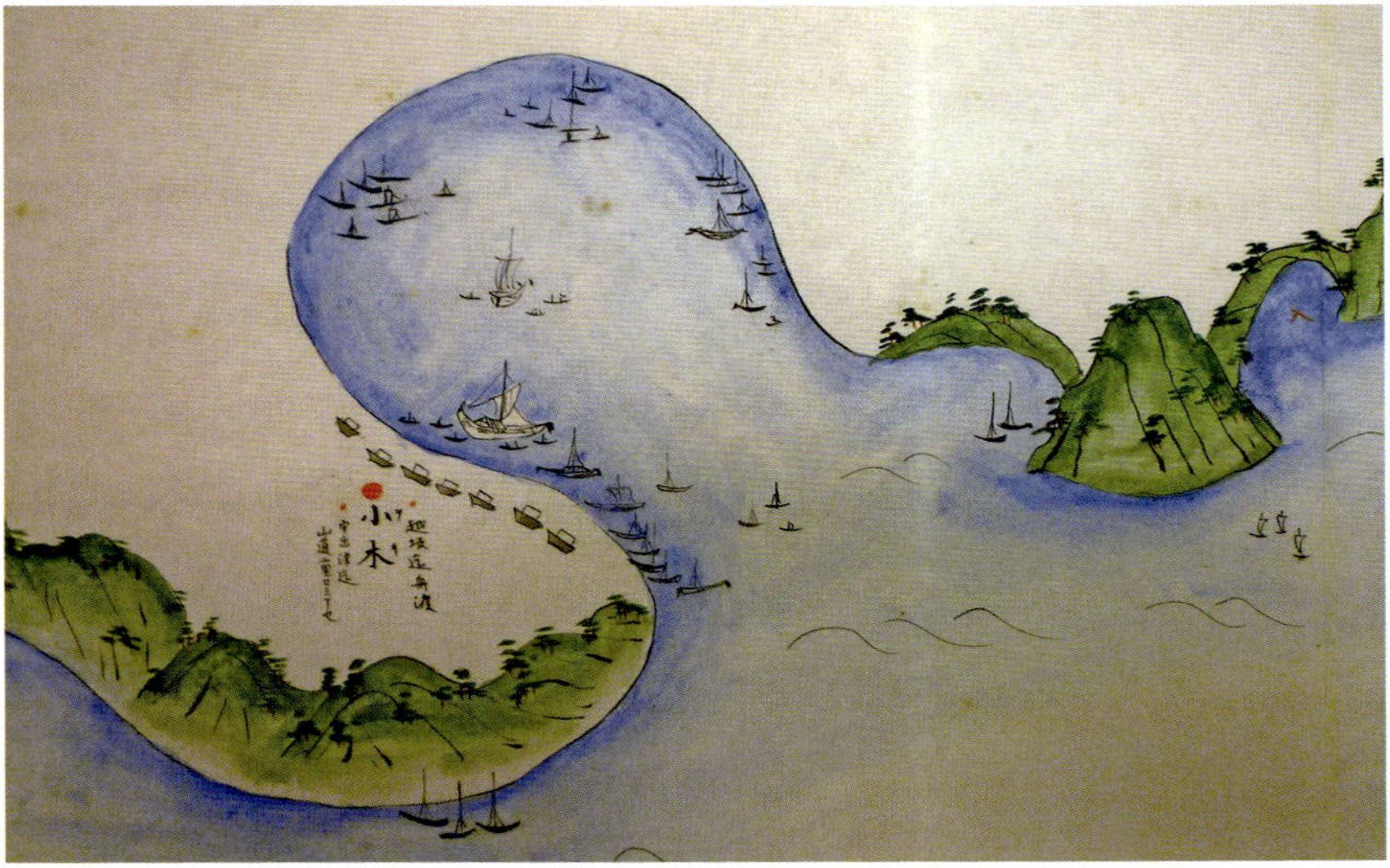

小木から渓山は船に便乗して宇出津へ（「能州道中図」金沢市立玉川図書館蔵より）

渓山の見かけた鯨骨の山は、奥能登の中心・宇出津市場に、鯨がたびたび出されていることをうかがわせるもの。隣の藤波の神目神社に奉納された上の絵馬は、鯨を曳き揚げるシーンを描いてその幸いの再来を祈願すると思われる。能登内浦には定置網が張り巡らされるが、そこに迷い込む鯨を網の外に出すには捕鯨先進地の九州・紀州と同様、網に絡げた上、身動きできないよう木柱やロープで巧みに縛り上げ二艘のドブネで吊出すという本格的捕鯨法が18世紀初頭の能登には存在していた（勝山敏一『北陸海に鯨が来た頃』2016年刊・桂書房）。

屋義七郎家ニ宿ス。

義七郎ハ人其ノ名ヲ称スルナク、皆ナ月黛ヲ以テ呼ブ。月黛ハ盖シ其ノ号ナリ。近隣三五歳ノ小児モ亦皆ナ此ヲ以テ之ヲ称ス。屋後ノ庋[47]中ヲ視ルニ、巨骨堆積シテ山ノ如シ。大魚骨ノ一節、専ラ車ナル者アリ。怪ミテ之レヲ問ウニ乃チ鯨骨ナリ。

六月二十八日

宇出津夜景　月黛ト常椿寺、天徳寺ニ遊ビ、並ビニ、土神祠地ニ謁ス。皆海ニ浜《ソ》イ、山ニ倚リ、晴望佳ナラザル所無シ。天徳寺ノ別室ハ壁ニ塗ルニ沙鉄ヲ以テス。其ノ出ズルヲ問ウニ羽根村之ヲ産スト云ウ。此ノ夕又森屋久平[48]ト会シ、遂ニ倶ニ海浜烏賊ヲ釣ル舟ニ至ル。

舟ハ大洋ニ在ル者百餘隻、尽ク火籃ヲ挑ゲ、爛《アキラカサ》ハ繁星ノ如シ。岸上自リ斜メニ之ヲ望ムニ畫一ノ如シ。然レドモ乍《タチマ》チ明ルク、乍チ暗ク、大イサ四橋ヲ為ス。納涼ノ思イ、面《カオ》ヲ反シテ浅沙ノ処ヲ視ルニ、水中ニ円光百数閃々トシテ定マラザル有リ。初メ以テ星耀下ニ映ユルトナセシニ、之ヲ諦視スルニ蠕動[49]スル者有リ、凝止スル者有リ。盖シ夜闇ケレバ則チ海物游泳シ、尽ク皆ナ光ルヲ見ルナリ。夜ハ尾山屋清八家ニ宿ス。

六月二十九日

踏歌見物　二鳳ハ飯田ニ赴キ、余ハ尾山屋ニ在リ。夜ハ村人ノ踏歌[50]ヲ観ル。宇出津ノ俗、少長[51]無ク、好ミテ夜行シ、東西ニ来往スル者、明《アケ》ニ達シ止マズ。

七月朔

終日事無ク、晝眠ノ外ハ只一詩ヲ製スルノミ。

㊷浴後倚レ床坐二蚊蚋一　浴後床ニ倚ク、蚊蚋ニ坐ス
待扇駆扇止二何所一　待扇駆扇何所ニ止マル
在レ糊得二暦日一　糊スル在リ暦日ヲ得
図二四月与五月一　四月ト五月ヲ図シ
六月今又徂　六月今マタ徂《ユ》ク
溽暑日倍加　溽暑日ニ倍加シ
酷如レ坐二洪爐一　酷ナルコト洪爐ニ坐スガ如シ
只特晩間涼　只特ニ晩間ノ涼
纔得煩熱蘇　纔カニ得テ煩熱蘇エル
計応荒園裡　計リ応ズ荒園裡
弟兄連レ榻斟　弟兄榻《トウ》ヲ連《ナラ》べテ斟《ク》ミ
洋醸吸二葡萄一　洋醸ノ葡萄ヲ吸イ

(47) 食物をしまう棚。
(48) 先に六月二十日、飯田で会った人であるが、ここで再会した。
(49) 蠕動の誤記か。
(50) 足を踏み鳴らして拍子をとりながら歌う。
(51) 大人も子供も。

(52) 丸くない玉。
(53) 敷石、階段。
(54) 夏蟬。

唐調吐㆓璣珠㆒　唐調ノ璣珠[52]ヲ吐ク
吾独在㆓異郷㆒　吾独リ異郷ニ在リ
此会恨㆑不㆑倶　此ニ会シ倶ニセザルヲ恨ム
縦探㆓天地蔵㆒　縦ママニ天地ノ蔵ヲ探リ
独歩意則殊　独歩ノ意則チ殊ナリ
況今在㆓逆旅㆒　況ンヤ今逆旅ニ在リ
粛然無㆑所㆑慮　粛然トシテ慮ル所ナシ
砌陰見㆓蟹行㆒　砌[53]陰蟹行クヲ見
壁上有㆑蝘趨　壁上蝘[54]有リテ趨ク
蝘吾地所㆑有　蝘ハ吾ガ地ニ有ル所
蟹吾郷所㆑無　蟹ハ吾ガ郷ニ無キ所
所㆑有与所㆑無　有ル所ト無キ所ト
両能使㆓吾吁㆒　両《フタ》ツナガラ能ク吾ヲシテ吁《ナゲ》カシム
畢竟羇旅人　畢竟ハ羇旅ノ人
難㆑得㆓真観娯㆒　真ニ観テ娯シムコト得難シ

二日

異魚　異魚ヲ得テ、之ヲ写ス。

三日

華胥ノ夢　矢田兵右衛門来タル。近隣ノ雑客来タリ、余ノ畫ヲ観ル者尚オ数輩ナレド、尽ク其ノ名ヲ記スルコト能ワズ。余ノ性遅鈍、萬人《ヨロズ》ニ及バズ。家ニ在レバ則チ子弟ノ職ヲ尽ス能ワズ。家ヲ離ルレバ則チ亦タ父兄ノ事ヲ忘ルル能ワズ。宇出津ニ在ルコト数日、二鳳ハ高屋ニ赴キ、余独リ孑《ケツ》然[55]トシテ戸外ニ屨スルト雖ドモ皆ナ充タスニ非ナリ。故旧假寐ノ間、家ニ還ルノ夢、豈免ルルヲ得ンヤ。

㊸不レ輸当日華胥夢　輸セズ[56]当日華胥[57]ノ夢
兄弟相逢真可レ悰　兄弟相逢ウテ真ニ悰《タノ》シムベシ
坐定話頭知二底事一　坐シテ定メ話頭底事ヲ知ル
先言馬糶有門冬　先ヅ言ウ馬糶門冬ニ有リト

（七月四日、記述なし）

五日

月黛詩畫ヲ求ム　月黛余ニ畫ヲ索メ、既ニシテ又詩ヲ索ム。余、輪島及ビ越阪ノ詩ヲ録セント欲スレド彼辞シテ云ウ。此等ノ地ハ僕褻見[58]スル所、子ノ毫[59]ヲ煩ワスニ足ラズ。子ハ洛人ニ非ズヤ、盍ゾ嵐峡若シクハ東山ノ詩ヲ書カザルト。余已ムヲ得ズ、為メ

（55）ひとりぼっち、孤独のさま。
（56）こわす。
（57）想像上の国の名、黄帝がひるねの夢で遊んだと伝える平和な理想郷。
（58）見なれた。
（59）筆。

(60) 同じ仲間、たぐい。
(61) 十日、十年。
(62) しげる、多い。
(63) 蝿とりぐも。
(64) 斉国の女はせみのこと。せみの声。
(1) やかましい、かまびすしい。
(2) 西方の野蛮人の言語や音楽。
(3) 鵝鳥の黄色の毛。
(4) しばらくの家。

左頁の図「田浦」は現在の地図では○囲みの所（五万分「宇出津」昭和52年修正より）

ニ嵐峡ノ詩一篇ヲ賦ス。

㊹嵐峡之春無ニ與儔一　嵐峡ノ春儔[60]ト無シ
晴光独歴六旬州　晴光独リ歴ス六旬[61]州
水輝非ニ是蚌珠故一　水輝ク是レ蚌珠ノ故ナラズ
山媚応因ニ松葉稠一　山ハ媚ビル応《マサ》ニ松葉ノ稠[62]ニヨルベシ
斜日雲中鐘磬寺　斜日ハ雲中鐘磬ノ寺
桜花風裡管弦舟　桜花風裡管弦ノ舟
自驚又被ニ聖人中一　自ラ驚ク又聖人ノ中ニ被ルヲ
渡月橋辺夜正幽　渡月橋ノ辺夜正ニ幽

此ノ夕、再ビ海岸に到リ、漁火ヲ観ル。

六日

蝿虎　偶《タマタマ》蝿虎[63]戸極ノ辺ニ立チ、蝿百方ヲ過グルヲ伺ウ有リ。之ヲ撃タント欲スル頃、刻間凡《スベ》テ遇スル所ノ者十餘、終ニ獲ル所無シ。是レ笑ウベシ、且ツ憫ム可シ。乃チ作ル。

㊺蝿虎蝿虎我憐レ他　蝿虎蝿虎我ハ他ヲ憐レム
口有ニ利嘴一手有レ才　口ニ利嘴有リ手ニ才有リ
潜レ身投レ隙遶出レ背　身ヲ潜マセ隙ニ投ジ遶《メグ》リテ背ニ出ズ
蝿有ニ軽羽一可ニ如何一　蝿ハ軽キ羽有ルヲ如何セン

不レ及高槐風露客　及バズ高槐風露ノ客
蔭樹時学ニ斉女歌一　蔭樹時ニ斉女ノ歌[64]ニ学ブ

日将ニ晡ナラントシ、館人ノ弟ト田浦ニ遊ブ。人家ハ両三戸ニ止マリ、尚オ宇出津ニ属シ、海モ亦タ小港ヲ為ス。晩望頗ブル佳シ。帰途海前寺ニ至ル。寺僧年七十餘、善ク談ジ、兼ネテ臨池ノ癖アリ。一院中ノ屛障、聯額皆ナ已ニ自ラ書ク所、甚ダ厭悪スベシ。辺地ノ風流ヲ称スル、此ノ者ノ如キ有リ。

七月七日（新暦八月三日）

宇出津星祭　小童群ヲ成シ、五彩ノ小箋ヲ裁チ、并セテ八角金盤葉《ヤツデ》、之ヲ竹枝ニ繫ギ、喧聒[1]道路ニ曲ヲ唱エ、侏儷[2]猝《ニワカ》ニ解ス可カラズ。父老鵝黄[3]ノ服ヲ穿キ、礼衣ヲ著テ、東西来往スル者亦タ肩背相望ミ、或ハ問ウ、子ノ此ノ山水ヲ行ク、姑舎[4]ノ動植ノ属必ズ子ガ好ミニ適スル有ラン。試ミニ我ガ為メニ之ヲ言エト。余、答ウルニ三崎ノ杜鵑、飯田ノ麝草ヲ以テス。彼遂ニ詰ムルニ詩ヲ以テス。余実ハ詩無シ、然レドモ黙止スルコト能ワズ。

㊻蜀魄声々飛入レ雲　蜀魄声々トシテ飛ビテ雲ニ入ル[5]

行人聴得涙紛々　行人聴クヲ得テ涙紛々

三崎一種好音鳥　三崎ハ一種好音ノ鳥アリ

孤客如レ余亦愛聞　孤客ハ余ノ如ク亦愛デ聞ク

㊼地非二洛下一亦何妨　地ハ洛下ニアラズ亦何ゾ妨ゲン

酒在二辺方一尚自芳　酒ハ辺方ニ在リ尚自カラ芳シ

月影偏寒新二雨後一　月影偏エニ寒ク雨後ニ新タ

清風時送満庭香　清風時ニ送ル満庭ノ香

晩間港口ニ至リ、村人二星[6]ヲ餞送スルヲ観ル。挙邑ノ童其ノ幾百人ナルヲ知ラズ。尽ク束ノ葦ヲ執リ、処々隊ヲ成シテ港ヲ還リ、之ヲ焼ク。手ニ小火ヲ把シテ波間ニ遊泳スル者有リ。大火毬ヲ造リ、水心ニ送リ出ダス者有リ。之ヲ竿頭ニ高ク縛シ、風ニ乗リ舸[7]ヲ走ラス者アリ。火盛ンナル時ハ一港中烟燄相イ接シテ夜明昼ノ如シ。坐シテ観ルコト数刻、奇賞ニ堪エズ。聞クナラク、往年ハ更ニ五彩ノ小舟ヲ製スル者アリ、帆舵楼櫓巨艦ト一ノ如シト。字ヲ習ウノ童各々果物ヲ抱キテ来タリ、盛ンニ之ヲ洋外ニ放チ、之ヲ二星ニ献ズト言ウ。近時、頻年饑荒ナルヲ以テ此ノ戯ヲ廃スト云ウ。

（5）または蜀魂、ほととぎすの別名。
（6）牽牛と織女の二星。
（7）大きな舟。
（8）さまよう。
（9）瓜。
（10）天子を助けて政治をする最高の人。
（11）筆、手紙。

㊽晒㆓尽腹㆒書掛㆓臥床㆒　尽ク腹ヲ晒シ、書シテ臥床ニ掛ク
又来㆓海岸㆒試㆓徜徉㆒　又海岸ニ来タリ徜徉[8]ヲ試ム
痴情只喜㆑観㆓殊俗㆒　痴情只殊俗ノ観ヲ喜ブ
佳節何妨㆑在㆓異郷㆒　佳節何ゾ異郷ニ在ルヲ妨ゲン
果蓏一舩供㆓織女㆒　果蓏[9]一船織女ニ供シ
松明満㆑港餞㆓牛郎㆒　松明港ニ満チ牛郎ニ餞ス
更疑丞相火城至　更ニ疑ウ丞相ノ火城[10]ニ至ルヲ
薄暮奪将朱日光　薄暮将ニ日光ノ朱ヲ奪ワントス

八日

九十九湾陸行　早ク起キ、飯ヲ裹《ツツ》ミ、再ビ九十九《ツクモ》湾ニ遊ブ。前ハ則チ舟行シ、今ハ則チ陸行ス。表裏周ク観テ以テ遺憾無キ希ウ。宇出津ヲ発シ、長坂山ヲ上ル。松皮石極メテ多シ。真脇、姫、二村ヲ経テ、又一山ヲ経テ小木ニ至ル。又一山ヲ経テ上一瀬ニ至ル。又一山ニ登リ初メテ蓬莱山ヲ見ル。薹笠ヲ脱ギ、松根ニ踞マリ、翰[11]ヲ抽キ之ヲ模ス。此ノ行ヤ、独歩、伴無ク、山海佳ナリト雖ドモ四顧スルニ寂寥、以テ久シク留ルニ難シ。山ヲ下ルニ及ビ復タ悔イ、匆々帰去シ、徒ラニ頭ヲ回ラシ惜別スルノミ。

「能州道中図」金沢市立玉川図書館蔵の「蓬莱山」には「一名ツルオリ島」とある。

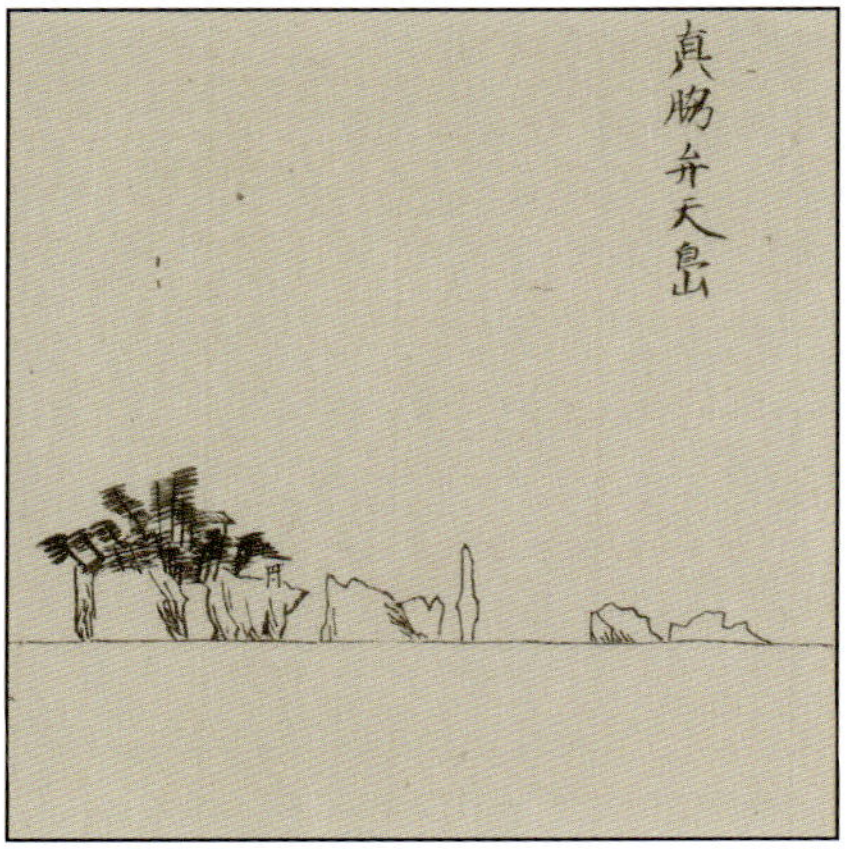

㊾下レ山復上レ山　　山ヲ下リ復タ山ヲ上ル
　山外有二佳湾一　　山外ニ佳湾有リ
　臨レ去頻回顧　　去ル臨ミ頻リニ回顧ス
　非レ望二仙子還一　　仙子ヲ望ムコト非ズシテ還ル

海豚捕獲　帰途復タ小木ヲ経テ一薬肆ニ憩ス。忽チニシテ沙際ニ用力ノ声有ルヲ聞ク。店翁走リテ還ル。之ヲ問ウニ、則チ漁人海豨[12]ヲ獲リ之ヲ曳クナリ。余乃チ徃キテ之ヲ視ル。

　長サ八九尺、背皮純黒、腹皮淡白、首ハ虎ノ如ク、頭ハ鯊[13]、後ハ鯨尾ニ似テ、眼ハ人ニ類ス。目ノ下ニ齶、十小牙有リ。唇無ク、鼻無ク、脳上ニ一孔、呼吸此ヲ以テス。数人鉞ヲ用イテ其ノ喉ヲ断チ、骨ハ刀ヲ以テ細斫《サイシャク》ス、其ノ皮引キテ之ヲ剥グ。肉ト判然シテ西瓜ヲ削ルガ如シ。皮厚サ寸餘、鯨膚ニ似タリ。肉色赤黒甚ダ豊カナラズ。臍綻ビ腸出デ巨ナル四当銭[14]ノ如ク蟠結、蚓[15]ノ如ク、長サ其ノ幾尺ナルヲ知ラズ。姫ヲ経ズシテ、径ハ真脇ニ赴キ、旧路ニ依リテ旅館ニ還ル。日已ニ晡ヲ過ギ、二鳳ハ飯田自リ至ル。初メテ家書ヲ得タリ。

　（七月九日、十日、記事なし）

(12) いるか。　(13) さめ。　(14) 不詳なるも、穴あき銭を紐でつないだようにうねうねとうねった形を言うのであろう。　(15) 蚓はみみず。

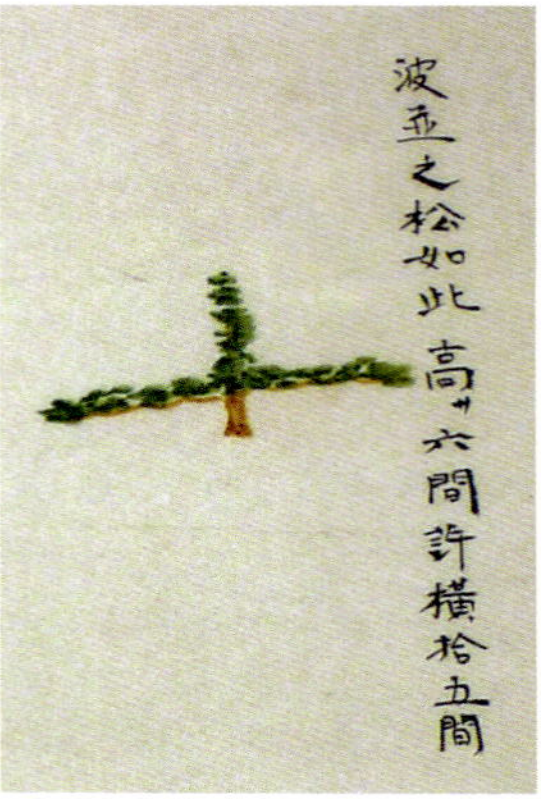

波並の松の図。「高さ六間ばかり、横十五間」と記す（『能州道中図』金沢市立玉川図書館蔵より）

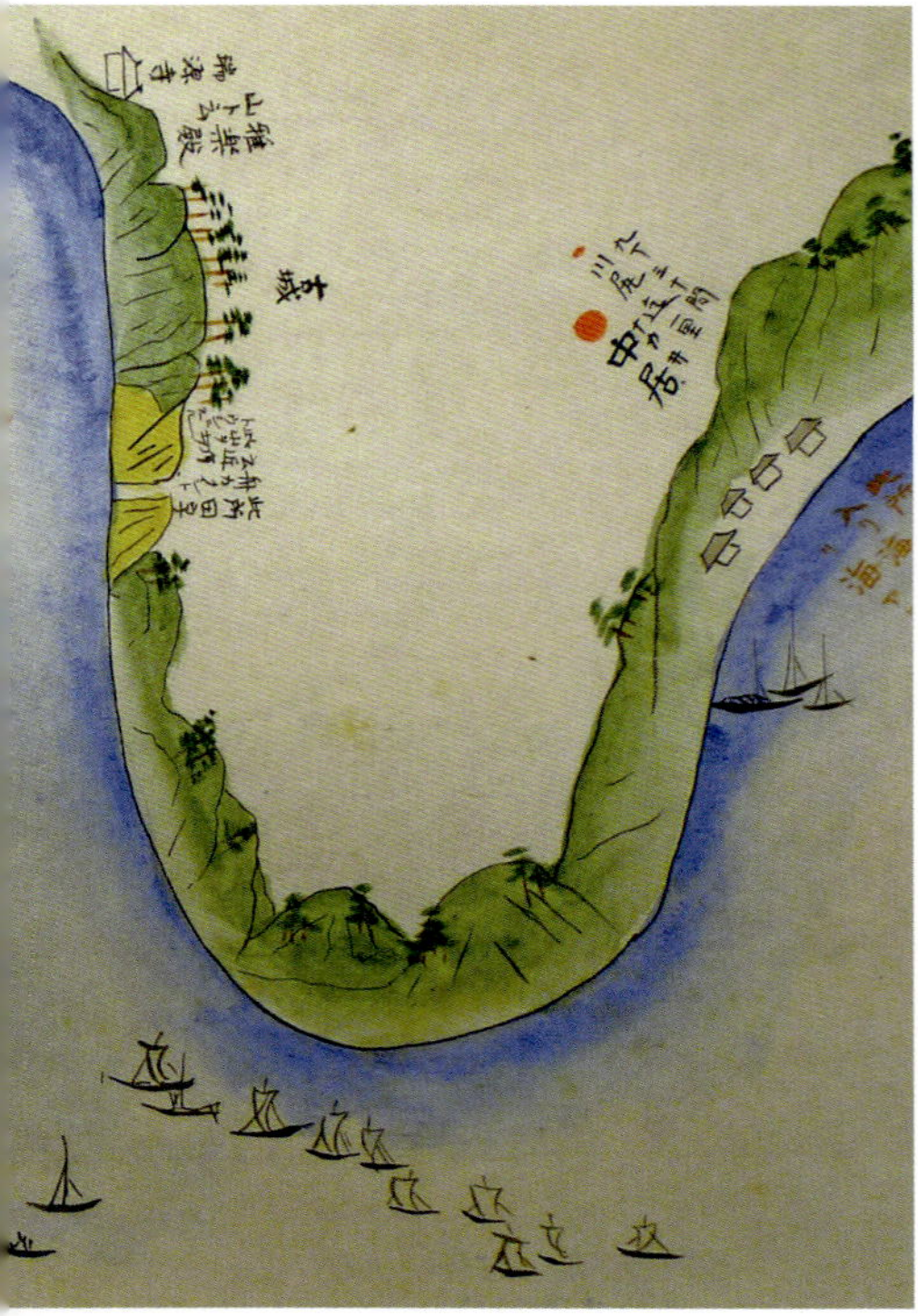

中居・七海を経て乙崎で一泊（『能州道中図』金沢市立玉川図書館蔵より）

十一日

宇出津発、乙崎宿　宇出津ヲ発シ、藤波ヲ経タリ。越後ノ諸山海ヲ隔テテ高ク聳エ、益郷《マスマス》ヲ去ルノ遠キヲ覚ユ。波並ニ至ル。善四郎松ト称スル者アリ。両枝左右対出シテ大イサ幹ト均シ。奇ト謂ウ可シ。矢波、鵜川ヲ経テ武連《ムレ》ニ至ル。山路皆ナ赤土、草礼玉ヲ得タリ。

二子山[16]アリ。遠望スルニ只欝然タル小山、曽テ奇趣無シ。中之谷ヲ経テ川尻ニ至リ舟行。中居七海ヲ経テ乙ヶ崎ニ至ル。此ノ際、海ト雖ドモ島地《（シマノヂ）》其ノ前ニ当リ、水波隠貼之ヲ畏ル可キノ勢無シ。乙ヶ崎ニ宿シ、江瑶柱[17]ヲ食ス。夜ハ蚊ニ苦シム。

（16）高さ一八一米の低い山である。
（17）不詳、貝柱の類であろうか。

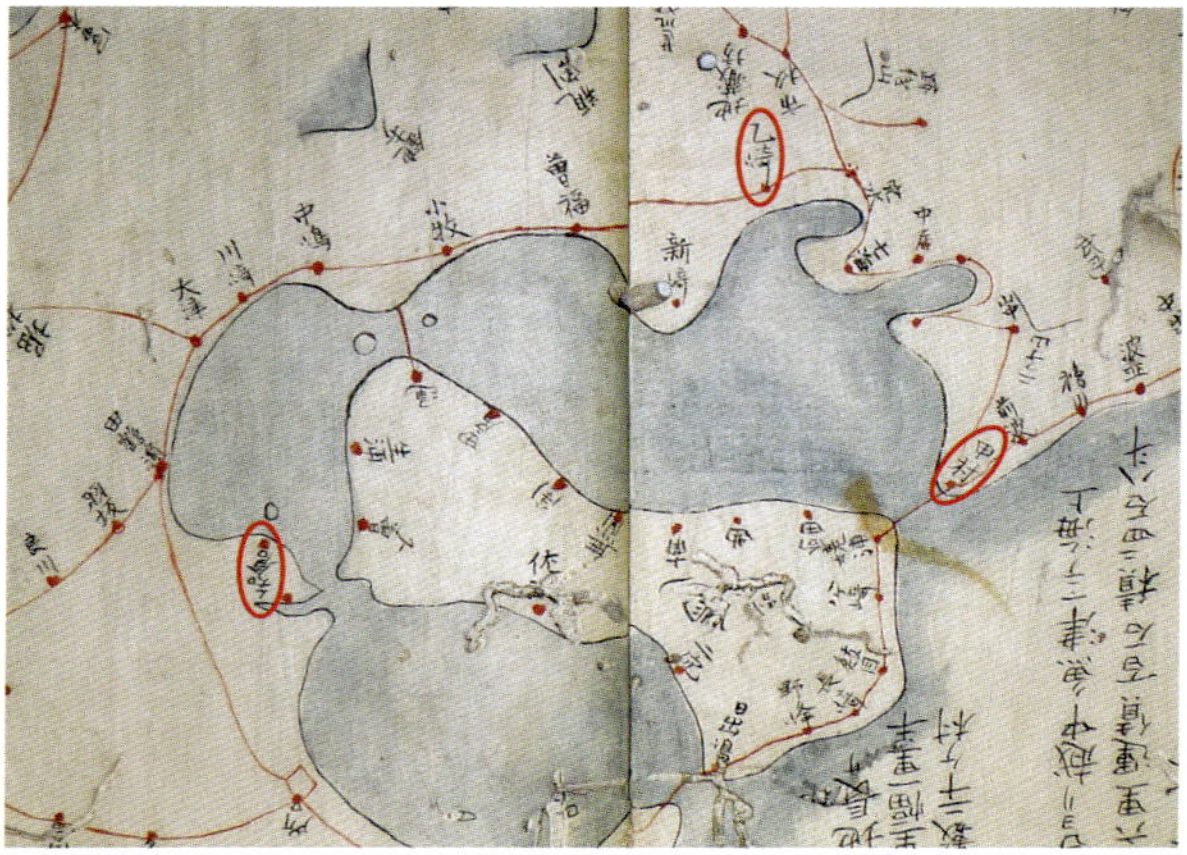

甲村から和倉温泉に至る。渓山らが携帯しているはずの『能登名跡志』の巻頭「能登一国之図」の部分。

十二日

和倉温泉　鹿島、曽福ヲ経テ遥カニ大口村ヲ見ル。甲《（カブト）》自リ嶋地《（シマノヂ）》ニ至ル。祖母浦ハ必ズ舟ヲ以テシ、之ヲ大口渡ト謂ウ。横見、外小牧ヲ経テ中島ニ至ル、舟行三里、此ノ海モ亦四望皆ナ山、全テ望洋ノ処無シ。石動山、立山、重々列峙シ、水平ラカナルコト砥《シ》ノ如ク、且ツ順風舟走ルコト飛ブガ如ク、須臾ニシテ田鶴浜ニ至ル。舟ヲ舎《ス》テ徒《カチ》シ、和倉ニ至リ宿ス。和倉ハ旧ク涌浦ト書キ、以テ温泉アルノ地ナリ。此ノ夕モ亦タ蚊ニ苦シム。大雨暁ニ徹ス。

十三日

早ク起キ、一絶ヲ得タリ。

㊿雨山睡眼両糢糊　雨山睡眼両ツナガラ糢糊
早起先憂道有塗　早起シテ先ヅ憂ウ道有リテ塗ル

刳目独憐小池ノ裡　刳目シテ独リ憐レム小池ノ裡
青荷紅藕弄跳珠　青荷紅藕[18]跳珠[19]ヲ弄ス

所口（七尾）　将ニ所口ニ向ワントシ駅夫未ダ到ラズ。乃チ往キテ温泉ヲ観ル。泉ハ海中ノ小洲ノ上ニ在リ。岸ヲ去ルコト数歩、橋ヲ架シ、人ヲ通ス。上盍《オオ》ウニ屋ヲ以テシ、辺囲ムニ板ヲ以テス。泉ノ形井ノ如ク、旁ニ十餘ノ桶ヲ列シ、将ニ浴セントスル者、湯一瓶和スルニ水二瓶ヲ以テス。方《マサ》ニ得ルトコロノ浴湯ノ熱キコト此ノ如シ。日正午、所口ニ至ル。所口ハ又之レヲ七尾ト謂イ、能州ニ在リテ最モ繁華ノ地タリ。建部ヲ経テ二宮ニ至リ宿ス。終日陰雨。周道砥ノ如シト雖ドモ困憊殊ニ甚ダシ。

七月十四日

氷見、高岡　石動山[20]ニ上ル。山草木多シ。大イニ京北ノ諸山ニ類ス。春雪下[21]、藤、志駝[22]、刺楸[23]、竹節参[24]ヲ得タリ。

天平寺ニ至ル。堂ノ石ニ権現ノ祠有リ。祠ノ石ニ動字石[25]ナル

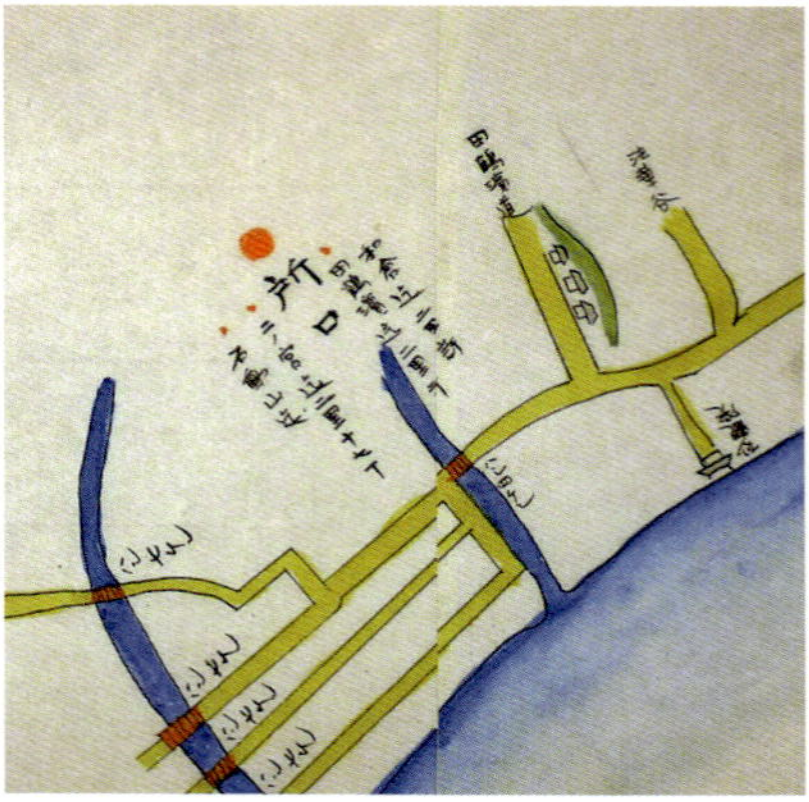

江戸期の所口（現在の七尾町。『能州道中図』金沢市立玉川図書館蔵より）

（18）蓮。（19）蓮の葉の上のおどる水玉であろう。（20）標高五六五米で越中との国境に近く、眺望をほしいままにする。かつて上杉謙信が「越山併セ得タリ能州ノ景」と詠んだのはこの山でだったろうと考えられている。（21）はるゆきのした。（22）しだ。（23）ひさぎまたはきささげ。落葉高木で枝は細かくわかれ葉は桐に似ている。ささげに似た鞘の実を結ぶ。（24）ちくせつにんじん。

者アリ。是レ天ニ従イ時ニ震動ヲ為スト言ウ。護ルニ木欄ヲ以テス。近ヅキ之ヲ視ルニ方三尺許リ、塊然タル一頑石ノミ。子院五十餘坊皆ナ是レ茅屋ナリ。[26]

山ヲ下リ、真島ヲ経テ氷見ニ至ル。晴望大イニ佳ナリ。海中

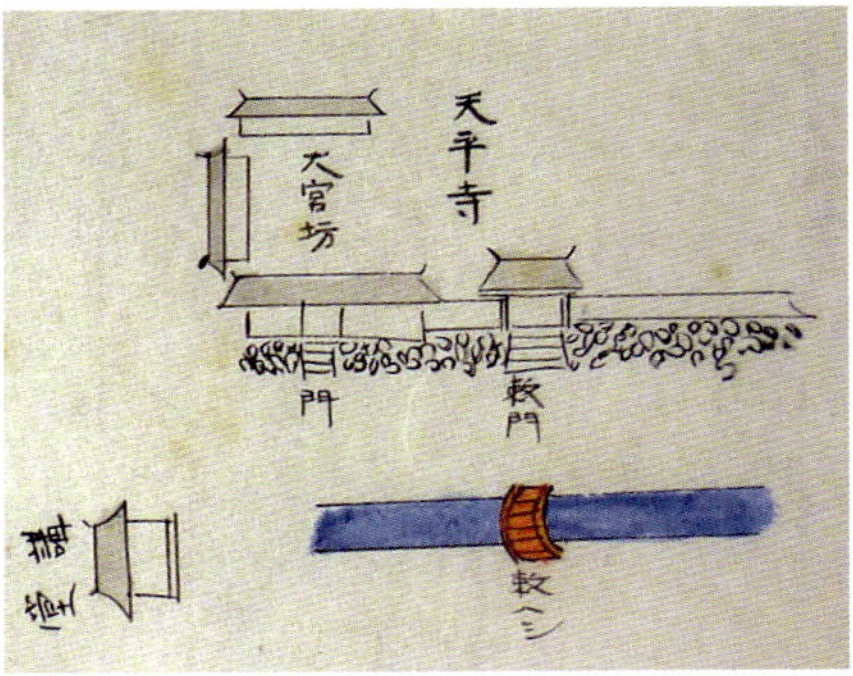

江戸期の石動山天平寺（『能州道中図』金沢市立玉川図書館蔵より。現在、この図のように寺院の一部は復元されている）

（25）『能登名跡志望』には「昔此山は天より星落ちて石と成る。天漢石と号す。今講堂の前にあり。開山泰澄大師養老二年登山以前は、此石ゆるぎて山震動してあれしに依りて石動山と云えり」とある。石動山の盛衰、有為転変の歴史を見つめて来たこの石は石動山のシンボルである。天から落ちて来た「天漢石」とも言うが、隕石ではなく、安山岩であり、巨石信仰から貴ばれて来たもののようである。（26）石動山は崇神天皇六年の創建以来、寺号も天平勝宝寺、天平寺、五社権現と変えながら、朝廷、幕府、加賀前田家の被護を受けながら幾度も戦乱と兵火に見舞われていた。最盛期には一山に三百六十坊、三千人の衆徒を擁する頼願の道場であった。

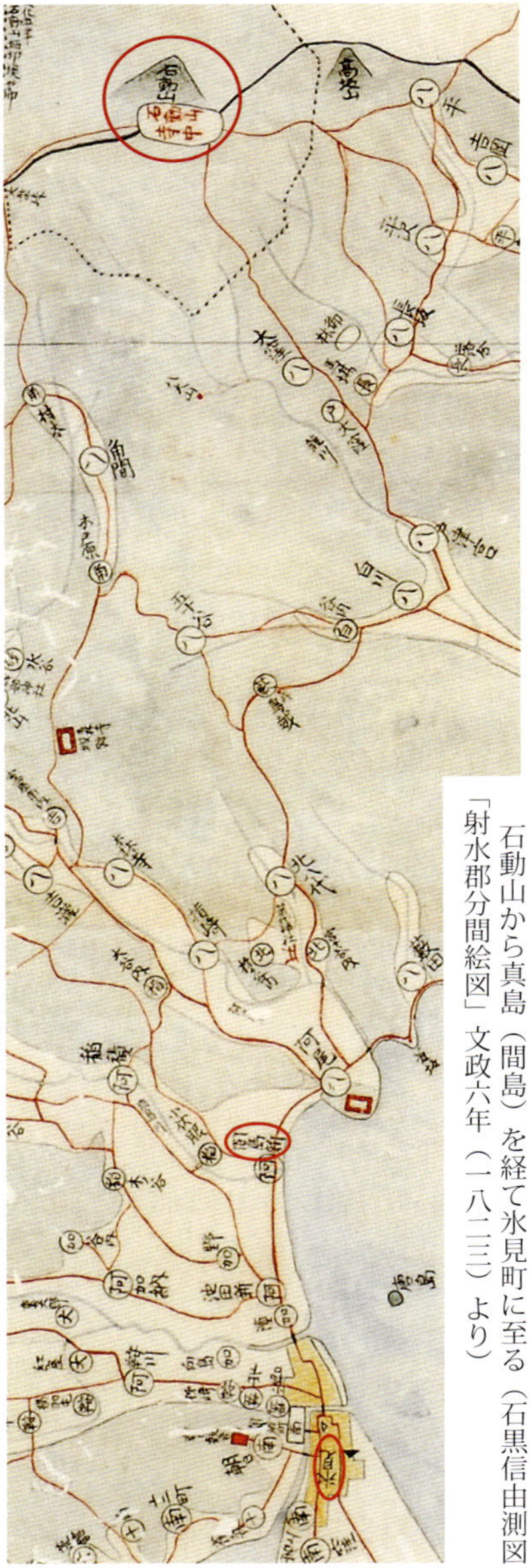

石動山から真島（間島）を経て氷見町に至る（石黒信由測図「射水郡分間絵図」文政六年（一八二三）より）

小山アリ、樹甚ダ茂リ、上ニ小祠有リ。名ヅケテ唐島ト曰ウ。窪、柳田、海老阪[27]、多古、守山ヲ経テ高岡日下氏ニ還ル。

高岡ニ還リ諸友ヲ見ル

(51) 鷹阜於レ吾多ニ旧識一　鷹阜[28]ハ吾ニ旧識多ク
視レ還鷹阜若レ還レ郷　還リテ視ル鷹阜《タカオカ》ハ郷ニ還ル若シ
誰知今遂ニ遊山志一　誰カ知ル今遊山ノ志ヲ遂ゲシヲ
添得帰心一倍忙　添エ得タリ帰心一倍ノ忙

十五日

中元。再ビ家書ヲ得タリ。

十六日

三タビ家書ヲ得タリ。

七月十七日

瑞龍寺曝書　瑞龍寺書ヲ晒シ、李逸[29]、弘斎(ママ)[30]ト往キテ之ヲ観ル。書画数十幅、後陽成院宸翰、信長、秀頼ノ書、家綱ノ畫鶏、文覚ノ和牘、趙子昂ノ行草各一幅［海屋[31]扇ハ其ノ行書ヲ慕ウ、余ハ以テ草書ニ如カズト為ス］、呂紀ノ花鳥［梅花寿帯鳥］、松泉

(27) 海老坂は多古の次、守山の前にある峠である。

(28) タカオカと読ませる。加賀藩第二代前田利長の菩提を弔うため第三代利常により造営された曹洞宗の名刹。山号が高岡山でこれが高岡の町名のおこりとなる。平成九年、ここの佛殿・法堂などが国宝に指定されたことから参詣人が飛躍的にふえた。曝書を機会に寺宝が一般に公開されるしきたりは現在も続けられており、ここに掲げられた数々の名品は今も拝観することができる。

(29) 渓山は高岡滞在中特に服部脩徳（李逸）との交流が深かったが、服部は天保十四年に読書室に入門した門人だったからであろう。（この日記の四月下旬の条〔連載第二回、医譚七三号、平成十年〕を参照）

(30) 長崎浩斎の誤記。浩斎はしばしば客人を瑞龍寺へ案内している。

(31) 貫名海屋（一七七八－一八六三）幕末期の儒学者。書画家。

（1）連載第2回（5）参照。

（2）麦こがし、またハッタイ粉ともいう。

（3）嘉永元（一八四八）年九月、史上初めて全川幅の架橋（全長八二四間）が運

花寺屋伝右衛門（通称大長）らの努力で完成したが、この時すでに一部破損しているとみられる。

瑞龍寺の法堂（明暦年中一六五五—一六七七の創建という。『高岡の文化財』昭和五十八年より）

ノ花鳥［菊花兎］、聴松ノ書十三帳［豊公征韓ノ時獲ル所］、守信ノ龍虎雙幅、隠元ノ書、松花堂ノ花鳥［槲鸜鵒］等有リ。皆奇賞ナリ。余最モ子昂ノ草書ヲ愛デ、次ニ松泉ノ花鳥ヲ愛デ、次ニ守信ノ虎ヲ愛ズ。余ハ甲乙スル所ヲ知ラズ。

十八日

高峰氏ヲ訪イ、李逸ト会ス。

（七月十九日、記事なし）

二十日

高峰元稑[1]来タリ、立山へ登ルノ期ヲ定ム。

廿一日

日下氏母、余ノ為メニ麨[2]ヲ製シ、并セテ塩茹、白梅ノ類ヲ具シ、以テ山中艱食ノ備ヘトナス。

廿二日（新暦八月十八日）

立山へ出立　微雨、黎明ニ高岡ヲ発ス。元稑ト一僕与二郎ト曰ウヲ倶ニス。大門ニ至レバ長橋[3]アリ。大水ノ柱ヲ毀ツヲ以テ、

（4）瓏はひきうす。（5）富山市西部呉羽山麓にある地名。（6）倚は椅か。
（7）丸薬・散薬を作って販売する。
（8）渓山はこれより先、四月五日、越前の鯖江を発して、森田で九頭龍川を渡るとき、小舟四八艘をつないだ舟橋を渡っている。
（9）渓山の父、亡羊の著書『百品考』巻下には均亭李の條を設けて説明し、和名をトガリスモモとしている。（10）南瓜はカボチャ（カンボジアから渡来したとされる故）、ボウブラ（ポルトガル語のaboboraから転じたとする）、トウナス、ナンキンなど種々の呼び名がある。戦前、富山県西部では「ナンカン」あるいは「ボブラ」と呼んでいた。
（11）臼で搗いた米。（12）常願寺川の渡し。（13）常願寺川右岸の地名。渓山が立山を訪ねた直後、安政年間の大鳶崩れにより大小多数の岩石が土石流となってこの地域まで流れ出た。いわゆる大転石として今もこの地に散在する。（14）飰は飯の異体字。
（15）現在は仲語あるいは中語と表記するのが普通。またこれより先、天保十五年の『立山遊記』（加賀藩士金子盤蝸の著）も中語と記している。

別ニ小舟アリテ人ヲ済《ワタ》ス。小杉ヲ経テ手先村《(ママ)》ニ至レバ、新穀スデニ登リ、家々礲米[4]ノ声アリ。安養坊[5]ニ至リ、茶店ニ憩ウ。店ノ倚[6]小ナリ。北冨山ヲ下瞰スレバ、神通川ノ舟橋ハ連娟トシテ横タワル箸ノ如シ。然レドモ人其ノ上ヲ過グル者小ナルコト蟻ニ啻ナラズ。冨山ニ至リ民家ニ宿ス。高岡ニ比べテ更ニ繁ナリ。而高岡ハ六千餘戸ニ止マレドモ、冨山ハ則チ一萬戸ヲ過グ。舟橋ハ舟ヲ用ウルコトシテ往々丸散ヲ散《ワカ》ツ[7]ヲ以テ業ト為ス。舟橋ハ舟ヲ用ウルコト六十四艘、前ノ森田[8]ノ者ニ比べテ更ニ大トナス。商賣ノ家、小木片ヲ刮《ケズ》リテ己ガ名字ヲ題シ、之レヲ戸外ニ釘スルモノ、戸ヲ比《ナラ》べテ皆ナ然リ。菜店ノ鬻グ所ハ均亭李[9]多シ。

客舎ノ楼ハ街ニ臨ミ、魚菜ヲ売ル者ノ堨来絶エズ。南瓜ヲ売ルノ兒数輩来タリ、高ク叫ビテ南瓜南瓜《ナンクワン》[10]ト言ウ。余初メ倦臥シテ之レヲ聞キ、蹶然トシテ起キ、耳ヲ竦ダツルコト久シクス。以テ洛賈ノ及バザル所トナスナリ。
⑫市声嘖々阜レ堪レ譁　市声嘖々譁《カマビス》シキニ堪エズ
午夢醒来且喫レ茶　午夢醒メ来タリ、且ツ茶ヲ喫ス
誰憶賈児亦知レ字　誰カ憶ワン賈児モ亦字ヲ知ルト
直将漢語売南瓜　直ニ漢語ヲ将テ南瓜ヲ売ル

江戸期の立山参詣道（天保10年下新川郡略絵図より作図＝『富山県歴史の道調査報告書—立山道』昭和56年より）

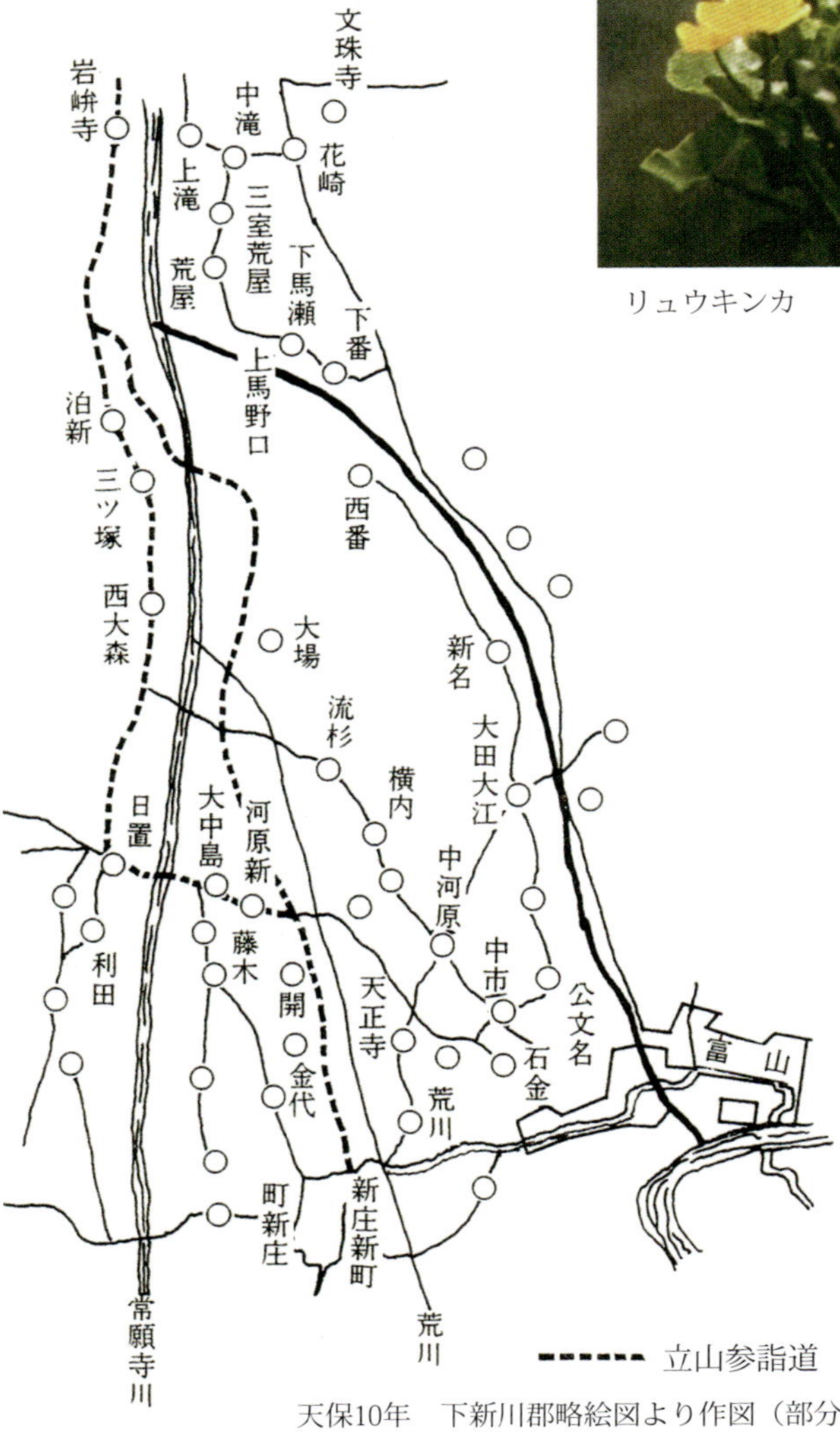

天保10年　下新川郡略絵図より作図（部分）

リュウキンカ

廿三日

至芦峅《アシクラ》　与二郎ヲシテ舂米《ショウベイ》三升[11]、艸鞋十雙、酒一瓢ヲ具エシム。新庄ヲ経テ、常願寺[12]ノ渡シヲ過ギ、涼村《アワラ》ニ至ル。漸ク異草多ク、猿猴草ヲ得タリ。大森[13]ニ至リ飦[14]ス。一千銭ヲ以テ中興《チュウゴ》一人ヲ傭ウ。負擔シテ先導スル者之レヲ中興[15]ト謂ウ。

岩峅寺ニ至リ、此ヨリ山路ニ入ル。一院ニ詣デ、紙引[16]ヲ乞イ、以テ山ニ登ル。横江村ヲ経テ、廣原里許リ、下、正明川《(マヽ)》[17]ニ臨ム。水ノ傍ニ石灰砿多シ。血流村《(マヽ)》[18]ヲ経テ秀山ヲ越エ、蘆峅ノ宿ニ至ル。此ノ地ハ山巓ヲ距ツコト尚九里八町ト云ウ。紅花、蛍袋、甘遂[19]、山蓼[20]、木本呴吻[21]、般之木、斑葉鶏腿児[22]ヲ得タリ。

廿四日

立山入山 元稑ト戸人ニ対シ、会同シテ蘆峅ヲ発ス。伴八人ト為ス。初メ御嬶尊《オムバソン》ノ祠ヲ過ギ、渓ニ沿イテ登ル。藤橋ヲ過グ。藤橋ハ紫藤蔓ヲ用イ、絞糾シテ縄ト為シ、分チテ三道ト為ス。横縛ハ薪ヲ以テ方眼ヲ編成ス。上ハ別ニ二藤縄有リ、雙手之レヲ執ルヲ得。下ハ則チ正明川《(マヽ)》ナリ。川ノ廣サ二十餘歩[23]、巨石磊々、水声瀧々[24]タリ。身之レニ拠レバ則チ動揺シテ定マラズ。是レ立山ノ危険ノ初メト為ス。既ニシテ峻坂三有リ。一ニ曰ク小金坂[25]、二ニ曰ク草生坂[26]、三ニ曰ク材木阪[27]ナリ。巨石、杵ノ如キ者左右縦横ニ矗々叢立ス。就キテ之レヲ視ルニ皆ナ五六稜ヲ成シ、石英ト自ヅカラ別ツ。行クコト里許リ、路ノ左ニ一穴アリ。名ヅケテ叱溺《シカリバリ》[28]ト曰ウ。其ノ径二尺餘、深サ測ルベカラズ。又行クコト里許リ、童杉アリ。樹高人ニ倍シ、圍ハ則チ三抱エアルベシ。

ベニバナ

トウダイクサ

ホタルブクロ

アマドコロ

(16) 通常はチラシ様の紙片を言うが、ここでは地獄谷の血の池におさめる「血盆経」の刷物を指す。(17) 正しくは称名川である。(18) 現在の千垣、立山開山伝説では佐伯有頼の放った矢を受けて走った熊が血を流した所とされている。古くは血懸とする表記もある。(19) ナツトウダイ。「啓」Ⅱ—二六。(20) ボタンヅル。「啓」Ⅱ—八一。(21) ナベワリ。「啓」Ⅱ—五六。(22) 不詳。(23) 現在の藤橋よりはるかに短い。(24) ヒュウヒュウ、水の流れる様。(25) 有頼が熊を追って此処へ来た時、黄金色の猪が現われ、有頼を背に乗せて川を渡し、姿を消したと伝える。(26) 有頼が草を嘗めて飢えを凌いだ所とされる。

「横江村」

立山への禅定登山を募るなどの目的で刷られた江戸期の「越中国立山之図」富山県立図書館蔵の部分

（27）『三才図絵』によれば、この地に女人堂を建てようとして材木を集めたが、これが神威にふれ、一夜で石に変わったとされる。材木石は地質学的には玄武岩の柱状節理で、六角柱状をなす。

（28）若狭小浜の女僧止宇呂尼が従者二人を従えて女人禁制を犯して入山し、此処に来て登り悩む従者を嘲りつつ尿した所といい、その時、底の知れない穴があいたと伝える。

チングルマ

イワイチョウ

梢頭ハ頓挫シテ百餘ノ枝ト為ル。其ノ細キハ杖ノ如シ。四辺ニ散布シ、垂下スル者ハ殆ド地ニ低《イタ》ル。杉ハ本直上スルヲ以テ性ト為ス。故ニ邦俗ハ呼ビテ須義須義ト曰ウ。即チ直ノ字訓ナリ。而シテ今変性シテ此ノ如キハ奇ト謂ハザル可ケンヤ。

又行クコト里許リ、岸有リ、高ク臨メバ渓ヲ隔テテ遥カニ正（ママ）明瀧[29]ヲ見ル。瀑布ハ頗ル大ニシテ、中間一折スルハ恨ミ無シト為サズ。桑谷ニ至レバ、小亭アリ。一僧ト一僕甕ヲ作リ以テ客ニ供ス。又行クコト数里、弥陀ヶ原ニ至ル。曠野ヲ為シ、路梢ヤ坦平、奇花異草極メテ多シ。豆菜[30]、珍車、地ニ満ツルモノ皆ナ是レナリ。

一ノ谷　又行クコト里許リ、峻坂有リ。之レニ倒下スレバ其ノ危キコト言ウベカラズ。下ニ清流有リ。巨石之レニ遍シ。石ニ踞マリ足ヲ息メ、水ヲ掬イ渇ヲ療ス。而シテ山間ノ気寒至ラズ。甚ダ渇ス。乃チ麨粉ヲ出シ、水ニ和シテ之レヲ吸イ、腹気ヲシテ乏シカラザラシム。石壁アリ、峭ニシテ攀ズベカラザル者、之レヲ二ノ坂ト謂ウ。上ニ鉄索ヲ繋ギ、此レヲ頼リテ登ルヲ得ルナリ。名ヅケテ小鎖《ユクサリ》ト曰ウ。渓流ノ中ヲ溯ルニ復タ峭有リ。名ヅケテ大鎖ト曰ウ。二険既ニ終リ、巨巌迸出スル者アリ。ソノ状獣鼻ニ類ス。名ヅケテ獅子ケ鼻ト曰ウ。匍匐シテ其ノ端

(29) 正しくは称名瀧。
(30) 一名岩一葉。イワイチョウ。

ニ出ズレバ、毛聳エ、足顫エ、凛乎トシテ留マルベカラズ。

又行クコト里許リ、鏡岩[31]ナル者有リ。其ノ左ハ則チ畜生ケ原、今行クニ及バズ。此ノ時日已ニ山ヲ含ミ、四顧スレバ皆ナ堆雪有リ。寒風凛然トシテ竹杖ノ冷タキコト鉄ノ如シ。渓ニ臨ミ趾ヲ洗エバ、手足皆ナ凍ユ。

(31) 有頼の姥某が姥ケ懐まで来たが、遂に神威にふれて赭色の岩になってしまった。これが姥ケ石である。この時姥はせめてこれなりとと、絶頂まで参拝させたいと懐鏡を山頂めがけて投げつけたが、これも石となってしまった。それが鏡石である。

※「童杉」はこの「かむろ杉」のことであろう。
(「越中国立山之図」富山県立図書館蔵の部分)

室堂の内部
（明治期の石崎光瑤撮影＝『山岳』第五年第二号・日本山岳会発行より）

室堂　室堂ニ至ルニ及ビ、急ニ柴火ヲ熾シ、皆ナ爐ヲ圍ミテ坐シ、僅カニ蘇ルヲ得タリ。此ノ夕ハ室堂ニ宿ル。室堂ハ三山ノ麓ニ在リ、二屋雙ビ建ツ。倶ニ廣サ五六間、守僧三人ニ止マル。旅人ハ皆ナ中興ヲシテ爨ヲ執ラシメ、白糜ヲ煮テ之レヲ食ス。僧ニ乞イテ椀ヲ得タリ。椀皆ナ毀損シ、殆ド嘔セント欲ス。衣ヲ更ウルニ厠無ク、堂側ニ至リテ屎ス[32]。夜臥スニ被無ク、雨薦ヲ以テ席ニ代エ、油衣ヲ以テ被ニ代ウ。此ノ如キコト再夕。全ク乞食ノ態ト為ス。只此ノ日旅人ノ稀少ナルヲ以テ幸イトナス。多ケレバ則チ数百人同宿シ、甚ダシク多キハ則チ千人ニ至ル。箕踞[33]相加エ、肩背相摩シ、平臥且ツ得可カラズト云ウ。此ノ夜大雨アリ。

廿五日

三山巡り　将ニ三山［本山、別山、浄土山、之レヲ三山ト謂ウ］ニ登ラントスルニ、風雨尚オ暴シキヲ以テ果サズ。日晡[34]ニ近ク、僧来タリ告ゲテ曰ク、君輩険ヲ冒シテ遠クヨリ来タリ、今往カザラント欲ス。来日ノ晴雨又知ル可カラズ。雨益甚ダシケレバ、則チ山登ル可カラズシテ、糧乏シケレバ則チ宿得ル可カラズ。今ハ風雨ヲ衝キテ行クニ若カズ。暴ナリト雖ドモ、我無害ヲ保タン。

(32) 立山室堂には明治期になるまで便所は作られなかった。
(33) あぐらをかいて座る。
(34) 夕方。申の刻。今の午後四時頃。
(35) 一の越より五の越まで、各越毎に小さな鐘があったが、明治期初頭の廃仏毀釈の嵐の中で散逸した。立山曼荼羅の中にはこの鐘を描くものもある。
(36) 江戸期の表記には「鵜」の字を使用するものが多い。なお、渓山は後年、極めて正確な雷鳥の雌雄を描写している。『本草写生図鑑』④（雄渾社、昭和五六年刊）を参照のこと。また、本書の原因は今も山本家に蔵されている。

左より劔岳・別山・富士の折立・大汝山・御本社とある雄山・浄土山・龍王嶽・薬師岳
（「越中国立山之図」富山県立図書館蔵の部分）

蓑ヲ擁シテ進メト。衆已ムヲ得ズ之レニ従イ、乃チ約シテ二山ニ登ル。別山ハ路遠キヲ以テ到ラズ。雪ヲ踏ミテ行クコト数町、既ニシテ石路ニ出ズ。雲霧満目、四五間ノ外ヲ見ズ。人衆雁行シテ進ム。風雨愈声ヲ厲シ、大雷ノ如シ。笠ハ脱シ、薦ハ飄エリ、足ハ正歩スルヲ得ズ。身ハ風ノ為メ奪イ去ラレント欲スルコト数回、立山ノ険此ニ至リテ極マレルカ。

遂ニ浄土山ニ至ル。山尖ニ一小堂アリ、阿弥陀佛像ヲ安ンズ。衆ハ佛ニ謁シ、僧ハ経ヲ誦ス。皆ナ坐シテ誦ス。罷リテ乃チ本山ニ赴ク。本山ハ之レヲ権現ト謂ウ。一ノ越、二ノ越有リ、数ヘテ五ノ越ニ至ル。路ハ皆ナ巨巌ナリ。巌ヲ践ミテ登ル。越毎ニ小鐘[35]有リテ架ス。先行ノ者之レヲ撞キ、以テ後レテ来ル者ヲ招ク。然ラザレバ則チ雲霧ハ伴侶ヲ隔テ断チテ相失ワン。漸ク山頂ニ近ヅケバ二異鳥有リ。対シテ巌上ヲ歩ム。形鳩ニ似テ大ナリ。毛色辨ズ可カラズ。只両翼ニ白毛有ルヲ認ムルノミ。所謂鵜鳥[36]ナリ。

僧ハ衆ニ教エテ鞋ヲ解キ、笠ヲ脱シテ、権現ニ謁セシム、言ウ、此ノ神ハ伊弉諾、伊弉冊ノ二尊ト為シ、此ノ処ハ立山ニ在リテハ最高ノ頂キト為ス。好晴ナレバ則チ、別山、劔山ノ外、加賀白山、信濃浅間、鎗獄、駿河富士山皆ナ一目ニ在レドモ、今日ノ如キハ則チ祠其ノ外ハ一トシテ視ル所ナシ。余以テ終身

ライチョウの夫婦とハイマツ（湯浅純孝『立山路の動物手帳』より）

(37) 洛は洛水、また京都を指す。濆は噴、すなわち、大河。

(38) 則天武后の家臣。士大夫の模範とされた。

(39) 五葉松。這い松。

ノ恨ミト為ス。

㊿③立山山頭望二洛濆一　立山々頭ニ洛濆[37]ヲ望マン

不レ見二洛濆一見二白雲一　洛濆ヲ見ズシテ白雲ヲ見ル

白雲孤飛真可レ羨　白雲孤飛真ニ羨ム可シ

［狄仁傑[38]ハ白雲孤飛ヲ見テ親ノ所在ヲ知ル］

白雲満レ谷何以遣　白雲ハ谷ヲ満タシ何ヲ以テ遣ラン

熊本神獣難レ得レ馴　熊ハ本神獣馴ラスコト得難シ

［山ニ一鷹一熊有リテ是レ山神ノ化現ト言ウ］

鶉自山禽来近レ人　鶉自ヅカラ山禽来タリテ人ニ近ズク

［鶉鳥頗ブル多ク、遇《タマタマ》晴和ノ日、較ヤ軽趫ノ者ハ白手能ク致スト云ウ］

日暮攀尽五越阪　日暮攀ジ五越ノ阪ヲ尽シ

恨殺芙蓉不露巘　恨殺ス芙蓉巘ヲ露ワサザルヲ

此ノ夕再ビ室堂ニ宿ス。三山ニ産スル所、大抵皆ナ小草樹、五鬣松[39]ニ止マル。而シテ尽ク皆ナ蜿蜒トシテ地ニ貼リツキ、高サ尺ニ過ギズ。風霜厳ナル処、其ノ勢然ルナリ。

廿六日

地獄谷　風雨未ダ已マズ。早起シテ地獄谷ニ赴ク。道ヲ夾ミ池有リ。一ハ曰ク三縲《クリ》ケ池、一ハ曰ク緑池。或ハ之レヲ八寒地獄ト謂ウ。並ビテ雲霧ノ晦冥ナルヲ以テ水涯ヲ知ル能ワズ。行クコト数町、此レヨリ満山皆ナ是レ硫黄、硫赤、或ハ細白砂ニシテ処々黄暈ヲ作リ、緑塵ノ如シ。然シテ臭気鼻ヲ撲シ、此レニ至リテ雲霧モ亦タ起ル能ワズ。草樹モ亦タ生ズル能ワズ。平地皆ナ熱ク。以テ久シク立ツ可カラズ。杖ヲ以テ土ヲ穿ツニ尽ク沸々トシテ気ヲ出ス。地獄ハ其ノ名ノ有ル者ハ状、野池ノ如シ。小ナルハ二三間、大ナルモ亦四五間ニ止マル。其ノ奇ハ言ウニ勝《タ》ウベカラズ。只称号ノ雅馴[40]ラザルヲ恨ムノミ。

一ニ曰ク間男地獄、二ニ曰ク等活地獄、三ニ曰ク八幡地獄、湯勢猛烈、其ノ沸上スルモ高サ五六尺、声モ亦タ壮大ナリ。四ニ曰ク紺屋地獄、水色青碧ニシテ染戸ノ帛ヲ浸ス水ノ如シ。五ニ曰ク糕屋[41]地獄、乳花ノ沸上スルモノ団子ノ如ク然リ。六ニ曰ク油屋地獄、水色灰白ニシテ面ニ油暈ノ如キ者有リテ、黄褐冉《ゼン》々タリ。七ニ曰ク鍛屋地獄、此レ最モ畏ル可キ状ヲ為ス。竃突ニ類シ、気内ヨリ生ズル者鼓鞴[42]然ト響クコト轟雷ノ如ク、或ハ奔流ノ巨巌ニ激スル如ク、湯気直上シテ猛火方《マサ》ニ上ニ揚ルニ似タリ。硫黄ノ凝結スル有リ、其ノ色正黄ナリ。人敢エテ近ヅキ視ル者ナシ。八ニ曰ク、百姓地獄、池稍ヤ廣濶ニシテ四五間

江戸期に描かれた立山地獄の様子（「越中国立山之図」富山県立図書館蔵の部分）

(40) 源信（九四二―一〇一七、平安中期の天台宗の僧）の『往生要集』では(1)等活、(2)黒縄、(3)衆合、(4)叫喚、(5)大叫喚、(6)焦熱、(7)大焦熱、(8)無間、の八地獄が書かれているが、立山の八種の地獄はかなり趣が異なる。
(41) 糕＝餻、こなもち、むしもち。
(42) ふいご。

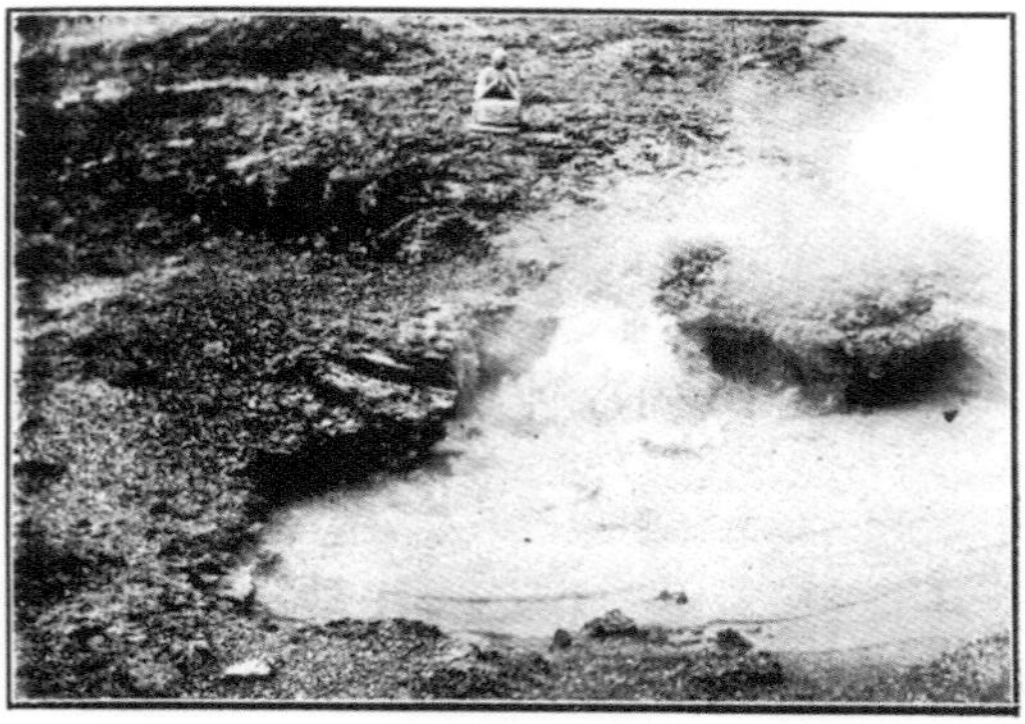

地獄谷の様子（明治42年『富山県写真帳』より）

アルベシ。湯ノ沸ク所三四並ビ起リテ農ノ水ヲ争ウ如シ。最後ニ血ノ池ナル者アリ。水色ハ淡赭、復タ沸キ起ラズ。其ノ余ノ小ナル者其ノ数ヲ知ル能ワズ。地ノ稍ヤ窪下スル処、尽ク皆ナ沸々トシテ乳花ヲ生ズ。小祠多シ。擲銭ハ宿ヲ経テ皆ナ青鏽ヲ生ズ。帯刀ノ者皆ナ之レヲ室堂ニ留メ、敢エテ佩ビズシテ去ル。然ラザレバ、皆ナ硫黄ノ薫敗スル所トナル。

下山　地獄谷ハ既ニ遍ク見タリ。乃チ下山ス。少シク旧路ヲ改メ、一ノ谷ニ至ラズ、姥懐《ウバガフトコロ》[43]ヨリ径ハ弥陀ケ原ニ出ズ。姥ケ石ナル者ヲ観ル。路ハ尚オ険隘ナリ。此ノ日陰雨ニシテ一山皆ナ泥濘ナリ。余足ヲ失イ、転仆スルコト幾度ナルヲ知ラズ。幸イニシテ傷ツクル所ナク、只趾爪ヲ脱スルノミ。峻坂ヲ下ルガ如キハ最モ懼ル可キト為ス。孝子ハ高キニ登ラズ、危キニ臨マザルナリ。今日ノ行ハ余怍ズル無キ能ワズ。奇卉眼ニ満ツト雖ドモ、采《サイ》摘ニ暇無シ。鷹ヲ擁シ、杖ヲ扶ケ、顛履スルコトナキヲ希《コイネガ》ウノミ。此ノ夕又蘆峅ニ宿ス。

廿七日

岩峅ヲ経テ常願寺川ニ至ル。水分カレテ三道ヲ為シテ航ス。其ノ一ハ馮[44]ニ、其ノ二ハ大場村ヲ経テ冨山宿ニ至ル。

(43) 前注 (31) 参照。
(44) ヒョウ。水を歩いて渡る。
(45) 日没から夜明けまでの一夜を五等分して初更、二更、三更、四更、五更とする。五更は夜明けの直前。
(46) 巳の刻。四ツ時、およそ午前十時頃。

サンカヨウ

キヌガサソウ

シュロソウ

バイケイソウ

廿八日

五更[45]ノ頭、富山ヲ発シ、舟橋ヲ過グ。水清ク、魚躍リ、鈎月東ニ在リ。杖ヲ奮ウノ声戛々トシテ相和シ、涼意掬スベシ。巳牌[46]、高岡日下氏ニ還ル。

立山ニテ得シ所ノ草木、併セテ此レニ録ス

(1) 鬼臼《サンカヨウ》〔姥懐〕
(2) 蚤休《キヌガサソウ》〔姥懐〕
(3) 刺款冬〔二谷、姥懐〕
(4) 大葉花石菖〔弥陀ケ原〕
(5) 金光花〔弥陀ケ原〕
(6) 御蔘〔室堂〕
(7) 衛須蘭土勢茂須〔浄土山〕
(8) 凍蕈〔浄土山〕
(9) 金梅草〔御前〕
(10) 銀梅草〔御前〕
(11) 三葉黄連〔桑谷〕
(12) 苔桃〔獅子鼻〕
(13) 峯針〔一名恩能礼〕
(14) 楓唐松〔二谷、姥懐〕
(15) 田内草
(16) 菊款冬〔二谷〕
(17) 御前橘〔桑谷〕
(18) 舞鶴草
(19) 豆菜〔一名岩一葉、弥陀ケ原〕
(20) 珍車〔一名児舞、弥陀ケ原〕
(21) 嶽樺
(22) 通賀松〔一名通賀桜、室堂〕
(23) 黄花通賀松《バイケイソウ》〔室堂〕
(24) 葱菅藜蘆《シュロソウ》
(25) 蒜藜蘆

イワギキョウ

タテヤマリンドウ

カラマツソウ

㉖岩金梅［室堂］　㉗唐松草［一谷］
㉘白花地楡　㉙白花龍膽［御前］
㉚鹿子草［一名草下毛、二谷］　㉛立山龍膽《リンドウ》［室堂］
㉜粘魚鬚《ヤマガシュウ》　㉝雪笹
㉞大雪笹　㉟五葉苺
㊱鬼燈檠　㊲観音蓮《ミズバショウ》［桑谷］
㊳白山桔梗［一名岩桔梗、御前］　㊴覆盆子一種［一谷］
㊵臼木一種

方舟[47]ノ韻ニ次ス
㊴歸来未レ及ニ濕衣乾一　歸リ来タリ未ダ濕衣乾クニ及バズ
欲レ詑ニ吟朋以異峦一　吟ヲ朋ニ託セント欲シテ異峦ヲ以テス
再夕吾求ニ玉山宿一　再夕吾ハ玉山ノ宿ヲ求ム
瓊瑶満レ地一身寒　瓊瑶地ニ満チテ一身寒シ

（七月）廿九日

高岡滞在　下午、松田三知、逸見方舟ト同ジク川口[48]ニ遊ビ、大門自リ舟ニ乗ル。水滑リ舟駛セ、須臾ニシテ川口ニ至ル。雪荘老師［名ハ国常、前ノ瑞龍寺大和尚ナリ］ヲ訪ウ。坐スコト久

（47）逸見方舟（前出、本掲載第2回の（6）を参照）。
（48）現在は高岡市。但し庄川右岸にある。

川口村の位置（石黒信由作図「二上組分間絵図」文政10年（1827）より）

シクシテ、話熟シ、遂ニ杜康[49]ト会ス。北野ヲ経テ復ビ大門ニ至リ、夜日下氏ニ還ル。

(55) 酡顔偏愧レ對斜陽　酡顔[50]偏ニ斜陽ニ対スルヲ愧ジ
村路沼々傍水長［余］　村路沼々[51]、傍ノ水長シ（渓山）
満樹蝉声江上寺　満樹蝉声アリ江上ノ寺
歸来尚覺二耳辺涼一［方舟］　帰リ来リテ尚オ耳辺ノ涼ヲ覚ユ（方舟）

又

(56) 瀟川川外訪レ僧回［方舟］　瀟川[52]川外僧ヲ訪イテ回ス（方舟）
早已前村暮色催　早ヤ已ニ前村ハ暮色ヲ催ス
乗レ興不レ妨二迂曲路一［三知］　興ニ乗リ迂曲ノ路ヲ妨ゲズ（三知）
得レ吟何管浅微才　吟ヲ得テ何ヲカ管セン浅微ノ才
涼飃時送二稲香一去［余］　涼飃[53]時ニ稲ノ香ヲ送リテ去リ（渓山）
冷露漸添蟲響来　冷露漸ク虫ノ響ヲ添エテ来タル
渡口待レ舟閑佇立［方舟］　渡口舟ヲ待チ閑カニ佇立スレバ（方舟）
数声柔櫓水烟堆［方舟］　数声ノ柔櫓水烟堆《ウズタカ》シ（方舟）

三十日

浩斎翁ヲ訪ネ、金子氏ノ石品ヲ観ル。

(57) 魚兒趁レ花図

(49) 大昔、はじめて酒を造った人と伝えられ、後世も酒を造る人を杜氏という。ここでは酒の別名。
(50) 酔って赤くなった顔。
(51) 高いさま。遠いさま。
(52) 瀟は中国湖南省にあり、湘水に注ぐ川の名。ここではその音を借りて庄川をいう。
(53) 涼しい風。飃風。

方看春水長　方《マサ》ニ看ル春水ノ長キヲ
微濕在㆓苔痕㆒　微カニ濕イテ苔ノ痕在リ
箇々戴㆑花去　箇々ハ花ヲ戴キテ去ル
魚中新状元　魚中新タナル状ノ元

(58) 紅葉竹林鳥図

憐得竹林鳥　憐ミ得タリ竹林ノ鳥
閑穿㆓楓葉㆒鳴　閑カニ楓葉ヲ穿チテ鳴ク
斜陽春未已　斜陽春キテ未ダ已マズ
紅翠両鮮明　紅ト翠両ツナガラ鮮マタ明

八月朔日

布勢円山　又長崎氏ニ至リ、午後、春蛟[54]ト将ニ布勢円山[55]ニ遊バントシ、先ズ伏木ニ至ル。木町自《ヨ》リ舟ニ乗ジ、瓜皮[56]ハ極メテ小ナリ。匏[57]ヲ傾ケテ詩ヲ賦シ、漸ク佳境ニ入ル。

(59) 纔出㆓市門㆒去　纔カニ市門ヲ出デテ去レバ
清風満㆓客衣㆒　清風客衣ニ満ツ
一州蒲獵々　一洲ノ蒲、獵々トシテ
烏鬼帯㆑魚飛　烏鬼[58]ハ魚ヲ帯ビテ飛ブ

既ニ米島ノ辺ニ至レバ、江潤ニシテ水滑リ、堤高クシテ土赤ク、

(54) 長崎浩斎の息長崎言定である。
(55) 地名のフセの表記には布勢と布施の両方があり、現在は氷見市に編入の旧布勢村に布施の部落があり、円山はこの布施部落にある。
(56) 小舟。
(57) ひょうたん。
(58) 鵜

断岸千尺ナリ。雅人名ヅケテ赤壁[59]ト為ス所ナリ。

(60)平江断崖両争ㇾ奇　　平江、断崖両ツ奇ヲ争ウ
赤壁真成ㇾ名得ㇾ宜　　赤壁ハ真ニ名ヲ成シ、宜シキヲ得タリ
舟子莞然笑二何事一　　舟子莞然[60]トシテ何事カヲ笑ウ
笑ㇾ吾把ㇾ酒不ㇾ知ㇾ辞　　吾ハ笑イテ酒ヲ把リ辞ヲ知ラズ

舟進ミテ河海潮交ハルノ処ニ至ル。対岸ノ右ハ放生津[61]トナシ、左ハ則チ伏木ナリ。巨艦[62]碇ヲ下シテ泊スル者数十艘。各々旆[63]ヲ建テテ舟号ヲ記ス。其ノ大ナルハ千八百石ヲ積ム者有リ。之ㇾニ上リ、以テ舟製ヲ観ルニ、檣ハ囲リ三四抱エ、舵ハ廣サ丈餘、皆ナ意表ニ出ズ。乃チ岸ニ上リ光西寺[64]ヲ訪ウ。癡王師ハ為メニ紫蘇酒ヲ出ス。晩間院外ニ涼ヲ納ム。地勢高キニ倚リ、海望ハ大イニ佳シ。漁火ハ洋上ニ在ル者、一條綿々トシテ絶エズ、縄ヲ引クガ如シ。列スル所、十里ニ近シト云ウ。

(61)四辺蟲語秋将ㇾ半　　四辺ノ虫語秋将ニ半ナラントス
十里漁篝夜向ㇾ深［春蛟］　十里ノ漁篝夜深キニ向ウ（春蛟）
閑把二螺杯一団坐処　　閑カニ螺杯ヲ把リ団坐スル処
冷風一片落二高林一［余］　冷風一片高林ニ落ツ（渓山）

(59) 小矢部川の河口に近く、伏木の町に入るあたりにこの断崖がある。
(60) にっこりと笑う。
(61) 現在の新湊市。
(62) 小矢部川河口の伏木港は古くから北前船の停泊地で賑わった。
(63) 旆は旗。
(64) 現在も高岡市伏木一宮にある浄土真宗国分山光西寺。某日筆者は訪問して御住職にうかがったが、渓山の筆蹟等は不明であった。同寺は見晴らしのよい高台にある。

木町②米島③光西寺（石黒信由作図「二上組分間絵図」文政十年（一八二七）より）

(62) 又

堪避二人間熱一　堪エテ人間《ジンカン》[65]ノ熱ヲ避クル
国分山上秋　国分[66]山上ノ秋
巌床唯待レ掃　巌床唯ダ掃ヲ待チ
苔席不レ労レ収　苔席収ムルニ労セズ
龍躍千尋樹　龍ハ躍ル千尋ノ樹
星連十里舟　星ハ連ナル十里ノ舟
一吟酢二奇景一　一吟シテ奇景ニ酢[67]シ
此外我何求　此ノ外ニ我ハ何ヲカ求メン

癡王師余ヲ導キ海岸ニ至ル。空船ニ坐シ、樽ニ残ルヲ尽シテ将ニ還ラントス。路ハ一祠ヲ経テ老松樹有リ。地ヲ去ルコト数尺、岐レテ三幹四出トナリ、蜿蜒タル者数十仞[68]ナリ。此ノ夕光西寺ニ宿ス。

二日

早起シテ将ニ布勢ニ赴カントスルニ、癡王師一徒弟ヲシテ導キ行カシム。岩崎山ヲ越エ、紅葉橋ヲ過ギ、海中ニ小島ヲ数ウ。其ノ一ハ出島ト名ヅク。有磯浦ニ至リ、兎児尾[69]ヲ得タリ。義経雨晴岩ト称スル者有リ。岸ニ接シテ大片石アリ、下ハ衆小ノ石

(65) 人の世の中。世間。
(66) 昔国分寺の置かれたところ。
(67) お返しに酒を注ぐ。
(68) 周代の長さの単位で八尺の長さ。
(69) ハクゼンソウ
(70) この岩屋は今もあり名所の一つだが、「数十百人」は無理、二十人位が限度であろう。
(71) 廷尉は検非違使の別名。ここでは源義経をいう。
(72) 浄土真宗本願寺派玉圓山法順寺。
(73) 現在円山山頂には布勢神社と御影社の二社が鎮座する。
(74) 不詳、現存する青銅製砲弾型の碑は明治三三年、大伴家持卿千百年祭を機に建立のもので『大伴家持卿之碑』(七字)と刻む。
(75) 享和二(一八〇二)年、渓山の祖父山本中郎封山が碑文を撰し、越中出身の加賀藩医内藤元鑑が揮毫し、高岡の医師服部叔信が建立した碑は参道左側の木陰にある。

布勢の丸山全景

之レヲ承ケ、其ノ際空濶ニシテ数十百人[70]ヲ容ルル可シ。昔、源廷尉[71]此レニ雨ヲ避クルト言ウ。石ニ刻ミテ以テ之レヲ誌ス。上ニ松樹有リ、賞ス可シ。

大田、島ノ二村ヲ経テ布勢ニ至ル。此ノ日大暑、殆ンド行歩ニ堪エズ。僧導キテ一院ニ至リ憩ウ。院号法順寺[72]ナリ。伴ヲ得テ益多ク、同ジク円山ニ登ル。山ハ小ニシテ嶷ナリ。上ニ大彦命祠[73]有リ。祠前ニ花山公題ス所ノ碑[74]「大伴家持卿遊覧之地ノ八字ヲ書ク」有リ。碑陰ノ文ハ即チ余ノ祖父　封山君ノ製スル所[75]、余ノ今日ノ行ノ主タル所ハ只以テ此ノ片石ノ故ナリ。遶リテ祠背ニ出ズ。山頂ハ平坦、大松樹数幹其ノ上ニ蔭ス。一目下瞰スレバ真ニ勝境ナリ。然シテ今見ル所ハ皆ナ稲田、勢湖ハ遥カ

「大伴家持卿遊覧之地」石碑

山頂にある布勢神社

布勢の丸山①と窪村②と布勢湖③（石黒信由測図「南條組分間絵図」文政十年（一八二七）より）

五六町ノ外ニ在リ。之レヲ聞クニ、今ノ湖ハ古キ湖ニ比シテ十ノ一ニ止マルノミト。今、稲田在ル所、昔ハ皆ナ湖ト為ス。高キニ倚リ而望メバ、水痕ノ桑田ニ到ル所ヲ以テ知ル可シ。滄海ハ虚言ニ非ザルナリ。旁ニ小祠有リ、即チ大伴家持公ノ祠[73]ナリ。

(63)山自蒼々水自流　山ハ自ヅカラ蒼々水自ヅカラ流ル
伴公此地昔曽遊　伴公[76]此ノ地ニ昔曽ツテ遊ブ
坐来一片豊碑下　坐シ来タル一片豊碑ノ下

偏便㆓騒人意不㆒休　偏へニ騒人[77]ヲシテ意休マザラシム

初メ余洛ヲ去ルノ時、吾ガ兄[78]ハ餞スルニ筆ヲ以テシ、且詩ニ題シ、先ズ勢湖ニ至ルヲ言ウ。而シテ余ノ旅中ノ事繁ク、一百二十日ヲ経テ、方《マサ》ニ始メテ其ノ境ヲ践ムヲ得タリ。徘徊良《ヤヤ》久シクシテ環視備ワル。今ニ至ル五十餘霜ナリト雖ドモ、毫モ虧損スル所無ク、苔蘚モ亦侵サズ。私心悦ビニ堪エズ、以為《オモエラク》、神明ノ呵[79]ヲ獲スル所カ。

既ニ山ヲ下リ、僧更ニ導キ窪ノ善照寺[80]ニ至リ、豪農九左衛門[81]ナル者ヲ訪ウ。乃チ、舟ヲ倩《ヤト》イ、湖[82]ニ浮べ、網ヲ命ジ、魚ヲ捕ウ。水大イニ漲ルヲ以テ獲ル所無シ。日方《マサ》ニ山ニ啣《オ》チントシテ、窪ヲ辞シ、三鼓[83]日下氏ニ還ル。

(64) 瓜皮浮小艇　瓜皮ノ小艇ヲ浮べ
湖静不㆑生㆑濤　湖ハ静カニ濤ヲ生ゼズ
鳥向㆓茂林㆒去　鳥ハ茂林ニ向イテ去リ
魚尋㆓深水㆒逃　魚ハ深水ヲ尋ネテ逃グル
賦㆑詩才本拙　詩ヲ賦セド才本ヨリ拙シ
把㆑酒意猶㆑豪　酒ヲ把リテ意猶オ豪ノゴトシ
落日依㆑舷望　落日舷ニ依リテ望メバ
一天灝気高　一天ハ灝気[84]高シ

(76) 大伴家持公。
(77) 「離騒」の作者屈原やその他の文人。風流を解する人。詩人。
(78) 山本家第八代を継いだ祖父封山の次男が第九代亡羊、その次男が第十代榕室で、六男の渓山より十八歳年長の兄である。後年は渓山はこの兄の後を承けて第十一代当主となる。
(79) 吹きかける息。神明の呵。
(80) 浄土真宗向流山善照寺は今も氷見市窪にある。
(81) 陸田氏。
(82) 布勢湖。
(83) 夜の十二時。三更。
(84) コウキ、広大なさま。清らか。すがすがしい。

三日

高岡・交遊　金子恕謙ヲ訪ウ。春蛟人ヲシテ雪片[85]数片ヲ贈ラシム。乃チ謝スルニ詩ヲ以テス。

⑥⑤吾不二投レ之以一木桃　吾レ之レニ投ズルニ木桃ヲ以テセズ
吾何君見レ報二瓊瑶一　如何君瓊瑶ヲ報シテ見ル
午窓一枕夢醒後　午窓一枕ノ夢醒メテ後
塵慮炎気可両消　塵慮[86]炎気両《フタ》ツナガラ消ズベシ

四日

癡王師筆二握ヲ寄セ、并セテ詩ヲ以テ題ス。

五日

高峰氏飲ニ招ク。同ジク会スル者、長崎言定、高田正播[87]、江尻大仲[87]［富山ノ人］ナリ。

（六日、記事なし）

七日

津島清五郎来タリ、富山ニ至リ公園ヲ観ルヲ勧ム。乃チ之レヲ浩斎翁ニ謀ル。翁以テ不可ト為シ、余モ亦往クヲ欲セズ。能

（85）高岡近郊の村では厳冬期に積雪を集めて踏み固め、藁屋根で覆い、盛夏の頃にこれを切出して用いることが、戦前の頃まで行われていた。氷室と呼ばれた。
（86）名利を求める欲心、俗心。
（87）いずれも不詳。

州名跡志ヲ津島氏ニ返シ、并セテ次ノ韻[88]ヲ附ス。

㊻沙逕泥途六十郵　　沙逕ト泥途ノ六十郵[89]
晴望佳処幾回休　　晴望佳ナル処幾回カ休ス
依レ君再冊二旧蔵巻一　　君ニ依リ再ビ旧蔵ノ巻ヲ冊《タ》ツ
福海寿山得二縦遊一　　福海ト寿山縦《ホシイママ》ニ遊ブヲ得タリ［福浦ト蓬莱山並ビテ内外洋ノ絶景ト為ス］

（八日、記事なし）

九日

二鳳ハ余ノ画室ノ前ニ植ウルニ箭竹八九竿ヲ以テシ、並ベテ上水石ヲ移シ、之レニ伴ナワシム。玉露滾零、清風颯トシテ渓山生ズルニ至ル。之レヲ徽《ウツク》シト為サザラント欲スト雖ドモ、何ゾ得ベケンヤ。

十日

高岡ハ秋祭ノ為メ坊毎ニ布旆《フハイ》[90]ヲ建テ、墨ヲ以テ祝嘏《カ》[91]詞一両句ヲ大書ス。街鼓ノ声間断無ク此ノ如キノミ。津島北渓、服部李逸ヲ訪ウ。四タビ家書ヲ得タリ。

（十一、十二日、記事なし）

(88) 津島北渓はその著書『高岡詩話』の中にこの詩を記録している。
(89) 宿継ぎ。
(90) 布の旗。
(91) 祭礼の祝の言葉。めでたい言葉。

十三日[1]

送別会　諸交遊ハ余ヲ陸舟楼[2]ニ於テ餞ス。会スル者二十有二人ナリ。

67　陸舟楼贈（ママ）別ノ詩ノ巻首ニ題ス

満耳蝉声不レ耐レ聞　　満耳ノ蝉声聞クニ耐エズ
無涯離思愈紛々　　無涯ノ離思愈《イヨイ》ヨ紛々
紅亭涙与ニ鮫人一似　　紅亭[3]ハ涙シテ鮫人[4]ト似タリ
堕レ紙尽成ニ珠璣文一　　紙ニ堕シ[5]尽シテ珠璣[6]ノ文成ル

68 李逸ハ嘗テ余ニ詩ヲ寄セ、自ラ称シテ昇平碌々児[7]ト為ス。余将ニ高岡ヲ去ラントシテ乃チ其ノ語ヲ用イテ長句ヲ賦シ、別レヲ留ドメ并セテ餞送ノ諸君ニ呈ス。

吾亦昇平碌々児　　吾モ亦昇平碌々児タリ
初無レ意レ探ニ天下奇一　　初メ天下ノ奇ヲ探ルノ意無ク
偶然観レ書有ニ所感一　　偶然書ヲ観テ所感アリ
奮レ志暫与ニ宗愨期一　　志ヲ奮イ暫クシテ宗愨[8]ノ期ニ与《クミ》ス
越山能海頻奔走　　越山ト能海頻リニ奔走シ
遇有ニ佳景一即乃逗　　遇《タマタマ》佳景有レバ即チナンジ逗《トド》マル
跋渉迹似ニ磊落士一　　跋渉ノ迹ハ磊落ノ士ニ似タリ

（1）新暦では九月八日にあたる。
（2）高岡の有名な料亭、しばしば文人墨客に利用された。
（3）渓山は海紅亭という別号（亭号）を持つ。
（4）南海の水中に住む人魚。水中で機を織り、泣くときは真珠の涙を流すという。
（5）人魚の涙を紙の上に落した。
（6）丸い玉と四角い玉。随公之珠の熟語あり。随公に助けられた大蛇がお礼にもって来たという宝玉。
（7）昇平は太平、碌々は平凡で役に立たないさま。
（8）不詳。人名であろうか。

胆小猶如㆓五月豆㆒
傍人不㆑識㆓遊子情㆒
只言好㆑奇愛㆓遠行㆒
甲説㆑再㆔遊向㆓崎陽㆒
乙勧㆔此次到㆓武城㆒
豈知㆓吾襟久染㆑涙
弟兄父母見㆓假寐㆒
家書況有㆑當㆓帰贈㆒
何忍更以㆓遠志㆒寄
遽投㆓筆研㆒剋㆓還期㆒
却与㆓諸子㆒惜㆓別離㆒
一節自㆑此洛陽去
依㆑旧昇平碌々児

胆小ナルコト猶オ五月豆ノ如ク
傍人ハ遊子ノ情ヲ識ラズ
只言ウ奇ヲ好ミ遠行ヲ愛ス
甲ハ崎陽[9]ニ向イ再遊センコトヲ説キ
乙ハ此ノ次ハ武城[10]ニ到レト勧ム
豈ニ吾ガ襟ノ久シク涙ニ染マルヲ知ラン
弟兄父母ハ假寐ニ見《マミ》ユ
家書況ンヤ当ニ帰リ贈ラントスルアリ
何ンゾ忍バン更ニ遠キ志ヲ以テ寄スルヲ
遽《ニワ》カニ筆研ヲ投ゲ還期ヲ剋セン
却《シリゾ》イテ諸子ト別離ヲ惜シム
一節此レヨリ洛陽ニ去ル
旧ニ依昇平碌々児タリ

⑲ 二鳳ニ呈ス

越国魚蝦皆有㆑味
能州山水自無量
一詩伸㆑謝句雖短
百歳感㆑恩情甚長

越国ノ魚蝦皆ナ味有リ
能州ノ山水自カラ無量
一詩モテ謝ヲ伸ブ句短シトイエド
百歳恩ニ感ジ情甚ダ長シ

（9）長崎。
（10）武蔵、江戸。

高岡ノ風俗・物産

余高岡ニ日久シク在リ、風俗・物産ノ近畿ニ異ナル所ノ者一二ヲ此レニ録ス。

○亜麻ハ区無クシテ一ニ吐路々《トロロ》ト曰ウ。状ハ木耳ノ如ク、土上ニ生ジ、味ハ亦タ田川ノ産ニ相似タリ。

○雉杏魚《キジダラ》ハ極メテ賎品ト為シ、其ノ鮮新ノ者一タヲ経テ已ニ小蛆[11]之レニ生ズル有リ。其ノ盛リ、時ニ一尾ノ値二三銭ニ止マルコトアリ。風乾カス者ハ五六銭ニ過ギズ。

○金鎗魚[12]ノ鰤《ハラゴ》、其ノ大サ尺餘ナルハ味極メテ佳ナリ。土人最モ之レヲ貴ビ、名ヅケテ志美古《シミコ》ト為ス。然レド市ニ鬻グ者無ク、漁人ニ就キテ、求ムレバ乃チ獲ルナリ。諺ニ云ウ、嫁女應ニ漁人ニ嫁スベシ、金鎗魚ノ鰤ヲ得テ、飽食スルヲ得ント。其ノ重キコト此ノ如シ。同胞更ニ不吐《フト》[13]甚五郎ト名ヅクル有ルハ皆ナ腸属ナリ。土人モ亦之レヲ貴ブ。

○金沢ノ俗、燕肉ヲ食スルヲ以テ異ト為サズ。

○郊外ニ剖葦《ヨシキリ》多シ。二鳳ノ宅、朝昏其ノ声ヲ聞カザルコト鮮《スクナ》シ。

○海鰮[14]ハ焼ク可シ、烹ス可シ、礌《ス》リテ肉糕ヲ作ル可シ、豉《ミソ》シテ田楽ニ作ル可シ。其ノ盛ニ獲ルニ、或ハ油ヲ搾リ、或ハ田ヲ糞シ、其ノ民ヲ利スルコト水族ニ在リテ最大ト為ス。

○鎖管《シャクハチイカ》ハ秋月　鰤其ノ中ニ満チ、烹シテ之レヲ切ルモ亦奇賞

(11) きじだらの内臓にはしばしば白い蛆状の寄生虫（俗に鱈の虱という）がついている。土地の人はさして気にしないで調理するし、無害である。もちろん一夜で湧くわけではない。渓山は誤解しているようである。

(12) 太刀魚のことであろう。銀色に輝き、長さ一メートルを超すものあり。身が柔らかく、焼き物、擂身など美味。夏魚の代表であるが、急速に鮮度を落とすので、遠くへは運ばれない。シミコはこの魚のハラゴか。

(13) フトは鱈、鰤など大型魚のカゲ（鰓）に続く部分。中に捕食した小魚を蔵するので胃であろう。乾燥して保存されることもある。甚五郎は不詳。単なる言葉の遊びか。

(14) 鰯。

ナリ。
○金鎗魚ハ夏月多ク之レヲ獲リ、冬月ハ有ルコトナシ。
○牡蛎モ亦夏月之レ有リ。即チ海牡蛎ナリ。
○燭魚[15]モ亦タ時ニ群ヲ為シテ至ル。土人之レヲ悦バズ。以テ荒歳ノ兆ト為ス。
○鰻鱺ノ両脇ニ八星ヲ夾ム者[16]甚ダ多ク大ナリ。常品ト同ジク、其ノ直ヲ問ウニ、十之一ニ止マル。
○波地迷《ハチメ》、諸魚ニシテ此ノ名ヲ冒ス者、其ノ幾十種ナルヲ知ラズ。虎魚[17]、燭魚モ亦タ此ノ名ヲ冒ス。赤波地迷ナル者有リ。極メテ鮮紅ニシテ、嫁女ノ婦ヲ娶ルニ此レヲ待チテ礼ヲ成スコト、吉鬣ト異ルコト無シ。
○款冬《フキ》極メテ多葉、大ナルコト傘ノ如ク。茎高ク人ヲ掩イ、晩間其ノ間ヲ行クニ芳気鼻ヲ撲ツ。他人ハ賞セズ、余独リ之レヲ愛ズ。
○伏木ハ放生津ト只一河ヲ隔テ、均《ヒト》シク海浜ト為ス。伏木ノ井水ハ異無ケレド、放生津ハ鹹ニシテ飲ム可カラズ。茶ヲ煮ル者必ズ甜葉[18]ヲ以テ之レニ和シ、其ノ鹹味ヲ乱《オサ》ム。故ニ甜葉ヲ業トスル者皆ナ放生津ニ至リ之レヲ貨《ウ》ルト云ウ。
○凡ソ人ノ餽物[19]ヲ拝辱スル者ハ、必ズ銭ヲ褁《ツツ》ミ、使者ヲシテ之レ

(15) 不詳、次の（17）参照。
(16) 八ツ目鰻。ち
(17) 虎魚も燭魚もハチメの仲間と見られる。
(18) 甜茶、砂糖大根の葉。
(19) 贈物。

ヲ称《ハカ》ラシム[20]。此レニ於テ幾バクカノ乾鮑皆[21]ナ之レヲ返ス。若シ返サザル者ハ他ノ乾鮑ヲ以テ之レニ換ウルナリ。

（十四日、記事なし）

十五日

此ノ夕無月[22]。京師ノ俗、八月ヲ以テ芋ヲ煨《ワイ》シ[23]、九月ヲ以テ豆ヲ煮ル。北地ハ則チ此レト倒《サカシマ》ナリ。今夕ヲ称シテ豆名月ト為ス。京ハ越ト相去ルコト幾何ゾ。而シテ俗ノ殊ナル既ニ此ノ如シ。月影至リ、明暗モ亦タ必ズシモ同ジカラザル有リ。因リテ桂居ノ旭斎[24]ヲ憶ウ。百年芳郊ノ徒、必ズ来タリ文ヲ論ズル者有リ。吾ガ兄弟定メテ佳作有ラン。佳節ニ逢ウ毎ニ倍シテ親ノ信ヲ思ウ哉。

十六日

出発延期　余ノ発程、数エ易ク、初メ七月晦日ヲ期ス。再ビ八月十一日ヲ期シ、三タビ十三日ヲ期シ、四タビ十六日ヲ期シ、而シテ絵ノ事蝟集シテ復タ延期シタリ。将ニ二十日ヲ以テ高岡ヲ去ラントス。

花鳥四幀

(20) 量をはかる。
(21) 蚫は鮑であろう。
(22) 雲で月がかくれている。
(23) 物を熱い灰に埋めて焼く。
(24) 京都の桂に住む旭斎という人物であろう。

⑦⓪
翠葉根全護　翠ノ葉根全護ル
朱葩露未レ晞　朱葩[25]ノ露未ダ晞《カワ》カズ
荘生改操否　荘生[26]改メテ操ルヤ否ヤ
傍富貴花飛　傍ノ富貴ノ花ハ飛ブ　［牡丹蛺蝶］

⑦①
以レ是群芳殿　是ヲ以テ群芳ノ殿トス
客心看易レ驚　客心看テ驚キ易シ
閑庭新過雨　閑庭新タニ雨過《ヨ》ギリ
箇々抽二金英一　箇々ハ金英[27]ヲ抽《ヒ》ク　［菊花］

⑦②
紅如レ衒二矯豔一　紅ハ矯豔ヲ衒[28]ス如ク
黄似レ亢二幽清一　黄ハ幽清ヲ亢[29]スルニ似タリ
併成二一幀画一　併セテ一幀ノ画ヲ成ス
無情亦有情　無情ハ亦タ有情タリ　［黄薔薇紅月季］

⑦③
穠二花枝一互接　花ハ枝ニ穠《シゲ》リ互イニ接ス
細鳥羽相親　細鳥ノ羽ハ相親シミ
吾及レ製二斯画一　吾ハ斯ノ画ヲ製スルニ及ブ
當二秋意則春一　當ニ秋意則春ナラントスベシ　［桜花小禽］

(25) 赤い花びら。
(26) 壮子のこと。
(27) 英は花。
(28) 嬌は美しくなまめかしい。豔はあでやかでみめよい。嬌豔をみせびらかす。
(29) 亢はきわめる。自慢する。

（十七日、十八日、記事なし）

十九日

夜大雨小雷ナリ。

⑺④ 仙鶴図

頭點㆓丹沙㆒身鏤玉　　頭丹沙ヲ点ジ、身ハ鏤玉[30]ナリ
蓬莱方丈今且休　　蓬莱ノ方丈[31]今且ツ休ス
有㆑時飛舞九天外　　時有リテ飛ビ舞ウ九天[32]ノ外
孤棹還和㆓靖舟㆒　　孤棹先ヅ還リテ靖舟[33]ニ和ス

（二十日～二十二日、記事なし）

廿三日

将ニ明日ヲ以テ高岡ヲ発タントシ、遍ク交遊ノ所ニ至リテ別レヲ告グ。

廿四日

大雨

（30）彫り込んだ宝石。
（31）一丈四方。寺院の表座敷。僧の住居。
（32）天を九ツに分けた総称。

廿五日

高岡出発　猶オ雨ナリ。初メテ高岡ヲ発ス。交遊送行ノ者一十八人ナリ。和田ヲ経テ六家村ニ至リ、茶亭ニ一酌シテ袂ヲ分ツ。立野、福岡、今石動ヲ経テ埴生ニ至ル。玉工ノ家ニ往キ、馬脳ヲ雕琢スルヲ観タリ。倶利迦羅嶺ヲ過ギ、竹橋ヲ経テ、津幡ニ至リ宿ス。

廿六日

金沢へ　津幡ヲ発シ、連理ノ松、雙樹ノ大ナル有リ。相ハ地ヲ去ルコト数尺、分レテ一幹ヲ為ス若シ、俗ニ号《ナヅケ》テ妻夫松ト為ス。旧路徒《ヨ》リ復シ、金沢ニ至リ、岡島氏ニ宿ス。川上宣方[34]来訪ス。

廿七日

小松へ　松任、柏野ヲ経テ、湊ノ渡シヲ過ギ、小松ニ至リ宿ス。

廿八日

大聖寺へ　今井、串、月津、動橋、作見ヲ経テ大聖寺ニ至リ、荻野玄端[35]［名ハ融、桂園楼ト号シ、芙蓉半山楼ト曰ウ］ヲ訪イ、遂ニ荻野氏ニ宿ス[36]。宮永理兵衛[37]［遜斎ト号ス］、伊藤又一

(33) 靖はやすんず、やすらか。
(34) 逸見方舟の実弟、先の補注［第二回(18)］を参照。
(35) 玄端は文政二年生まれ、渓山より八歳年長であるが、この後、嘉永六年八月三十日、渓山を介して読書室に入門することになる。
(36) 渓山はこの日記の六月二日の条にすでに「大聖寺荻野玄端書来要以帰途留宿」と書いているので玄端に招かれて予定の滞在であったことが知られる。
(37) 前出、宮永は四月七日、伊藤は四月八日の条。

郎[38]、田辺輅三郎［名ハ輅、字ハ子冕《ベン》、明庵ト号ス］来タル。

廿九日

大聖寺滞在　東方《ヒガシカタ》元吉[39]［名ハ履、芝山《シザン》ト号ス］、早水弘節[40]来タル。

（嘉永四年）九月朔[41]

宮永氏飲ニ招ク。同ジク会スル者、荻野玄端、田辺輅三郎、伊藤又一郎、上田俊丈[42]、渡辺卯三郎[43]、稲津俊蔵[44]ナリ。

二日

駒沢貞吉郎[44]、上田俊丈［名ハ英、惷斎ト号ス］、渡辺卯三郎来タル。

三日

吉田甚右衛門[45]［名ハ長愷、号履堂］来タル。

（四日、記事なし）

五日

曽宇山採薬行　宮永遜斎、駒沢貞吉郎、吉田履堂、田辺明庵、伊藤又一郎、上田俊丈ト曽宇山ニ采薬ス。山ハ大聖寺ノ南三里

（38）大聖寺藩士（一八二二—九七）、始め江戸安井息軒に学び、後、京、平田篤胤につく。安政年間、藩校に出仕して、廃藩後も家塾を開いて子弟の教育にあたった碩学。

（39）大聖寺藩士、家禄一二〇石、文化十（一八一三）年生まれ、明治十二（一八七九）年没。儒学者にして教育者、維新当時は藩内随一の経世家として革新政策をすすめた。

（40）大聖寺藩医早水嘉生（一七四八—一八〇二）の孫であろう。

（41）新暦では九月二十五日にあたる。

（42）不詳。

（43）大聖寺藩士（医学・洋学者、一八三一—八一）家禄二十七俵、東方芝山に学び、すすめられて始め金沢の黒川良安につくが、後、適塾に移り、さらに一年間長崎に留学して戻り、適塾々頭についた。安政元年父老衰により大聖寺へ帰るが、この時、洪庵はその子洪哉（十二歳）と四郎（十一歳）の二人を卯三郎に託した。以後藩主の侍医として、また藩校董正館の洋学教授として重きをなした。

（44）稲津、駒沢の両名は不詳。

（45）大聖寺藩士、一五〇石。

五万「大聖寺」明治四十二年測図・大正二年発行より

ニアリ。初メテ郊ヲ出デ、前ニ當リテ遥カニ峻嶺ヲ見ル。其ノ頭ハ二尖ニシテ冨嶽ニ類スル有リ。因リテ名ヅケテ冨士写《フジシャ》[46]ト曰ウ。其ノ左ノ一山三峰有リ並ビ秀ズル者、中ニ尤モ高キハ大日山[47]ト曰イ、左ハ小大日[47]ト曰イ、右ハ茶臼山ト曰ウ。既ニシテ百々《ドド》村[48]ヲ経テ曽宇[49]ニ至ル。曽宇《ソウ》、直下《ソヽリ》、火谷《ヒノヤ》、総名ハ三谷[48]ト為シ、皆ナ薪ヲ鬻グヲ以テ生(業脱カ)ト為ス。乃チ山路ニ向カイ、渓ニ沿イテ行クニ、油桐谷ニ満チ、花卉類頗ブル多シ。

履堂ハ僕ニ命ジテ魚ヲ捕ウ。杜父魚[49]数尾ヲ得タリ。蘘荷ヲ貯ウル者有リ、芋艿ヲ携ウル者有リ。和シテ煮テ羹トス。妙[50]言ウ可カラズ。遂ニ樽[51]ヲ倒スニ至ル。日将ニ晡ナラントシ、東谷ニ

(46) 標高九四二米、現在山中大日山県立自然公園の主峰の一つ。
(47) 大日山は標高一三六八米、小大日山は一一九八米。
(48) 現在では大聖寺（加賀市）の南方約4粁に百々町・曽宇町を経て加賀三谷温泉がある。
(49) イシモチ、またはカジカ「啓」。
(50) 玅＝妙。
(51) ここでは酒樽であろう。

至リ、乃チ還ル。

此ノ行ハ伴ヲ結ビ、往々ノ詞客トナリ、路上ニ柏梁体[52]ノ絶句八首ヲ得タリ。

⑮小逢草作㆓閑行㆒［履堂］　小逢探草シテ閑行ヲナス
曽宇谷幽流自清［余］　曽宇谷ノ幽流自ヅカラ清シ
満眼秋光随所好［明庵］　満眼ノ秋光随所ニ好モシ
松風声和㆓笑談声㆒［舂斎］　松風ノ声ハ笑談ノ声ニ和ス

⑯杖蓑相伴尽㆓名流㆒［余］　杖蓑相伴イ名流ヲ尽ス
細草花繁白露秋［明庵］　細キ草花繁キ白露ノ秋
一句一言渾有韵［舂斎］　一句一言渾《スベ》テ韵有リ
踏㆑雲㆓終日㆒作㆓仙遊㆒［履堂］　終日雲ヲ踏ミテ仙遊ヲ作《ナ》ス

⑰吟人入㆑谷谷生㆑光［舂斎］　吟人谷ニ入リ谷ハ光ヲ生ズ
多少秋花渓澗香［履堂］　多少ノ秋花渓澗ノ香
酔後眼中無㆓異草㆒［余］　酔イテ後眼中ニ異草ナク
松陰坐領㆓満身涼㆒［明庵］　松陰ニ坐シテ満身ノ涼ヲ領ス

（52）漢詩体の一つ。漢の武帝が柏梁台の落成の時群臣に作らせた柏梁台連句の体。

⑱満耳蝉声満眼山［明庵］
思㆓詩人㆒往㆓白雲間㆒［惷斎］
樵翁笑問㆑為㆓何事㆒［履堂］
菅仲一車擒得㆑還［余］

満耳ノ蝉声満眼ノ山
詩人ヲ思イ白雲ノ間ヲ往ク
樵翁ハ笑イテ何事ヲ為スト問ウ
菅(管カ)[53]仲一車擒ニシテ還ルヲ得タリ

⑲踏破秋天萬疊山［履堂］
山々景色似㆓仙寰㆒［明庵］
微曛醒處晩風冷［余］
身在㆓青松白石間㆒［明庵］

踏破ス秋天万畳ノ山
山々ノ景色ハ仙寰ニ似タリ
微曛醒メル処晩風冷ヤカ
身ハ青松白石ノ間ニアリ

⑳新知旧識訪㆓深山㆒［明庵］
竹杖芒蹊晩始還［余］
明月一輪無限好［惷斎］
清光相伴到㆓柴関㆒［履堂］

新知ト旧識深山ヲ訪ウ
竹杖ハ芒蹊ニアリ晩始メテ還ル
明月一輪無限ニ好マシ
清光相伴イ柴関ニ到ル

㉑三尺赭鞭山又山［余］
行吟尽㆑日意弥閑［惷斎］
林間小憩茶兼㆑酒［履堂］
紅葉多情映㆓酔顔㆒［明庵］

三尺ノ赭鞭[54]山又山
行吟シテ日ヲ尽シ意弥《イヨイヨ》閑ナリ
林間ノ小憩茶ト酒ヲ兼ネ
紅葉ハ多情ニシテ酔顔ニ映ル

(53) 管仲は春秋時代、斉の恒公の臣。若い時鮑叔と交わり、後、管鮑の交わりと称される。この句は理解しにくいが、親しい友人が車一台分の採薬をして帰った、ということであろうか。
(54) 赤い色のむち。昔、神農氏は赤いむちで百草を叩き、薬草を調べたと伝える。

五万「大聖寺」明治四十二年測図・大正二年発行より

㊷陰虫喞々和二清吟一［舂斎］　陰虫ハ喞々《ショクショク》[55]トシテ清吟ニ和ス
十里斜渓傍水潯［履堂］　十里ノ斜渓傍水ノ潯[56]
山遇二京人一知レ有レ喜［明庵］　山ハ京人ヲ遇シ喜ビ有ルヲ知ル
高焼月燭照二歸襟一［余］　高焼スル月燭ハ帰襟ヲ照ラス

（九月六日、記事なし）

七日

後谷・片野海岸採薬　午後、玄端、俊丈ト後谷ニ采薬ス。第三橋ヲ経テ郊ヲ出デ、白山ヲ望メバ白ニシテ尚オ青シ。畑村ニ至レバ村後ハ即チ山ナリ。之レ旗山ト謂ウ。山ニ登リ、渓ニ下ル。此レヲ後谷ト為ス。金光花蒼木、漏盧ヲ得タリ。遂ニ片野ノ海浜ニ至リ、漁人ニ会ウ。網ヲ挙ゲテ盛ンニ福羅計《フクラゲ》ヲ獲ル。海鰱ノ尤モ小ナル、之レヲ古通倶羅《コズクラ》ト謂ウ。稍長ジテ之レヲ福羅計ト謂イ、更ニ長ズレバ之レヲ巴麻地《ハマチ》ト謂ウ。最モ大ナルハ之レヲ武利《ブリ》[57]ト謂ウ。銭五十文、酌餘ノ者二尾ヲ得タリ。聶《ト》リテ之レヲ切リ、豆油ヲ得ント欲シ、遍ク農家ヲ訪ネタレド貯ウル者ナシ。宏壮ノ者ヲ撰ビ較べ之レヲ求メテ始メテ得タリ。一盞地ニ席シ、匏ヲ傾ケ須臾ニシテ盤ヲ空シウス。

乃チ山路徒リ介濱ニ向カウ。白石崒屼タル有リ。海ニ臨ム者名ヅケテ牛鼻ト為ス。一介浜、二介浜ニ至リ、小紫螺甚ダ夥シ。日山ヲ含ミ、路ヲ大谷ニ取ル。山岸、上福田ヲ経テ大聖寺ノ荻野氏ニ還ル。

此ノ夕、城中ニ失火アリ。警鐘ノ声邑ヲ挙ゲテ顛倒ス。街ニ出デ之レヲ観ルニ其ノ士為ル者、左ニ燈毬[58]ヲ提ゲ、右ニ長槍ヲ把リテ東西ス。旁午[59]間断無ク、此レ亦タ壮観ナリ。

八日

八日ノ菊　烈風終日。惷斎酒ヲ携エ来タリ、告ゲテ曰ク、明日ハ佳期ナレド僕塵事[60]有リテ同ジク飲ムコトヲ得ズ。八日ノ菊ヲ賞センコトヲ請ウ、猶オ節後ニハ勝レザルヤト。贈ルニ藍菊一枝ヲ以テシ、歓ヲ尽シテ去ル。

九日

送別　雨陰、終日余ハ芙蓉半山楼ニ在リ。
㉝九月九日半山楼　九月九日半山楼
閑与二楮生一説二旅愁一　閑カニ楮生[61]ト旅愁ヲ説ブ
黄花紫栗無二求処一　黄花紫栗求ムル処無シ

（55）衆声の集まり響くさま。
（56）水のほとり。みぎわ。ふち。
（57）コヅクラは成長するにつれてフクラギ、ハマチ、ブリ（鰤）と名称を変える。このため出世魚として珍重される。
（58）丸型の提灯。
（59）いりまじる。または行き来のはげしいさま。
（60）世の中のわずらわしい事がら。世事。俗事。
（61）紙。

白雨黒風又一秋　　白雨[62]、黒風[63]又一秋

黄昏、宮永理兵衛、伊藤又一郎来ル。玄端ト謀リ酒ヲ餞スルヲ設ケ、夜漏[64]三正[65]ヲ過ギ寝ニ就ク。

(84) 東方履ハ煮魚一盆ヲ寄セ、并セテ詩ヲ以テ其ノ名ヲ聞カント請ウ。韵ニ次シ以テ答ウ。

眇然河中魚　　眇然[66]タリ河中ノ魚
当秋腴正盈　　当秋腴[67]ハ正ニ盈ツ
不レ持レ遺二細君一　　細君ハ遺シ持タズ
投二与貧書生一　　貧書生ニ投与シテ
言是動橋産　　言ウ是レハ動橋ノ産
今朝新発レ籪　　今朝新タニ籪[68]ヲ発ス
咀嚼充二雅饌一　　咀嚼シテ雅饌ニ充テ
可レ得二胸腹清一　　胸腹清ヲ得可シ
况極二煎熬妙一　　况ンヤ煎熬[69]妙ヲ極ム
不レ用二倉皇烹一　　倉皇烹ヲ用イズ
一嚼復一飲　　一嚼シテ復一飲
須臾空二吾觥一　　須臾ニシテ吾ガ觥空シ
形為二河鹿弟一　　形ハ河鹿ノ弟ニシテ
味則呉里兄　　味ハ則チ呉里《ゴリ》ノ兄タリ

(62) にわか雨。夕立。
(63) 荒い風。暴風。
(64) 漏は水時計。時刻
(65) 三正は三正更（真夜中の十二時頃）か。
(66) ちっぽけなさま。
(67) 月はふとる。
(68) かご。
(69) 煎は煮る、熬も煮る。

願待二羞鼈大一　願ワクハ羞鼈[90]ノ大ナルヲ待テ
為レ君擇二佳名一　君ガ為メ佳名ヲ擇バン

十日

伊藤、田辺、駒沢、宮永、東方ノ諸家ニ到リ別レヲ告ゲ、并セテ専称寺[71]ヲ訪ウ。

㊩為レ欽北地多二文士一　欽《オツ》レシム北地文士ノ多キヲ
節至二重陽一未レ返レ家　節ハ重陽ニ至リ未ダ家ニ返ラズ
田子詩成迸二珠璣一　田子[72]ノ詩成リ珠璣迸ル
荻君書就走二龍蛇一　荻君ノ書ハ就キテ龍蛇走ル
宮翁花学胸中画　宮翁ハ花学ヲ胸中ニ画ク
東氏畫才筆下花　東氏ノ画才ハ筆花ヲ下ス
慙二我鯫生無一所レ長　我ハ鯫生《ソウセイ》[73]長ズル所無キヲ慙ズ
蓬頭空伺二主人爬一　蓬頭空シク主人ノ爬[74]ヲ伺ウ

伊藤孫三郎[75]、斎藤玄桂[75]来タル。

十一日

大聖寺出立　大聖寺ヲ発シ、早水生ハ荻野、伊藤、上田ノ諸氏ニ随イ送行シテ関ヲ過グ。立花、蓮ガ浦、細呂木ヲ経テ、婦威《ヨメオドシ》[76]

(70) 羞はご馳走、鼈は鼈に同じ、すっぽん。
(71) 専称寺は弘化三年から嘉永二年頃の読書室の門人。
(72) 田子は田辺氏、以下荻君は荻野氏、宮翁は宮永氏、東氏は東方氏のこと。
(73) 小人。雑魚。
(74) 爪で引っ掻く。
(75) 両人とも不詳。
(76) 信心深く寺参りする嫁を、夜道で般若面をつけて威して寺参りを止めさせようと計った姑に対し、佛罰から般若面が顔からとれなくなってしまった、という伝説の地である。

※沙羅樹はナツツバキか。
※烏頭はウズと読み、トリカブトを指すのか。
※テンニングサ

＊トリカブト

＊ナツツバキ

＊テンニンソウ

ノ地ヲ観ル。蛎原[77]、金津、五本ヲ経テ長崎ニ至レバ路ノ左ノ一径、以テ義貞祠下ニ至ル可シ。既ニ郊ニ出デ少年十餘輩、裸体ニテ瀆[78]中ニ鬧《アラソ》ウヲ見ル。之レヲ問ウニ乃チ、桃花魚[79]ヲ捕ウルナリ。復タ網を用イズ、白手之レヲ攫ム。岸上ノ一人ハ天魚[79]尺ニ近キ者卅餘頭、尚オ溌刺トシテ逸セント欲ス[80]。森田ニ宿ス。

十二日

森田発　舟橋、福井、浅水、鯖江ヲ経テ白鬼女川ヲ過ギリ府中ニ至ル。雛嶽ナル者有リ。頗ブル峻嶺ノ為メ駅路常ニ其ノ右ニ傍スル者、府中ヨリ鯖波ニ至ル。今宿、脇本ヲ経テ鯖波ニ宿ス。

十三日

鯖波発　湯尾、今庄ヲ経テ一路右ニ出ズル者有リ。是レヲ京西ニ至ル路トナス。板取ヲ経テ栃木嶺ニ上ル。沙羅樹*、七葉斉シク放チ、来ル時ト大イニ異ル。下ニ一道アリ。清流上緑葉交《コモゴ》モ映リ、猢猻薑、満樹之レヲ生ジ、賞スベシ。中河内、椿井ヲ経テ、烏頭*、鍬形草盛ンニ開花シ、藤、志駝、四照花、木本鉤吻、細葉天人草*ヲ得タリ。柳瀬ニ宿ス。

舎後ニ渓声有リ、夜間夢醒メ明ラカニ雨ニ非ラザルヲ知ルト雖ド、尚オ霤[81]ヲ承クルヲ免レズ。

(86)故園尚隔幾重雲　故園ハ尚オ隔ツ幾重ノ雲
日見秋林落葉紛　日ニ見ル秋林ノ落葉ノ紛スルヲ
投宿従㆑今無㆓近水㆒　投宿スルニ今従リ近キ水無シ
終宵総作㆓雨声聞㆒　終宵総ジテ雨声ヲ聞キ作ス

十四日

柳瀬発　中之郷ニ至リ、一路以テ飯浦ニ至ル可シ。遥カニ餘古湖ヲ望ミ、賎嶽麓ヲ過グ。山脊ニ一松林アリ。中川瀬平[82]ノ墓ハ此ノ樹中ニ在リト言ウ。木本ヲ経テ高槻ニ到リ、初メテ膽吹山ヲ見ル。早見ヲ経テ妹川、姉川ヲ過グ。来タル時舟ヲ僦ウノ所、今、復《フタタ》ビ舟セズ。然シテ水ノ踝ヲ没スルコト尚オ三四町。長浜ニ至リ宿ス。此ノ日経タル所大抵皆ナ桑田、木本ニ桑酒有ル所以ナリ。前度視テ油桐ト為ス所ノ者、謬マリタルヲ始メテ知ル。蓋《ケダ》シ、客中ノ聞見スル所一ニ旁人ノ言ニ従エバナリ。岡生[83]ハ本草ヲ諳《ソラ》ンゼズ、遂ニ余ヲシテ誤認致サセシム。恨ム可シ、恨ム可シ。

(77) 現在は柿原と書く。
(78) 川。
(79) ともに不詳。
(80) 主語「岸上ノ一人」に対する述語がはっきりしない。
(81) あまだれ。
(82) 中川瀬兵衛（一五四一―八三）は山崎の合戦で明智光秀を破った人。
(83) 渓山が最初に同道した門人岡道伯のこと。四月一日の条参照。

十五日

長浜発　長浜八幡社祭ヲ観ル。十二山車有リ。其ノ製ハ高架、楼鏤[84]ヲ重ネ、珠翠ヲ以テ上ニ金鳳凰、金雄鶏ノ類ヲ置キ、下ニ洋布、舶錦[85]ヲ纏イ、後ニ旌旗ヲ建テ、前ニ勾欄[86]ヲ設ケ、五七ノ小童脂粉ヲ以テ蠱婦武夫ノ状ヲ扮作シ、鼓声ニ応ジ、雑劇ヲ演ズ。華ト雖ド厭ウ可シ。午頭祭ノ如キ之レニ比シ尚オ典雅ト為ス。日未ダ午ナラズ。舟行シテ彦根ニ至リ、城池ヲ周覧ス。高宮ヲ経テ越川ニ宿ス。

十六日

近江路　武佐、鐘、守山ヲ経テ草津ニ宿ス。今年ハ諸州豊熟ニシテ越ヨリ江ニ至ル、満目黄雲ナラザル無シ。

[87]高地下田倶満々　高地ト下田ト倶ニ満々タリ
撃壌吾欲レ伴二村翁一　撃壌シテ吾レハ村翁ニ伴ワント欲ス
見従二二上一至二三上一　二上ヲ見テ従リ三上ニ至ル
一路黄雲界裏通　一路、黄雲ノ界裏ヲ通ル
［二上山ハ高岡ニ在リ、三上山ハ湖東ニ在リ、共ニ二邦ニテ瞻《ミ》ル所ナリ］

（84）鏤はちりばめる。
（85）舶来の錦。
（86）宮殿や橋の端がそり曲がった手すり。

十七日

帰宅　矢馳ノ渡ヲ過ギ、大津ヲ経テ下午、家ニ還ル。

入越日記　終

（巻末追録）

⑧⑧ 嘉永辛亥三月晦、二弟ノ北陸ニ遊ブヲ送ル。

渉レ水踰レ山経二幾州一　水ヲ渉リ山ヲ踰エ幾州ヲ経ン
壮遊何日到二高丘一　壮遊シテ何ノ日カ高丘[87]ニ至ラン
子行先問二施湖上一　子ハ行キテ先ヅ施湖上[88]ヲ問エ
祖考題碑尚在不　祖考題スル碑、尚オ在リヤ否ヤ　錫夫[89]

⑧⑨ 弟渓山ノ入越日記ノ後ニ題ス。

千里漫遊筆一枝　千里漫遊シテ筆一枝
勝情勝具両無レ虧　勝情ト勝具両ツナガラ虧クル無シ
想応二看得一越山熟　想ウテ応ニ看ルヲ得ベシ越山ノ熟スルヲ
句句吟来句句竒　句句吟ジ来タリ句句竒ナリ

⑨⓪ 入越日記ノ詩録ヲ読ミテ谿山雅兄ニ呈ス。

採薬探幽北海阪　採薬ト探幽シタリ北海ノ阪[90]
尺魚寸草入二風流一　尺魚ト寸草風流ニ入ル
謝公山屐譲二三舎一　謝公ノ山屐[91]ハ三舎[92]ヲ譲リ

(87) 高岡のこと。
(88) 布施湖のこと。
(89) 渓山の兄榕室（一八〇九－六四）で、この頃はまだ父亡羊が読書室を主宰している。この詩で榕室は渓山の布施円山探訪をすすめている。連載第六回を参照。
(90) 片田舎。
(91) 晋の名臣謝安の下駄。
(92) 一舎は三十里で、三舎は九十里。恐れてこの距離へ近づかない。さける。

范臾雲舟輸一籌[93]　范臾ノ雲舟ハ一籌ヲ輸ス
白馬迷レ烟輪島夕　白馬烟ニ迷ウ輪島ノ夕
赭鞭掃レ雪立峰秋　赭鞭雪ヲ掃ク立峰ノ秋
迂生近傚二欄牛態一　迂生近ク欄牛ノ態ヲ傚ウ
徒羨廿句遷境遊　徒ラニ羨ヤム廿句遷境ニ遊ブヲ　三□（浦カ）滋

(91)　入越日記ノ後ニ題ス

一剣飄然探二勝竒一　一剣飄然勝竒ヲ探ル
逍遙能越北溟涯　逍遙シタリ能越北溟ノ涯
蓬莱祥靄斜陽晩　蓬莱ノ祥靄斜陽ノ晩
立嶽寒烟細雨時　立嶽ノ寒烟細雨ノ時
豈啻仙区収二後素一　豈ニ啻ニ仙区後素ヲ収ムルノミナラズ
兼将情致寄二新詩一　兼ネテ将ニ情ヲ致シ新詩ヲ寄ス
幽窓今日閑披覧　幽窓今日閑カニ披キ覧ル
頓使吟心千里馳　頓ニ吟心ヲシテ千里ヲ馳セシム　百々松[94]

（以上読解完結）

(93) 籌は矢。南朝の詩人芒雲のことか。
(94) 百々三郎（?〜一八八七）名菘、字雲鉏、号漼園。烏丸二条南の典医百々俊徳の三男。天保三年頃入門。読書室の京都近郊探薬に最も熱心に参加。物産家として世に聞こえた。

［お願いと謝辞］

非力をかえりみず読解を思い立ち、実に多くの方々の御好意に支えられ、連載七回にわたる終局を迎えることができました。読み誤っている点も多々あろうかと存じますが、お気付きの点は是非御指摘、御教示をお願いいたします。連載第一回の末尾にも書きましたほかの皆様の御厚情に対し心より感謝し御礼を申しあげます。

なお、『啓廸』『医譚』両誌にわたる連載で、早期に完結させて頂くという格別のご配慮を頂きましたことに感謝いたします。各回の掲載は左記の通りとなりましたので、あらためて書き添えさせて頂きます。

回数	掲載誌	号数	掲載頁	
第一回	啓廸	一六号	一～一〇頁	
第二回	医譚	七三号	二三～三三頁	
第三回	医譚	七四号	二七～三五頁	
第四回	啓廸	一七号	二三～三〇頁	
第五回	医譚	七五号	二三～二八頁	
第六回	啓廸	一八号	二〇～三〇頁	
第七回	医譚	七六号	二三～三六頁	完結

おわりに

弱冠二十五歳の山本渓山（一八二七―一九〇三）は嘉永四（一八五一）年四月一日、新緑の北陸路へ、同胞・門人に見送られ、祖父封山（一七四二―一八一三）の生家―越中国高岡町―を目指し旅立った。教育熱心な父亡羊（一七七八―一八五九）の指図に従ったものであろう。渓山自身もまたこれ迄の学問の成果を試そうとしているようで、甚だ意欲的な旅である。全行程は凡そ一、二〇〇粁に及ぶとみられ、約六か月後に無事帰着した。

この間に概略は表1に示すように、二一九種の本草を実検し、各地で知識人達九八人と積極的に交わり、八七篇の詩を賦した。さらに地誌的あるいは民俗的な事項にも言及しており、これらの精緻な描写は墨付六八丁の巻末まで変わることがない。このほか能登の景勝地では幼時から学んだ彩管を存分に揮っている。詩篇では漢学・漢詩についての深い学識・素養が迸るようである。

渓山は旅の間もしばしば家郷を想い書簡を送り、また家書を得て、山本家の家族関係の緊密さを思わせた。行く先々で温和に人に接したので、人々から敬愛され、慕われ、後日入門した若者も少なからず、また、高岡を離れるに当たり、送別の宴（8／13・22人参加）や見送り（8／25・18人参加）の人数の多さも渓山の人柄を物語るもののようである。

読解を進めていて、終始疑問に感じたことが二つあった。その第一は、渓山はこの採薬行で腊葉を作ったかどうかということである。本文中には「〇〇ヲ得タリ」という記述は多かった

表1　採薬紀行の成果概略

	本草（種）	人物（人）	詩作（首）
出発（4／1）・金沢（4／10）	29	12	1
金沢（4／11）・高岡（4／18）	13	19	6
高岡滞在①（4／19～6／6）	7	23	19
能登採薬（6／7～7／14）	76	19	25
高岡滞在②（7／15～7／21）	1	1	0
立山採薬（7／22～7／28）	55	1	3
高岡滞在③（7／29～8／24）	12	9	20
高岡（8／25）・大聖寺（8／28）	1	4	0
大聖寺採薬（8／29～9／10）	11	10	11
大聖寺（9／11）・帰宅（9／17）	14	0	2
合　　　　計	219	98	87*

＊日記の巻末に諸氏から贈られた詩4首が収録されているが、ここには含まない。

が、これは腊葉作製には少し距離があるとしなければならない。その二は、この大旅行に要した費用はどの位だろうかということである。この記述も本文中には見られなかった。克明な記録を残し、記録魔とも言うべき渓山にして経費に無頓着であったとは信じられない。おそらく、別に経費出納帳のようなものがあったに違いないと推定している。

最後に、渓山にとっては勿論、後世の読者にとっても、惜しまれてならないのは、立山登拝に際し、天候に恵まれなかったことである。渓山は「恨殺芙蓉不露巘」（詩㊸）と賦し、「孝子不登高不臨危」と述べている。思うに、後年（一八八九）C・J・マキシモヴィッチ（一八二七―九一）の依頼を受けた須川長之助とも同様、立山へ登るにはいささか時期を失しており、二百十日間近で台風の季節にさしかかっていると思われるのである。立山採薬五〇余種は少ないようであり、また山頂から富士山を望む図など、是非渓山に絵筆を揮わせたかったと惜しまれる。

入越日記
山本溪愚先生
入越日記
1851年

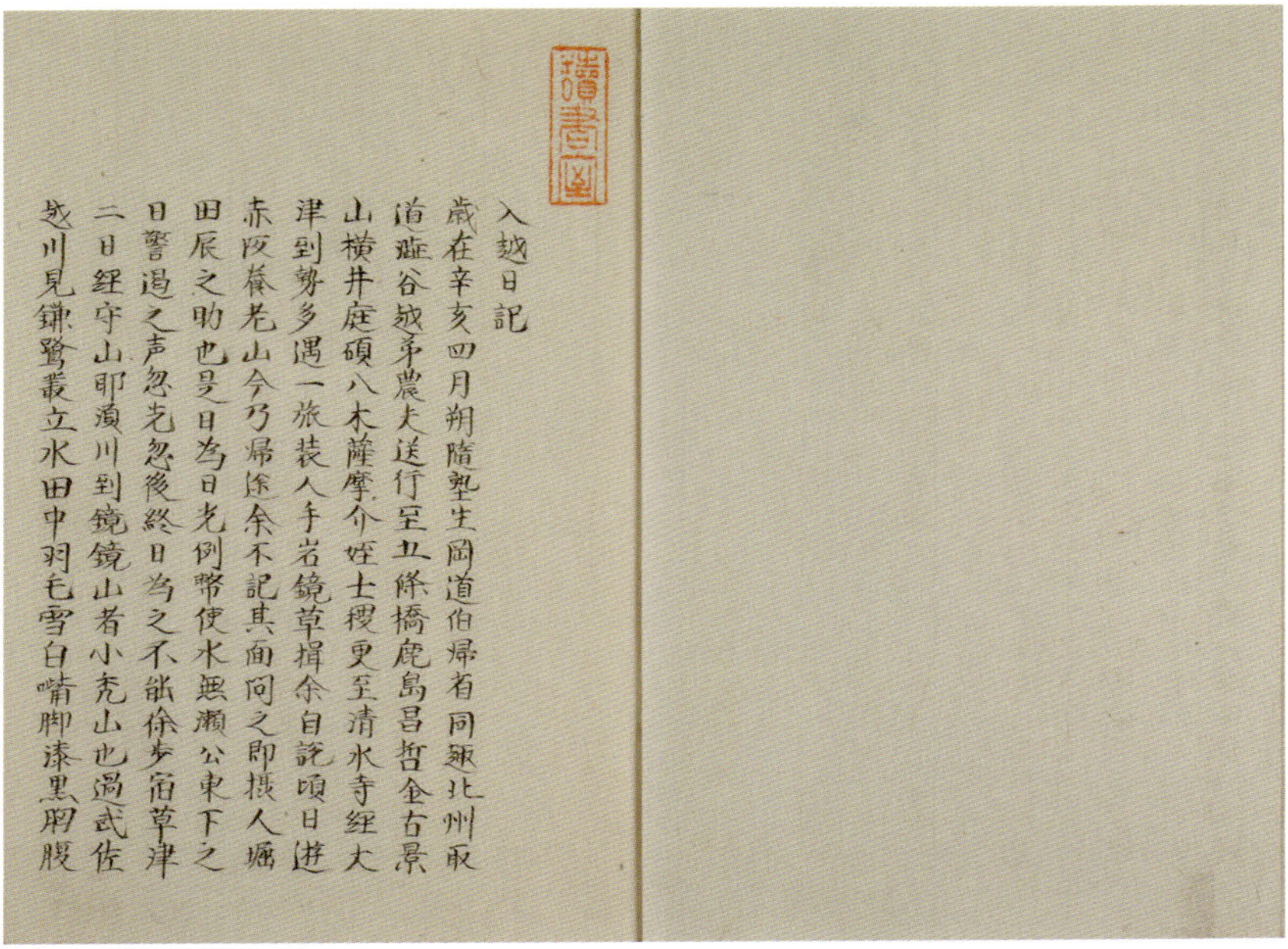
入越日記
歳在辛亥四月朔隨塾生岡道伯帰省同趣北州取
道碓谷越弟農夫送行至五條橋鹿島昌哲金古景
山横井庭碩八木薩摩介姪士稷更至清水寺経大
津到勢多遇一旅装人手岩鏡草揖余自說頃日遊
赤阪養老山今乃帰途余不記其面問之即摂人堀
田辰之助也是日為日光例幣使水無瀬公東下之
日警過之声忽先忽後終日為之不能徐歩宿草津
二日経守山耶須川到鏡鏡山者小禿山也過武佐
越川見鎌鷺叢立水田中羽毛雪白嘴脚漆黒胸腹

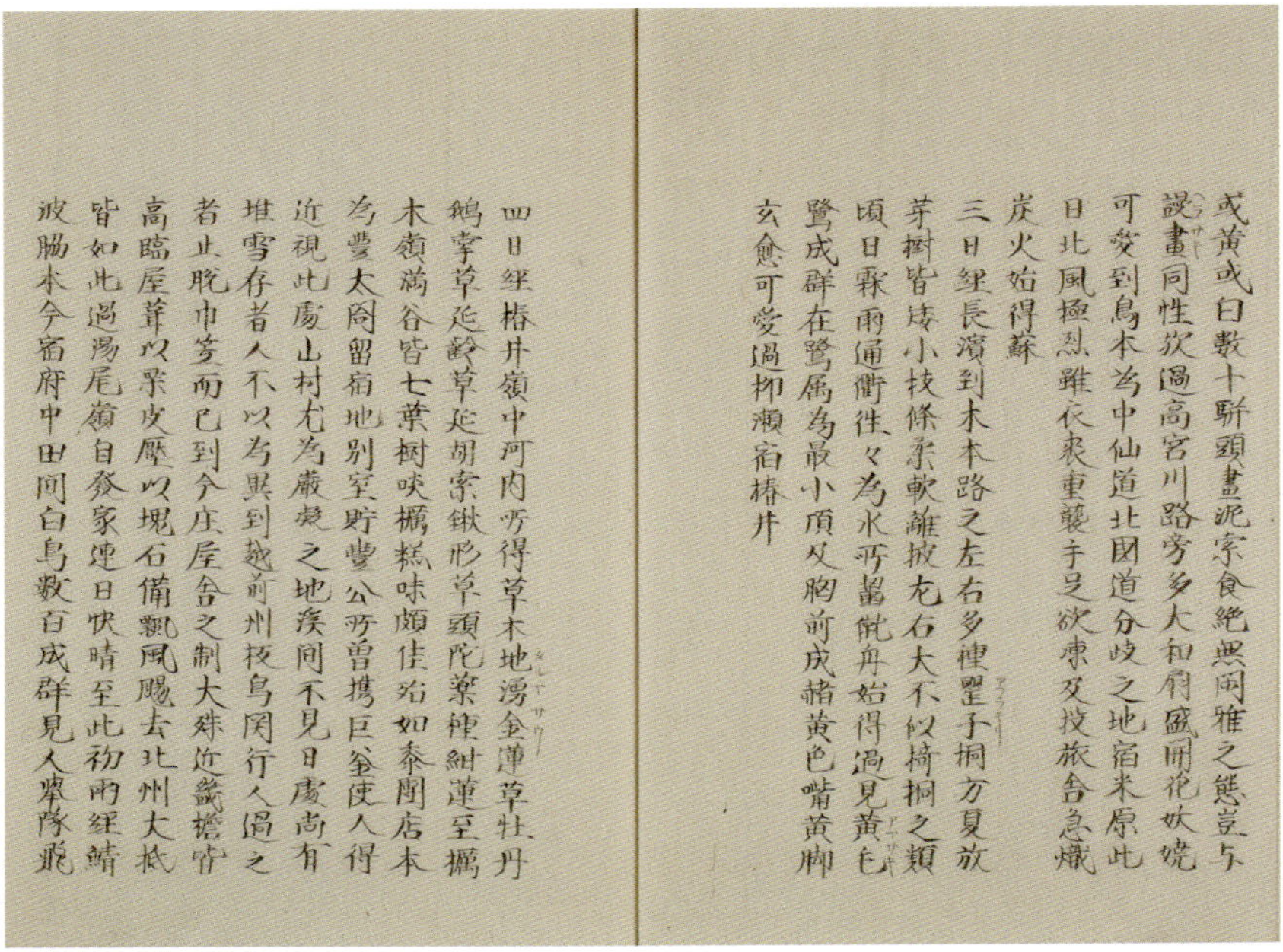
或黄或白數十駢頭盡泥守食絶無閑雅之態豈与
誤畫同性欲過高宮川路旁多大和罌盛開花妖嬈
可愛到鳥本為中仙道北国道分岐之地宿米原此
日北風極烈雖衣裘重襲手足欲凍叉投旅舎急熾
炭火始得蘇
三日経長濱到木本路之左右多種罌子桐《アブラギリ》方夏放
芽樹皆矮小枝條柔軟離披左右大不似椅桐之類
頃日霖雨通衢往々為水所齧僦舟始得過見黄色
鷺成群在鷺属為最小頂及胸前成赭黄色嘴黄脚
玄愈可愛過柳瀬宿椿井

四日経椿井嶺中河内所得草木地湧金蓮草牡丹
鵝掌草延齡草延胡索鍬形草頭陀菓種紺蓮至擷
木嶺滿谷皆七葉樹映欄糕味頗佳殆如泰聞店本
為豊太閤留宿地別室貯豊公所曽携巨釜使人得
近視此處山村尤為嚴寒之地渓間不見日處尚有
堆雪存者人不以為異到越前州板鳥関行人過之
者止脱巾笠而已到今庄屋舎之制大殊近畿檐皆
高臨屋葺以杉皮壓以塊石備飄風颶去北州大抵
皆如此過湯尾嶺自發家連日快晴至此初雨経鯖
波脇本今宿府中田間白鳥數百成群見人翠隊飛

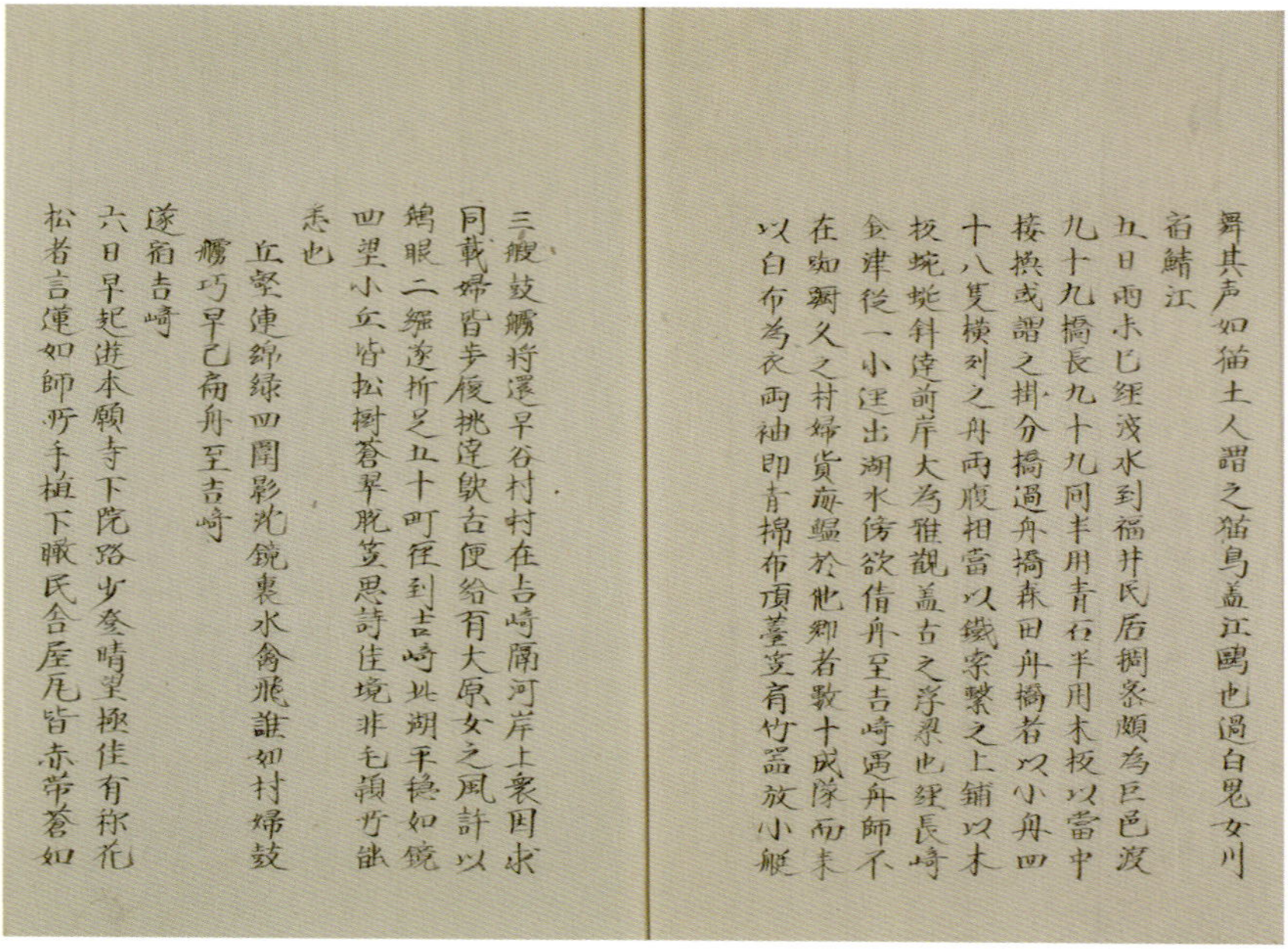
舞其声如猫土人謂之猫鳥蓋江鴎也過白鬼女川
宿鯖江
五日雨未已経浅水到福井氏居綢絡頗為巨邑渡
九十九橋長九十九間半用青石半用木板以當中
接換或謂之掛分橋過舟橋森田舟橋者以小舟四
十八隻横列之舟両腹相當以鐵索繋之上舗以木
板蜿蜒斜達前岸大為雅観蓋古之浮梁也経長崎
金津従一小逕出湖水傍欲借舟至吉崎遇舟師不
在踟躕久之村婦負薪驅於他郷者数十成隊而来
以白布為衣両袖即青棉布頂蓑笠肩竹器放小艇
三艘鼓櫂将還早谷村村在吉崎隔河岸上衆因求
同載婦皆歩履挑達歓笑便給有大原女之風許以
鵝眼二緡遂折是五十町径到吉崎此湖平穏如鏡
四望小丘皆松樹蒼翠脱笠思詩佳境非毛穎所能
悉也
丘壑連綿緑四圍影光鏡裏水禽飛誰如村婦鼓
櫂巧早已篙舟至吉崎
遂宿吉崎
六日早起遊本願寺下院路歩登晴望極佳有称花
松者言蓮如師所手植下瞰民舎屋瓦皆赤帯蒼如

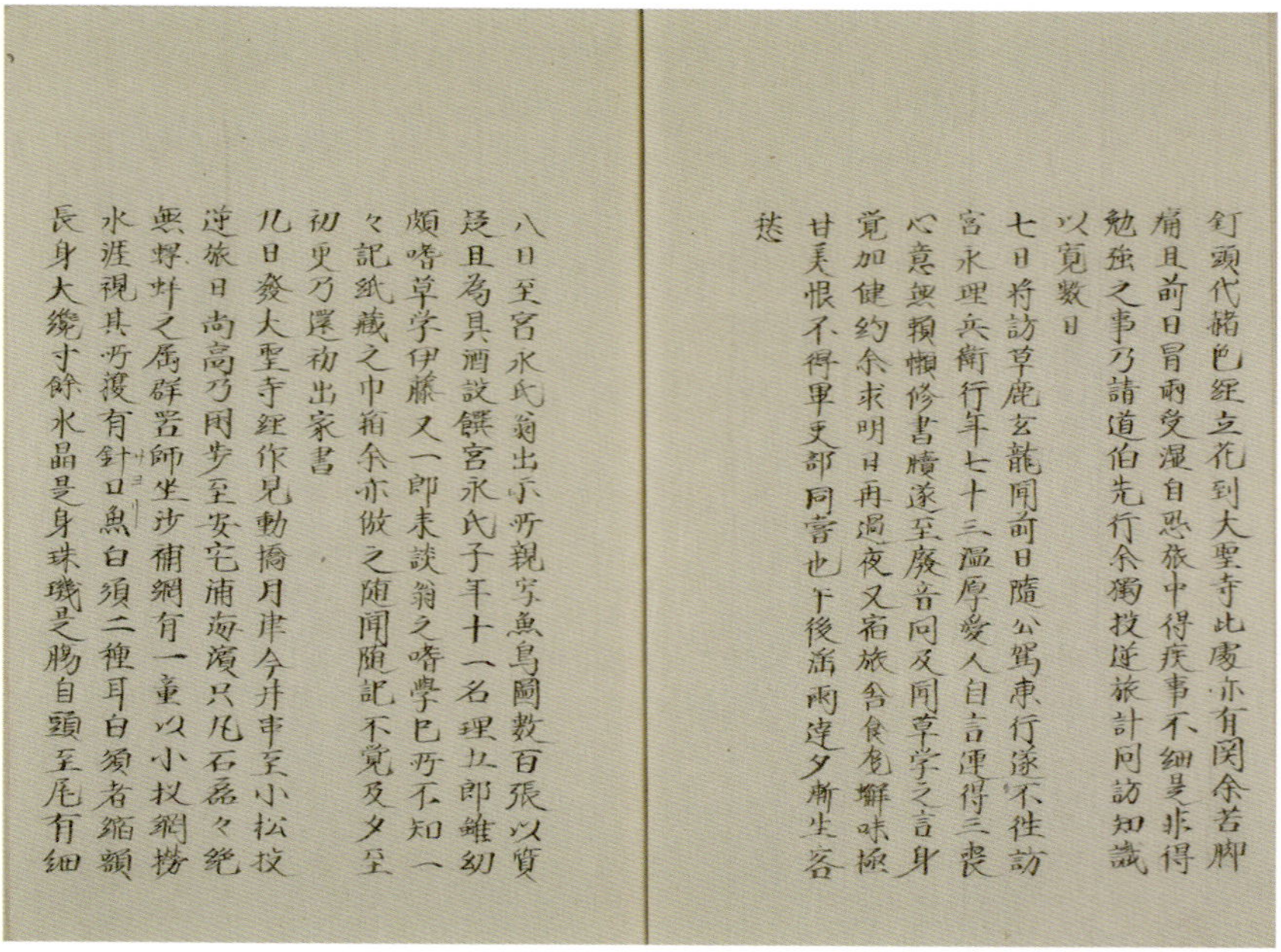
釘頭代赭色経立花到大聖寺此處亦有関余苦脚
痛且前日冒雨受湿自恐旅中得疾事不細是非得
勉強之事乃請道伯先行余独投逆旅計同訪知識
以寛数日
七日将訪草鹿玄龍聞前日随公駕東行遂不往訪
宮永理兵衛行年七十三温厚愛人自言運得三喪
心意無頼懶修書牘遂至廃音問及聞草学之言身
覚加健約余求明日再過夜又宿旅舎食兔蠏味極
甘美恨不得畢吏部同嘗也下後渓雨達夕漸生客
愁
八日至宮永氏翁出示所親写魚鳥図数百張以質
疑且為具酒設饌宮永氏子年十一名理五郎雖幼
頗嗜草学伊藤又一郎来談翁之嗜学已所不知一
々記紙蔵之巾箱余亦倣之随聞随記不覚及夕至
初更乃還初出家書
九日発大聖寺経作見動橋月津今井串至小松投
逆旅日尚高乃同歩至安宅浦海濱只見石磊々絶
無蜉蝣之属群罟師坐沙補網有一童以小投網撈
水涯視其所獲有針口魚《サヨリ》白須二種耳白須者縮額
長身大纔寸餘水晶是身珠璣是腸自頭至尾有細

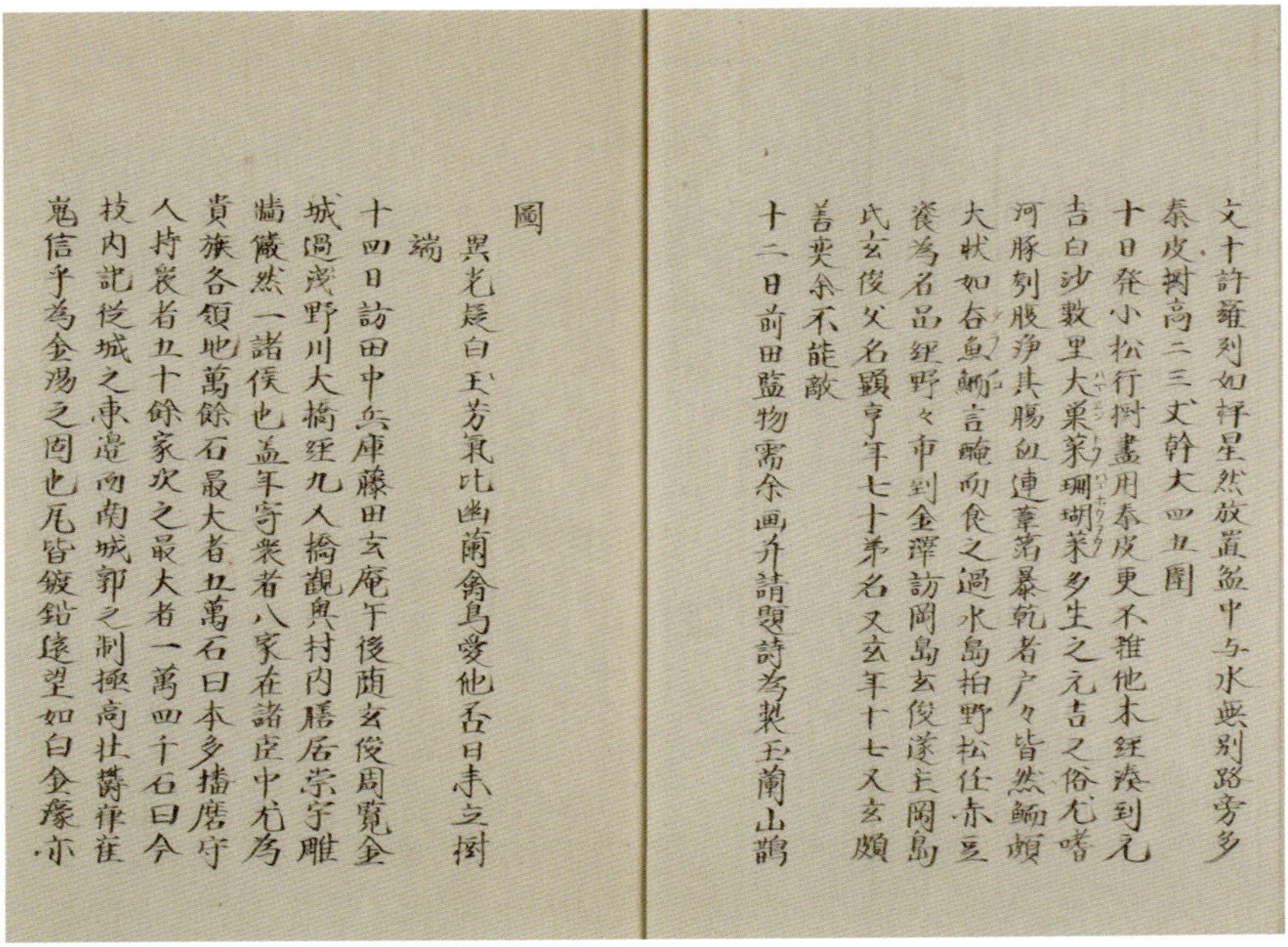
文十許羅列如秤星然放置盆中与水無別路旁多
泰皮樹高二三丈幹大四五圍
十日発小松行樹盡用泰皮更不雑他木経湊到元
吉白沙數里大巣菜珊瑚菜多生之元吉之俗尤嗜
河豚剝腹浄其腸血連葷菸暴乾者戸々皆然鰤頗
大状如呑魚鰤言鰤而食之過水島拍野松任赤豆
飬為名品経野々市到金澤訪岡島玄俊遂主岡島
氏玄俊父名顯亨年七十弟名又玄年十七又玄頗
善奕余不能敵
十二日前田監物需余画并請題詩為製玉蘭山鵲
圖
異花疑白玉芳氣比幽蘭禽鳥愛他否日来立樹
端
十四日訪田中兵庫藤田玄庵午後随玄俊周覧金
城過淺野川大橋経九人橋観奥村内膳居崇宇雕
牆儼然一諸侯也蓋年寄衆者八家在諸侯中尤為
貴族各領地萬餘石最大者五萬石曰本多播磨守
人持衆者五十餘家次之最大者一萬四千石曰今
枝内記従城之東邉而南城郭之制極高壮樹祚莊
嵬信乎為金湯之固也瓦皆鍍鉛遠望如白金豫亦

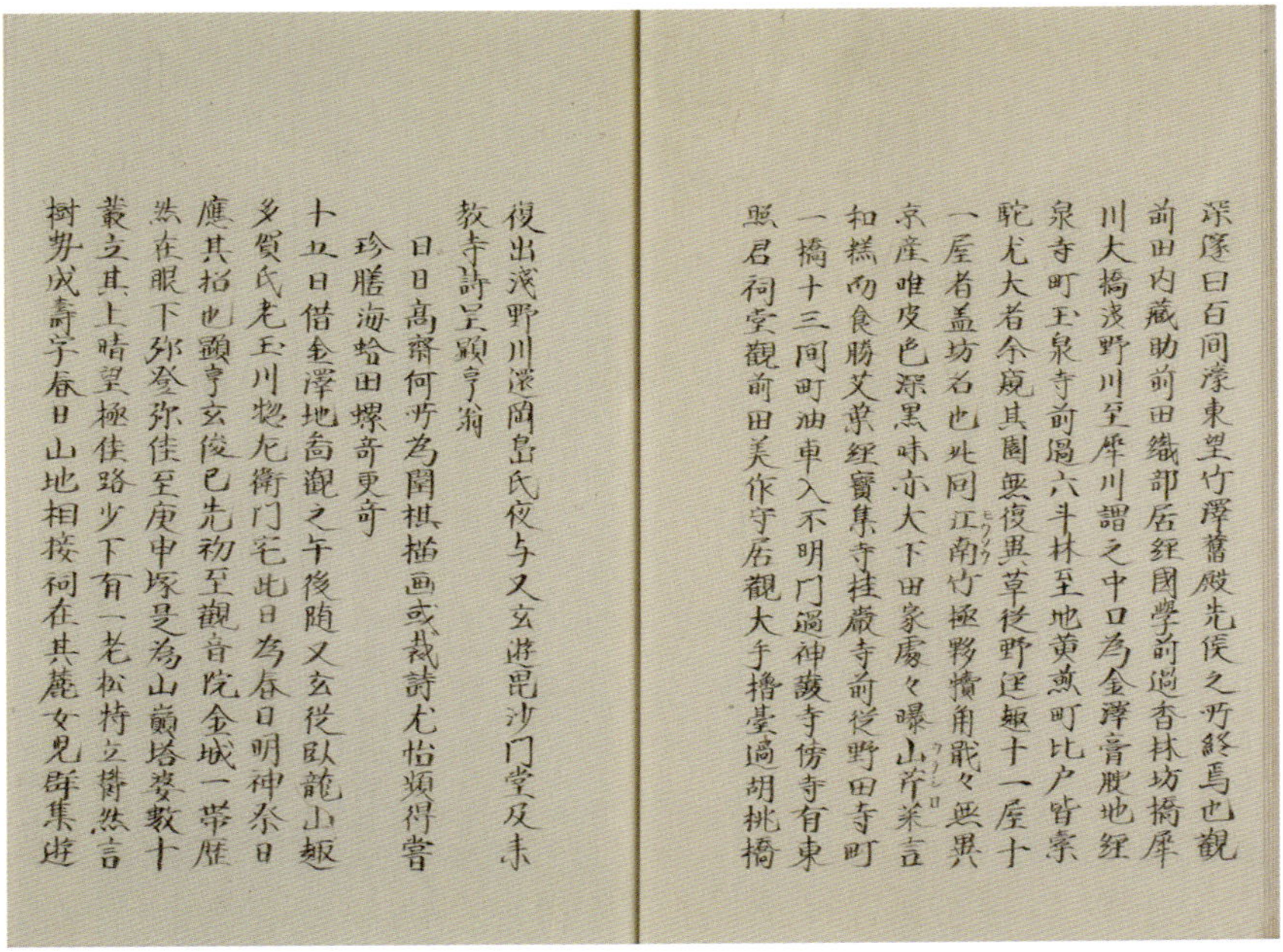
深邃曰百間濠東望竹澤舊殿先侯之所終焉也観
前田内蔵助前田織部居経國学前過香林坊橋犀
川大橋浅野川至犀川謂之中口為金澤膏腴地経
泉寺町玉泉寺前過六斗林至地黄煎町比戸皆索
駝尤大者今寛其園無復異草従野径趣十一屋十
一屋者蓋坊名也此間江南竹極夥犢角戢々無異
京産唯皮色深黒味亦大下田家處々曝山芹菜言
和糕而食勝艾菓経寶集寺桂巌寺前従野田寺町
一橋十三間町油車入不明門過神護寺傍寺有東
照君祠堂観前田美作守居観大手櫓臺過胡桃橋
復出淺野川還岡島氏夜与又玄遊毘沙門堂及来
教寺詩呈顕亨翁
日日高齋何所為関棋描画或裁詩尤怡類得嘗
珍膳海蛤田螺奇更奇
十五日借金澤地商觀之午後随又玄従臥龍山趣
多賀氏老玉川惣左衛門宅此日為春日明神祭日
應其招也顕亨玄俊已先初至観音院金城一帯歴
然在眼下弥登弥佳至庚申塚是為山巓塔婆數十
叢立其上晴望極佳路少下有一老松枝立樹然言
樹勢成壽字春日山地相接祠在其麓女児群集遊

戯廟右有小瀑布一道濺々比之音羽真雞為兄雞
為弟舊傳牛若弁慶於此處相觴加賀之俗毎祠有
春秋二祭而以秋祭為重如春乃殊蕭索沿道無復
食品玩器雑店止有席地賣雪者耳遂至玉川氏卑
盃賦詩画三帳詩三篇
故園社祭在前日兄弟應嘆欠一人豈憶越山江
水外無端亦得酔佳辰
扇面山水
茅亭臨緑水夏月更清涼時有幽禽囀主人夢正
長

扇面梅花黄鳥
黄鶯何處来来在我庭梅亭裡常春色不妨日把
杯
酒未酣更至杉中騂右衛門宅再卿盃喫飯夜二鼓
還岡島氏明日謝以一畫一詩
物々驚看海国珍羽觴更到掌中頻酔来徑欲枕
書睡忘却身為羇旅人
十六日午後随玄俊至淺野川演馬場経小橋觀前
田藍物居觀両本願寺下院観青山将監長大隅守
村井又兵衛居長氏第為最大別設国侯枉駕之門

他家所無有至長氏家臣永井嘉兵衛家為具酒金
澤酒味與異他唯飲訖杯中暗成菊花紋因称之菊
酒経下近江町菜市沿淺野川而東觀前田兵部居
過一文橋歴觀諸寺院称真成寺者有俳優中村某
墓碑碣高大詳誌其履歴雖巨族大臣墓殆不之過
余不忍視唾而去之至玄門寺堂安大金人寺前有
小流蛤殻満渠者一町餘蛤皆多口時有大蛤雖之
猶京師有蜆殻金澤本無真文蛤称蛤者皆多口也
價甚賎一升止酬十四五文尚言良價黄昏還岡島
氏

十七日午後又與玄俊采薬於臥龍山及春日山得
木蘗蘆木本黄精菜鈎吻車水木藤木鍬形草赤茂
能
十八日發金澤到津幡騎馬過倶利迦羅嶺為木曽
義仲戦争之地路頗険蕺刺楸《ハリギリ》鬼督郵極多馬首隠
見似山非山似雲非雲状類鍪山銀光閃々浮出羣
巒上疑而未定問之旁人即立山也疑視良久意似
非塵縱可到之地到今石動小天部川舩舟直達越
中高岡訪棚田屋喜作會不在家其子喜兵衛延至
一酒楼宿余初不知是酒楼既而悟終夜不能安寝

服部李逸（名脩徳字文）来
十九日早起与喜作訪二鳳日下氏日下氏之居負
郭幽静真棲隠之地也重願寺在其西無影水在其
北門辺有孝子石津屋六兵衛碑余遂請留宿高田
元三郎来
二十日随二鳳備訪知己上子元城高峰元桂（名紳）
逸見方舟（俗称高原九郎 名文）長崎言定（号春蛟）来
廿一日佐渡三良沢田早雲来
廿二日上原文伯津島彦逸（名佶 号北溪）来
廿三日服部三郎左衛門津島清五郎来上原氏招
飲
廿四日晩同与上子元城越前屋邑蔵遊古城遂至
攖馬場
廿五日与諸子再遊古城遂至御旅舎悪邑黒草何
大戦狗右卿藤木

山水圖

危巌当背之怪鳥隔渓飛誰有山河癖終年不擬
帰

千葉蓮

不独濂渓愛仙家亦所珍画来壁間掛尚可鎮紛

塵
廿六日松田三知来高田氏招飲観名家扇面数十
柄同楷酌者二鳳方舟李逸元桂也
廿七日川上宣方（中條屋六郎右衛門）来
廿九日与李逸観国備逸前守入藩沿街人家舗錦
氍毹列画屏風児女雅沓恰如祭日此夕逸見氏招
飲同脩徳二鳳到観大幅張瑞図書二出家書
五月朔白崎屋某来年八十四視聴不衰言及知家
祖父封山君事上原迂斎来
二日淫雨方舟李逸来訪分字同賦
鶴鳴声裡雨濛々陰曀計應四海同階下移来青
蘚石樹頭吹老紫花桐代翁好是烹新茗呼婢何
須剪晩菘今日偶因為雅会弟兄憶起思無窮

次高方舟韻

幾日訪幽地已追樹結陰話稀知坐久礼簡覚交
深欲索新詩料却攖故国心誰知高適句独自脱
塵襟

次服李逸韻

雨声相和暮鐘声此日客懐難得清分字賦詩慰
幽独謝君一片故人情

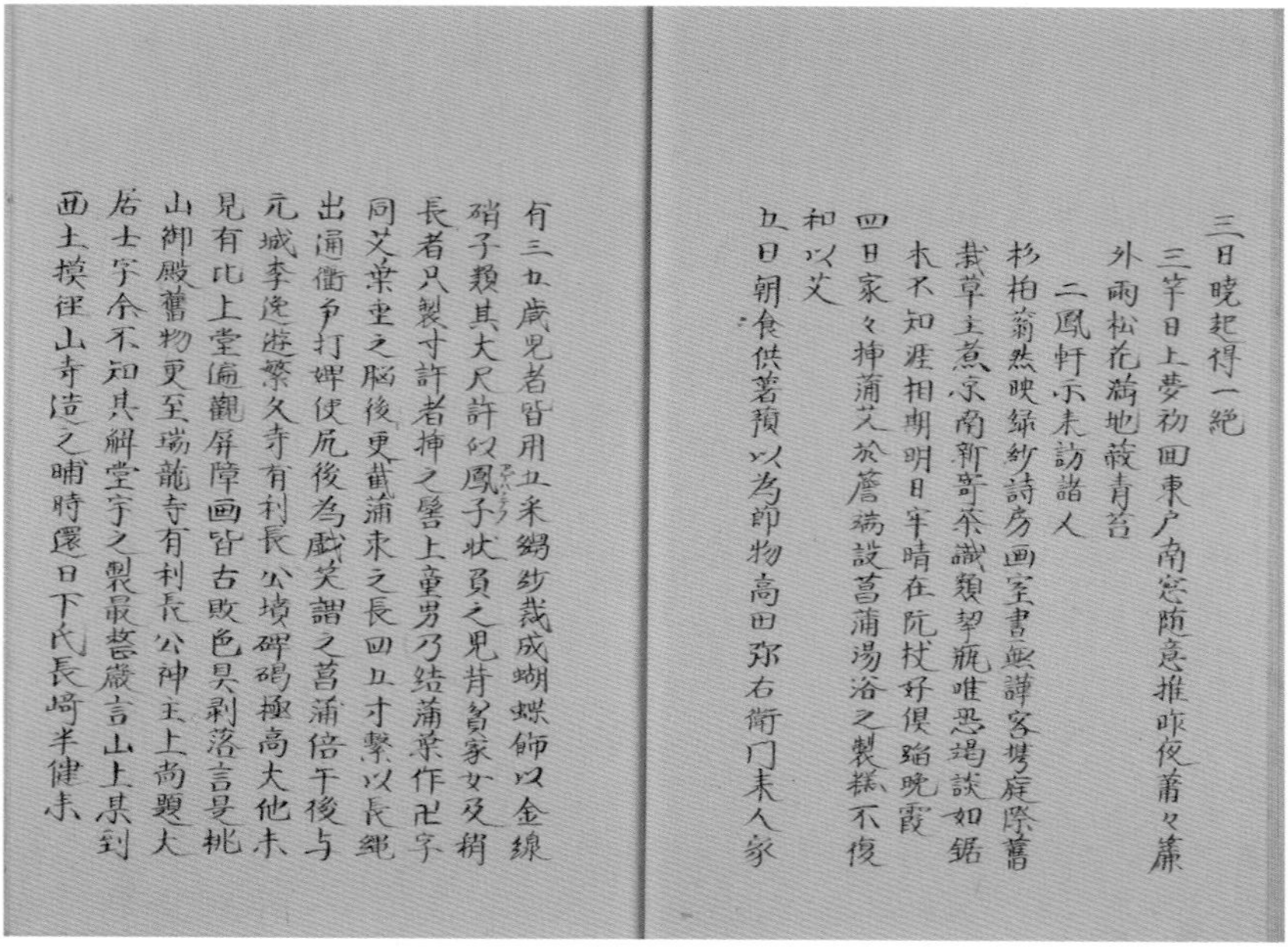
三日暁起得一絶
三竿日上夢初回東戸南窓随意推昨夜蕭々簾
外雨松花満地蔽青苔
二鳳軒示未訪諸人
杉柏菊然映緑紗詩房画室書無譁客携庭際舊
栽草主煮京南新寄茶識類挈瓶唯恐竭談如鋸
木不知涯相期明日牢晴在阮杖好俱踏晩霞
四日家々挿蒲艾於簷端設菖蒲湯浴之製糕不復
和以艾
五日朝食供著蕷以為節物高田弥右衛門来人家
有三五歳児者皆用五采錫紗裁成蝴蝶飾以金線
硝子類其大尺許似鳳子《アゲハテフ》状負之児背貧家女及稍
長者只製寸許者挿之髻上童男乃結蒲葉作卍字
同艾葉並之脳後更截蒲束之長四五寸繋以長縄
出通衢争打埤使尻後為戯笑謂之菖蒲倍午後与
元城李逸遊繁久寺有利長公墳碑碣極高大他未
見有比上堂偏観屏障画皆古敗色是剥落言是桃
山御殿舊物更至瑞龍寺有利長公神主上尚題大
居士字余不知其綱堂宇之製最壯嚴言山上某到
西土摸径山寺造之晡時還日下氏長崎半健来

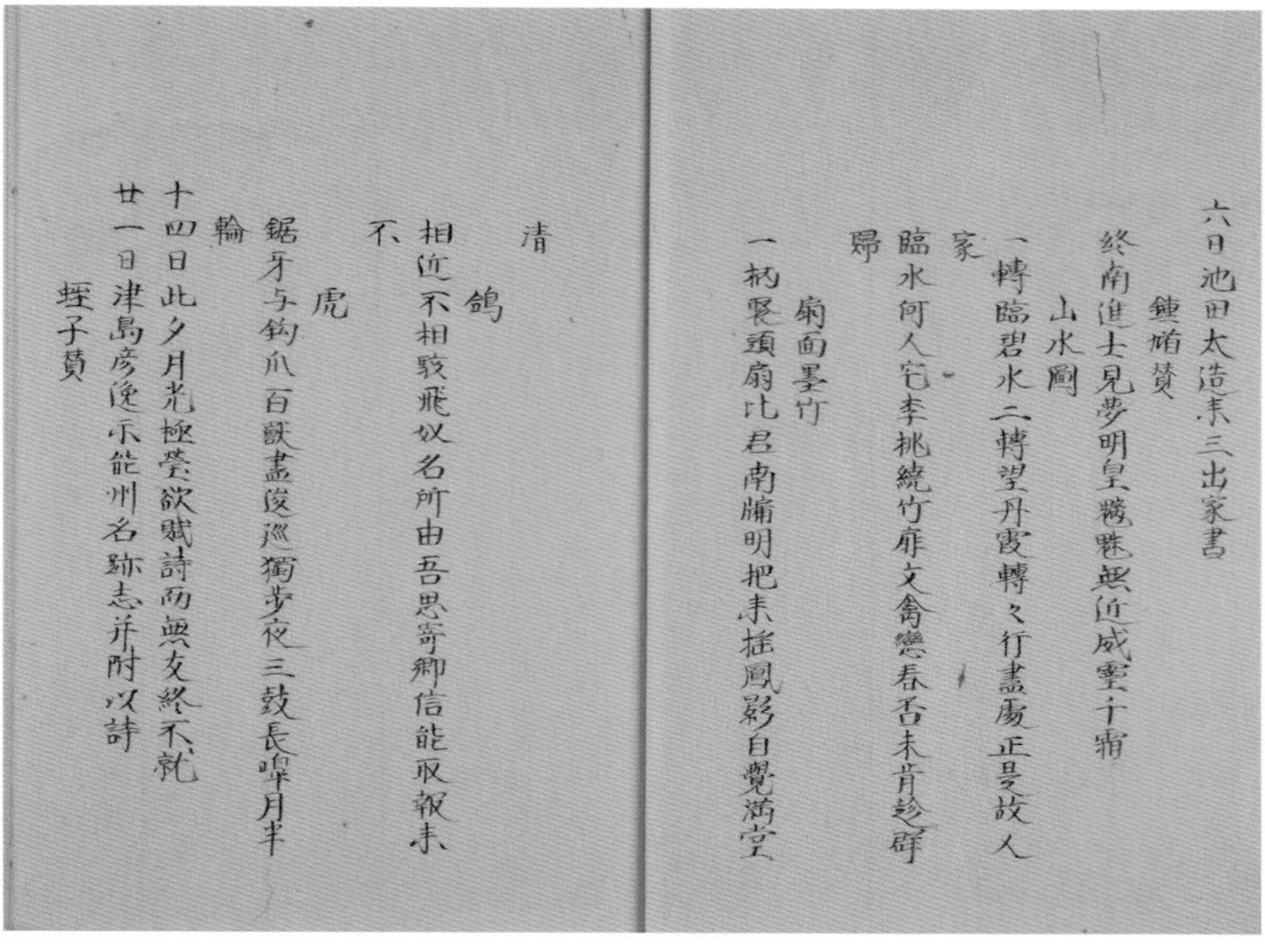
六日池田太造来三出家書
鍾馗賛
終南進士見夢明皇驚魅無近威霊千霜
山水図
一轉臨碧水二轉望丹霞轉々行盡處正是故人
家
臨水何人宅李桃繞竹扉文禽戀春否未肯趁群
帰
扇面墨竹
一柄聚頭扇比君南牖明把来揺鳳影自覚満堂
清
鴿
相近不相較飛奴名所由吾思寄郷信能取報来
不
虎
鋸牙与鈎爪百獣盡逡巡獨歩夜三鼓長嘷月半
輪
十四日此夕月光極瑩欲賦詩而無友終不就
廿一日津島彦逸示能州名跡志并附以詩
蛭子賛

所獲果何物敢然開緘扉始知知足者便是此財
神
四君子賛
桃紅与李白於我若浮雲千百芳菲裡僅能見四
君
利休賛
地去萬里世後千年滚纉陸緒茶中神仙
劒仲賛
杓子莞子孰不彬々施名寰中只是斯人
廿四日訪長崎氏看書画并介石数十品翁為具酒

名畫法書看不終巨觥到手幾回空愛君簾外蓄
薇架照面偏能亂酒紅
廿六日与李逸桂圃高田右衛門欽米蘗丁二上山養老寺
至下御前上御前誇越為神保安藝守城址言時得
燋米石《ヤキコメイシ》
陟来神保古城邊望盡越中海与川杜宇声々催
客去片雲疾走擁山巔
此山雖小遠望極佳只恨梅天灰雲四塞不得縱騁
吟眸夜雨電光數閃
廿七日午後暴雨微雷四出寄家書

廿八日五出家書
六月朔節物炒五色豆盛之皿中上襯以稗餅二片
更壓以饅頭二三枚合家皆饗之親戚互相餽遺
泥菩
雖産淤泥中曽供聖帝膳苟才之可觀何必在冠
冕
二日大聖寺荻野玄端書来要以帰途留宿
六日余隨二鳳将赴能州勉明日発高岡
旅中為旅夢中夢七尾八波不厭新能州村以波名若八總名
日八波地以尾名七總名日七尾者踈宕豪奇作文字自憐非是

馬遷倫
七日己牌發高岡二鳳從一僕曰三郎右衛門与余
合為三人經立野福岡所見墓田人家皆以製笠為
業經今石動上倶利伽羅嶺路右一木高数尺朱実
纍々有類天竺甚可愛玩近視之即黄精葉鉤吻也
宿津幡
八日到野瀬有海子經雁金兒毛到高松初道海濱
從此至三崎曰外浦即外洋也三崎至七尾曰内浦
即内洋也白沙満目怒濤如雷能人貸馬他州者用
草縄繋五六駒身在先行駒皆啣尾而進如此若不

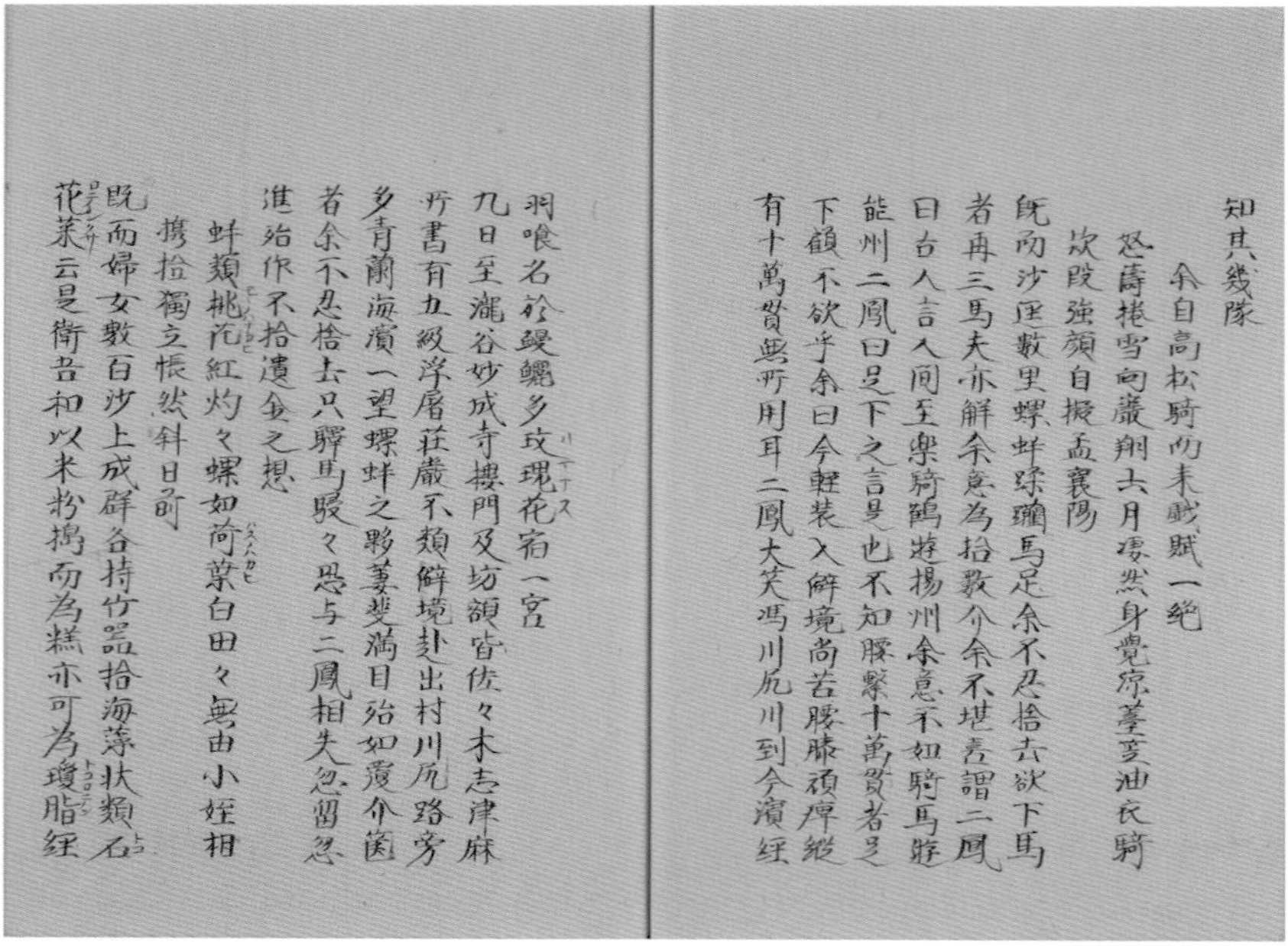

知其幾隊
余自高松騎而来戯賦一絶
怒濤捲雪向巖翔六月凄然身覚凉
欲假強顔自擬孟襄陽
既而沙匡数里螺蚌蹂躙馬足余不忍捨去欲下馬
者再三馬夫亦解余意為拾数介余不堪喜謂二鳳
曰古人言人間至楽騎鶴遊揚州余意不如騎馬遊
能州二鳳曰足下之言是也不知腰繋十萬貫者足
下韻不欲乎余曰今軽装入解境尚若腰膝頑痺縦
有十萬貫無所用耳二鳳大笑過川尻川到今濱経

羽咋名於鰻鱺多玫瑰《ハマナス》花宿一宮
九日至瀧谷妙成寺楼門及坊額皆佐々木志津麻
所書有五級浮屠荘厳不類僻境赴出村川尻路旁
多青蘭海濱一望螺蚌之影蔓斐満目殆如覆介園
若余不忍捨去只驛馬駸々恐与二鳳相失忽留忽
進殆作不拾遺金之想
蚌類桃花紅灼々螺如荷葉白田々無由小姪相
携拾独立悵然斜日前
既而婦女数百沙上成群各持竹器拾海藻状類石
花菜云是衛呂和以米粉搗而為糕亦可為瓊脂《トコロテン》経

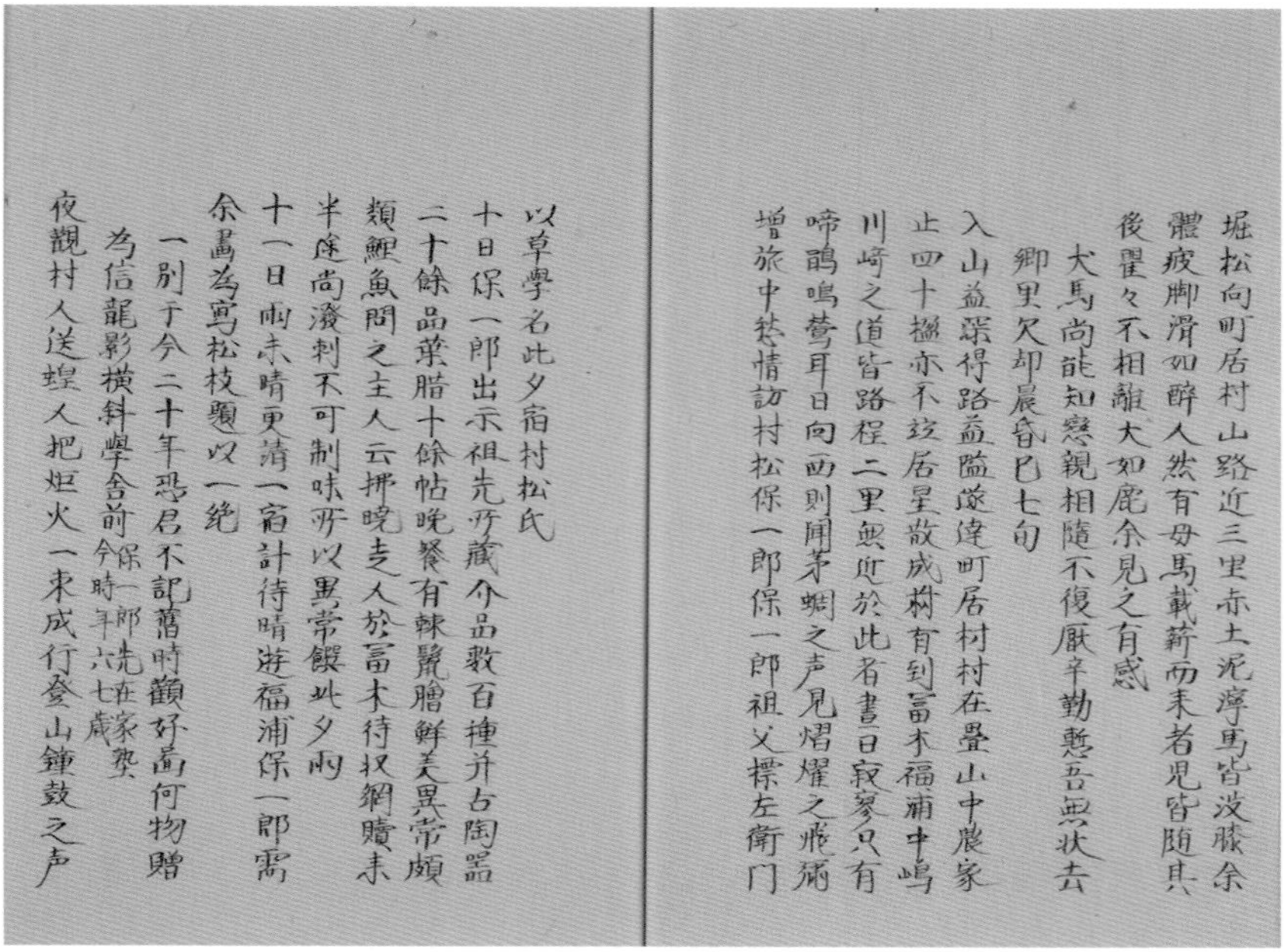

堀松向町居村山路近三里赤土泥濘馬皆没膝余
體疲脚滑如酔人然有母馬載薪而来者児皆随其
後瞿々不相離大如鹿余見之有感
犬馬尚能知慈親相随不復厭辛勤慙吾無状去
郷里欠却晨昏已七旬
入山益深得路益險遂達町居村村在畳山中農家
止四十戸亦不並居星散成村有到富木福浦中嶋
川崎之道皆路程二里無近於此者昼日寂寥只有
啼鵑鳴鶯耳日向西則聞茅蜩之声見熠燿之飛孤
増旅中愁情訪村松保一郎保一郎祖父標左衛門

以草学名此夕宿村松氏
十日保一郎出示祖先所蔵介品数百種并古陶器
二十餘品薬腊十餘帖晩餐有棘鬣膾鮮美異常頗
類鯉魚問之主人云押晩之人於富木待扠網贖来
半途尚潑剌不可制味所以異常饌此夕雨
十一日雨未晴更請一宿計待晴遊福浦保一郎需
余畫為寫松枝題以一絶
一別于今二十年恐君不記舊時顔好画何物贈
為信龍影横斜學舎前（保一郎先在家塾今時年六七歳）
夜観村人送蝗人把炬火一束成行登山鐘鼓之声

緩慢可聞村蛙小子女奴婢合户盡出觀之慰情亦
旅中之一興也
十二日雨尚未巳辞村松氏不到福浦直赴冨木山
路里許白雲満谷前峰後峰不相望得綿菓鬼督郵
四照花至七海復出海濱得蛇床子木本忍冬濱菊
砂引岩薇仙臺萩蝦夷車前既到冨木天漸向晴余
先聞巌門鷹巣之奇去家百里来探奇景今在咫尺
而不又見恐為終身遺憾因請二鳳同趣向福浦遂
以孔方兄為介倩舟師二人装舩沿岸到福浦経七
海怪巌奇石不啻十數其最奇者三曰機具《ハタグ》鷹巣《タカノス》巌

門機具岩者状最高大一方隆起一方低伏下有洞
穴涌潮宛如腰機舟至其洞下縁岩而上石皆焦枯
蠣恤刺足不可久立石蚴蜂牙之類倒垂乎粘海蛆
見人疾走真可喜且可懼矣復行數町岸上有三瀑
布相去各七八仞不為非佳觀然以奇景叢立中只
寵一顧耳経生神鷹巣山者聳立數百仞上有喬松
十餘株欝然成林曽有鷲鳥来巣其上以此得名巌
門者巌腹成洞可舩通其下以潮退舟行不得環出
其背有大瀑布曰不動瀧其餘數十岩無一不呈奇
技有雄獅子雌獅子碁子碁盤鸕鷀島等諸名有如

大斧劃開者有如小刀刻鑿者有如擁挽大黒天者
有如結跏達磨者有如勞山石者有如太乙禹餘粮
者或如虎之伏或如龍之蟠千変萬化不可得詳状
舟行二里遂至福浦有大澗水澗二港澗讀同問字
訓謂泊舟之處也環澗人家知無他奇趣不復上岸
回棹徑還冨木宿中町茂右衛門家

機具巌

幾日天孫不上機鵲橋為是有佳期無端容得塵
中客題遍尋常鄙近詩

鷹巣山

古木蜿蜒上接天巨巌欝律下臻泉後身若不免
飛走願化蒼鷹棲此巓

巌門

不用鎖鑰与守閽巍々巨闕海中門憶應天帝為
吾国設此神関獻外蕃

機昊藏

十三日本光寺介中町氏索余画余辤不得為留一日晝玉堂冨貴圖晩飰主僧侑酒辭曰今日網中更無他魚止有棘鬣耳不能具珍饌又食至鱠炙膗汁皆是棘鬣雖余之饕饞亦知饜飫獨恨家郷百里奉慈親無路不能不為感慨矣此日會者藤田順安中町茂右衛門也

十四日到八幡濱拾小介經酒見相神環高爪山麓到劔地高爪者在海濱特立聳然海舟所見以為表者也得麋華琉璃立波日光萩下毛經黒島道下貫菜玫瑰《ハマナス》盛着花得菩提樹《シナノキ》蔵靈仙宿寺口寺口者以

在總持寺門前得名到總持寺脩觀堂房規模宏大
真為能州第一大院劒地黒島之間尤多奇有丹泉《ボタンイ》
石形皆大無可携去者多塩田塩戸各分畝澮平沙
潔浄与織遺養者不啻霄壌待烈日鋪沙其上汲海
水澆之暴而復澆澆而復暴然後男婦同装戴蓑笠
把扠斗畫沙成罫使易収録縦横齊整如為畦然別
有木桶下承以短桶下復承以架収沙滿上桶以水
澆之則鹵水滴下桶更傍岸為屋以巨釜煮鹵水乃
成白塩此其槩也復行二三町至池田村遵歩履覺
有異声或踵試之殆如彈琴豈通鑑所謂鳴沙者敟

大抵能州之俗役婦人比他州為酷不獨耕田煮塩
至驛夫馬卒往々婦女為之
十五日経浦上上若狭阪山路甚険鞋頭所觸悉皆
化石言是幣樹所化名曰幣石経圖山縄又長井皆
山間小村也尤小者止十五六家宿輪島人家僅三
千戸有板橋断其半南曰鳳至町北曰河合町髹器
索莠為天下最品日尚高将遊舳𣸪使畠中長次郎
者導行已至海濱以此日牛頭祭禪日見女多出遊
又多席沙納凉者拾五色石方言謂之五穀石仰首
一望渺々蒼海右則鎌浦七島成行迸出洋中猶金

雁之在筝左則光浦茅屋数十簇々集沙背石飾左
眄佳境不可言有頃畠中氏使一小厮送酒亦今日
王弘使者也獻酬数四不覚大酔還旅舎飾訖浴罷
更啜苦茗十餘椀快不可言夜大雨如傾盆
十六日風雨殊甚為留一日畠中氏招飲樓雖不甚
高滄溟在庭戸翠屏列前者近則輪島崎遠則仁江
崎海舟数十大小相錯瞭然在眼中主人為烹鮮魚
薦索麪不覚大酔因製長句伸謝并寄平安諸友
風雨歩履難自由暫脱旅装且遅留雅致却應主
人招登来海岸第一樓捲颿鼓舵集港口一先一

後大小舟泛々影列白波上宛似小児随母遊潮
声不慣初来客偏甘海味頻獻酬耿湋詩潮声偏慣初来客海味惟甘久住人
雨止風収日又曛只有栝杓未肯休嗚吁
能州天下奇輪島况又冠能州海樓望月少小題
例為塞下国中儔豈思今日践此地飽弄此景放
此畔寄言平安同社子君華能為此遊不
十七日發輪島到總領自此塩田益多能州地本狭
窄左右受海有魚塩之利故至於驛路非山則海非
沙則泥如平野甚少民食大半仰之越中而民皆煮
海為業以塩納税塩十包當米一包此其大畧也米

到總領有老松樹根株高疎形如傘蓋雞籠下可架
屋畫畫倚榕造舎者未足深讓路皆傍海七島歷々
不離眼界七島者一曰鮮之島二曰竹生島三曰御
厩島四曰新現嶋五曰中子島六曰鯨島七曰大島
大小列峙如伯叔然更有重倉島者以陰雨不見又
孔螺多産之輪島蒼戸夏月舉家至其地以采螺為
業至名舟海濱小圓石皆有縷文如斧鑿芋魁文又
一種白石鬆脆易碎中多含朝介破而出之皆空殻
耳経南志見上三子坂雨後泥濘与陥稲田無異右
不可行将倒而據地者再三漸得坦途夾路玫瑰盛

着花如茶圃然嬌艶堪愛至時國有時國某者為上
豪族蓋能州地本僻遠古昔板蕩之世敗軍亡将往
々避難於此延武村有延武大谷村有頼兼如此者
不可一二數皆以其先諱為氏亦失於質之甚者也
有窓岩者高百餘仞當中通豁一孔如窓然從此向
真浦有二道從山路者険悪無比號為袁捲從海岸
者危険亦不可言号為廣木余從廣木初至一巨洞
名曰福穴上則巨巌數百仞高臨如簷下則大石纍
々驚濤激之響如轟雷倚岩而行下臨深淵神悸心
驚巌皆奇古鬱崛如攫挐如捏成色皆鐵黒帯青緑

宛然石緑也行十餘町險路方畢忽有大瀑布當道
自高岸上噴出不復分水道不復成深潭觸巌而下
時號滝瀑真天下之絶奇也既而出沙磧小緑石極
夥其餘盡皆圓熟有旋紋可玩只恨此行不得同志
倶究異品若得余兄弟或雲鉏滿堂之徒終日披沙
揀金寧知不有東坡所供佛印者乎行少許又有瀑
布雖稍小左右雙流觀亦不悪也磧極而有山名曰
朴坂亦復崎嶇天門冬蘇生者苧麻一種犬朱盧极
夥雨大至路皆成谿衣湿笠漏目不得開足不得進
如酔如睡僅能達仁江又行少許至清水宿嵯能州

之奇余今既悉其大半然如今日之景之甚佳而今
日之路之甚険者先此所未覩也
十八日過片岩上鞍坂山馬有為群者駒之其旁大
如老狗牛有萎之者犢臥其同大亦如狗角未至蘭
栗唯有二白点如星耳経大谷至馬緤鰐崎者極為
絶景左右小岩其麗不百大者數仞小者三五尺無
一不可愛者渇艸零陵香紅毛芹最多鉤吻満山皆
是経途波到高屋宿得山鷲豆轉色百脉根与高系
喜二郎上田二郎三郎會此地雖瀕海更無漁者魚
皆醃鮑来自飯田可謂貧邑矣

輪島袖濱
七島

輪島畠中氏
樓上所望

十九日経折户㟁一河得青石脂至川浦得鈕子石
一謂之鐵砲石至狼烟得蔓菜多玉火石経山伏山
至寺家有三崎權現祠是為能州北邊之極以佐渡
越後能登三崎并出影之故曰三崎或云神祠所在
故曰御崎経粟津本村過正院鹿野至飯田宿六郷
安兵衛家
二十日与森屋久平會此日為土神春日明神祭日
晝間与平常無異及夜則多造山車每隊各以己意
作之無復定形以鐘鼓鬧之少年百餘輩隨之忽去
忽来紛喧達明更有綵燈禁竪青竹上坊間来往者
與七夕如一
廿一日藻寄行藏来二鳳使三郎右衛門還高岡
廿二日朝食訖観市飯田之俗每月以二日七日成
市近村往々賫薪炭魚菜之類沿街遍陳之人々賣
其所有者買其所無者薪者提魚而還牛載而来者
馬負而去至午而止菜中有類款冬而纖小者称為
片葉即赤車使者也午刻観魚於海濱漁舟聚港口
者十餘隻極多吉鬣大者七八寸小者四五寸通百
五六十尾酬以銭四緡半可謂低價也謂来光寺
茅店片月圖

庚亮謙傴盛寛平興不非誰知茅店月一倍有清
輝
廿三日晩間乗光寺招飲此夕飯田橋納凉橋距海
百餘歩清風大至且與俗客紛厖二鳳已還舎余尚
不忍去
庾人雌風不用譁大王雄風未足誇團扇擲去汗
巾廢清風萬斛未海涯洛下若得有此凉美恨吾
廬小如蝸
廿四日未明乗便風上運塩舩到引沙村時東方未
白片月向西凉意可掬且海與波瀾恬然如鏡倚檣

假寐者數刻赤日方升塩烟簇起摸糊如暮靄海濱
人家皆事煮塩乗晴晝出戴夫須着短衫汲海澆沙
者数里如一舟近引沙三崎一帯歷然在眼中余詩
意勃々只以無伴侶故不能終篇已上岸至一民舎
小憩与山瀬武右衛門會午飾訖盛暑沙熱如火殆
不可行黒甜一場以避午炎經高波至伏見小螺蚌
極多經小泊雲津過雲津原此地昔為廣原今則極
目松林改舊觀云至蛸島沙嘴有小丘一圍茂林邃
望如嶼有山王祠凉陰可愛茅蜩之声數處互和彌
覺幽静海中別有小洲廣袤不過二三十歩樹骈生

其上宛然假山如可携去者又经正院鹿野隊六郷
氏
廿九日至正院帰途訪鹿野村滕兵衛
在飯田七日閑暇無事戯作詩四篇以記土
風
家々蔵貯魋皮茵意視松前如比鄰對户之翁遊
未返舘人有女亦歸人
俗淳無復有窬穿不用捜居鎰四邊被酒卧未回
更後満囲明月照孤眠
登高左右望街衢非是昔時賤丈夫海族老青認

文鷂菜中嫩緑有懸瓠
流停為是醯鯖渠肉賤自因小壷罔下午漁童叫
街去更與一箇不繫魚
廿七日將游九十九湾《つくも》辰牌発飯田至上户得濱宇
土海桐觀酒家三盃屋居俗傳祖先有善造酒者一
日裎々自海中出乞而飲之致酢之餘題謫仙一杯
一杯復一杯句而去因号曰三杯屋今見蔵其幅亦
此自齊東野語不足録然因此名家可不謂奇乎至
鵜飼海中石山異然如屋石色赭白予先寄古鑿帆
者大不同半腹以上古松森然傍有一小岩更無草

草二石並如人工斷成者名曰見首嶋可謂奇觀矣
只不可於畫經鶴島村中所用石皆薄扁如板疊而
為隄如重磚然或架之渠有大至五六尺者過戀路
有小嶼松生之与蛸島之嶼相似風致則大輸經松
波至白九道左樹木頗茂有蟪蛄茅蜩蛁蟟叢斯之
声夏景既老漸催秋意唐詩所謂孤客最先知者爾
覺切人情至越坂僦舟遊九十九灣九十九灣一謂
之九十九入是為能州内洋第一絶景蓋此處凹入
如港者六七町乍出乍入盡皆成灣自頭至尾細數
之有九十九曲岸皆赭白高低相若小松雜駁四顧

如一當其水心有一小山雜木茂生上有老松樹山
根兼以燋石其平如砥上与水均名曰蓬莱山或謂
之鶴落島囑舟師環而去之
不羨放翁姑蘇遊不羨坡仙赤壁秋赤壁姑蘇何
足言自有能州山水優角麦越坂向小木右顧左
眄勞詩眸幸是陽侯波不起一任滄海弄蜉蝣舟
師生年十四歲亦能學爺解進舟不記九十九灣
名只至風光佳處留四圍怪巖巧陳布深灣屈曲
不遑數中有一山巍然崎漂波宛成蓬莱趣群木
嵯峨不知名頂上一幹是松樹徐而摟舩未到處

縹緲似有仙子住田頭時見翠微间鷺鷥一隻穿
雲去平生慣看三山圖恍疑真茵鶴飛度援筆欲
寫山海真又恐山靈嚴呵嗔吾今賦詩誓山靈此
帖慎不傳俗人
既而至小木遇佑客解纜將赴宇出津余不及上岸
遂還坐佑客舩經羽根真脇漸近宇出津海面數鰛
網之處網綱多縛以片木使不沒海底鷗鳥来集其
上以窺魚過不知其幾百羽綿々不斷如貫珠映夕
日羽色鬻々然向晩漁艇釣烏賊者舉席帆續々出
港僂指殆八十餘艘一舟大抵載三四人可謂盛矣

後問之村人云本村漁舩不多一夕止百餘艘如小
木則過二百艘漁盛則一舟獲萬餘頭云遂還宇出
津氏家九百餘户此日為新町土神祭日簷端畫揷
紙裁花女兒皆盛飾出遊晩同小雨驟至似興味為
之大沮宿石浦屋義七郎家義七郎人與称其名者
皆以月鯊呼月鯊蓋其號也近隣三五歲小兒亦皆
以此称之視屋後庋中巨骨堆積如山有大魚骨一
節專車者怪而問之乃鯨骨也

馬緤鰐嵜

鈴三嵜
雲津海上所望
小舟持竿者漁
人釣取海藻也

三寄
引沙海上所望

九十九湾
蓬莱山

廿八日与月嶋遊常椿寺天徳寺並謁土神祠地皆
濵海倚山晴望無所不佳天徳寺別室塗壁以沙鐵
同其所出云羽根村産之此夕又与森屋久平會遂
俱至海濵観釣烏賊之舟舟在大洋者百餘隻盡挑
火籃爛如繁星自岸上斜望之如畫一然乍明乍暗
大為四橋納凉之思又面視淺沙之處水中有圓光
百數閃々不定初以為星耀下映諦視之有端動者
有凝止者蓋夜間則海物游泳盡皆見光也夜宿尾
山屋清八家
廿九日二鳳赴飯田余在尾山屋夜観村人踏歌宇

出津之俗無少長好為夜行東西来往者達明不止
七月朔終日無事書眠之外只製一詩耳
浴後倚床坐蚊蚋待扇驅扇上何所在糊得暦日
圖四月与五月六月今又徂濶暑日倍加酷如坐
洪爐只特晩間凉纔得煩熱蘇計應荒園裡弟兄
連榻斟洋釀吸葡萄唐調吐璣珠吾獨在異郷此
會恨不倶縱探天地蔵獨歩意則殊况今在逆旅
蕭然無所慮砌陰見蟹行壁上有蝘蜓蝘吾地所
有蟹吾郷所無所有与所無而能使吾吁畢竟羈
旅人難得真歡娯

二日得異魚寫之
三日矢田兵右衛門来近隣雜客来観余畫者尚有
數輩不能盡記其名
余性遅鈍萬不及人在家則不能盡子弟之
職離家則亦不能忘父兄之事在宇出津數
日二鳳赴高屋余獨子然雖戸外履兌皆非
故舊假寐之間還家夢豈得免乎
不輸當日華胥夢兄弟相逢真可怜坐定詰頭知
底事先言馬鰈有門冬
五日月嶋索余畫既而又索詩余欲録輪嶋及越阪

詩彼辭云此等之地僕所熟見不足煩子毫子非洛
人乎盍書嵐峡若東山詩余不得已為賦嵐峡詩一
篇
嵐峡之春無與儔晴光獨壓六旬州水輝非是蚌
珠故山媚應因松葉凋斜日雲中鐘磬寺櫻花風
裡管絃舟自驚又被聖人中渡月橋邊夜正幽
此夕再到海岸観漁火
六日偶有蝿虎立戸隙之邉伺蝿過百方欲撃之頃
刻同凡所遇者十餘終無所獲是可笑且可憫乃作
蝿虎吟

蝿虎蝿虎我憐他口有利觜手有戈揩身披隙逕
出背蝿有輕羽可如何不及高槐風露客蔭樹時
學齊女歌
日将晡与館人弟遊田浦人家止両三户尚属宇出
津海亦為小港晩望頗佳帰途至海前寺寺僧年七
十餘善談兼有臨池癖一院中屏障聯額皆已所自
書甚可厭蓋邊地称風流有如此者
七日小童成群戴五彩小篋并八角金盤果繫之竹
枝喧聒道路唱曲侏儒不可辨解父老穿鶴黄服著
禮衣東西来往者亦有背相望或同子之此行山水

姑舍之動植之属必有適予好者試為我言之余答
以三崎杜鵑飯田𧄍草彼遂詰以詩余実無詩然亦
不能黙止
　蜀魄声々飛入雲行人聴得涙紛々三崎一種好
　音鳥孤客如余亦愛聞
　地非洛下亦何妨酒在邊方尚自芳月影偏寒新
　雨後清風時送満庭香
晩間至港口観村人餞送二星擧邑之童不知其幾
百人盡執束葦處々成隊環港焼之有手小火把游
泳波間者有造大火毬送出水心者有高縛之竿頭

来風走舸者火盛時一港中烟燄相接夜明如晝坐
観數刻不堪奇賞聞往年更有製五彩小舟者帆舵
樓檣与巨艦如一習字之童各抱果物来盛放之
洋外言獻之二星近時以頻年饑荒廢此戲云
　晒盡腹書掛卧床又来海岸試徜徉癡情只喜観
　殊俗佳節何妨在異郷果蔬一舩供織女松明満
　港餞牛郎更疑丞相火城至薄暮奪将朱日光
八日早起果飯再遊九十九湾前則舟行今則陸行
表裏周觀以希無遺憾發宇出津上長坂山松皮石
極多経真脇姫二村又経一山至小木又経一山至

上一瀬又登一山初見蓬莱山胱蔓窔窕松根抽翰
掞之此行也獨歩無伴山海雖佳回顧寂寥難以久
留及下山復悔匆々帰去徒回頭惜別耳
　下山復上山山外有佳湾臨去頻回顧非望仙子
　還
帰途復経小木憩一藥肆忽聞沙際有用力之声店
翁走還問之則漁人獲海狮曳之也余乃往視之長
八九尺脊皮純黒腹皮淡白首如虎頭鬣後似鯨尾
眼類人目下齶有十小牙無唇無鼻脳上一孔呼吸
以此數人用鉞断其喉骨以刀細斫其皮引而剥之

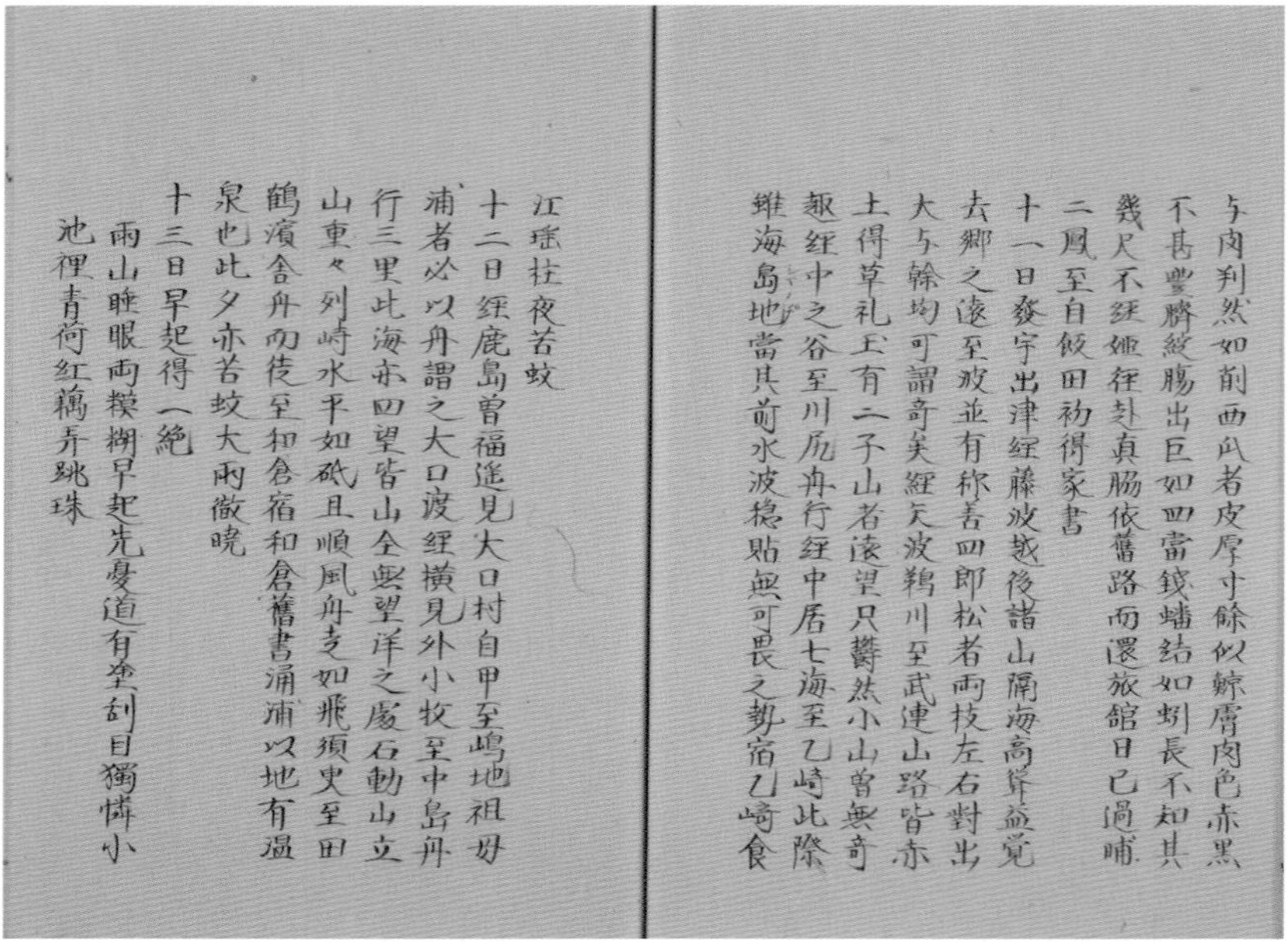
与肉判然如前西瓜者皮厚寸餘似鯨膚肉色赤黒
不甚豐臍紋腸出巨如四當銭蟠結如蚓長不知其
幾尺不経嫗徑赴真腸依舊路而還旅館日已過晡
二鳳至自飯田初得家書
十一日發宇出津經藤波越後諸山隔海高聳益覚
去郷之遠至波並有称善四郎松者両枝左右對出
大与幹均可謂奇矣經矢波鵜川至武連山路皆赤
土得草礼王有二子山者遠望只欝然小山曽無奇
趣経中之谷至川尻舟行経中居七海至乙崎此際
雖海島地當其前水波穏貼無可畏之勢宿乙崎食
江瑶柱夜苦蚊
十二日経鹿島曽福遥見大口村自甲至嶋地祖母
浦者必以舟謂之大口渡経横見外小牧至中島舟
行三里此海亦四望皆山全與望洋之處石動山立
山重々列峙水平如砥且順風舟走如飛須臾至田
鶴濱舎舟而徒至和倉宿和倉舊書涌浦以地有温
泉也此夕亦苦蚊大雨徹暁
十三日早起得一絶
　雨山睡眼雨糢糊早起先憂道有塗刮目獨憐小
池裡青荷紅藕弄跳珠

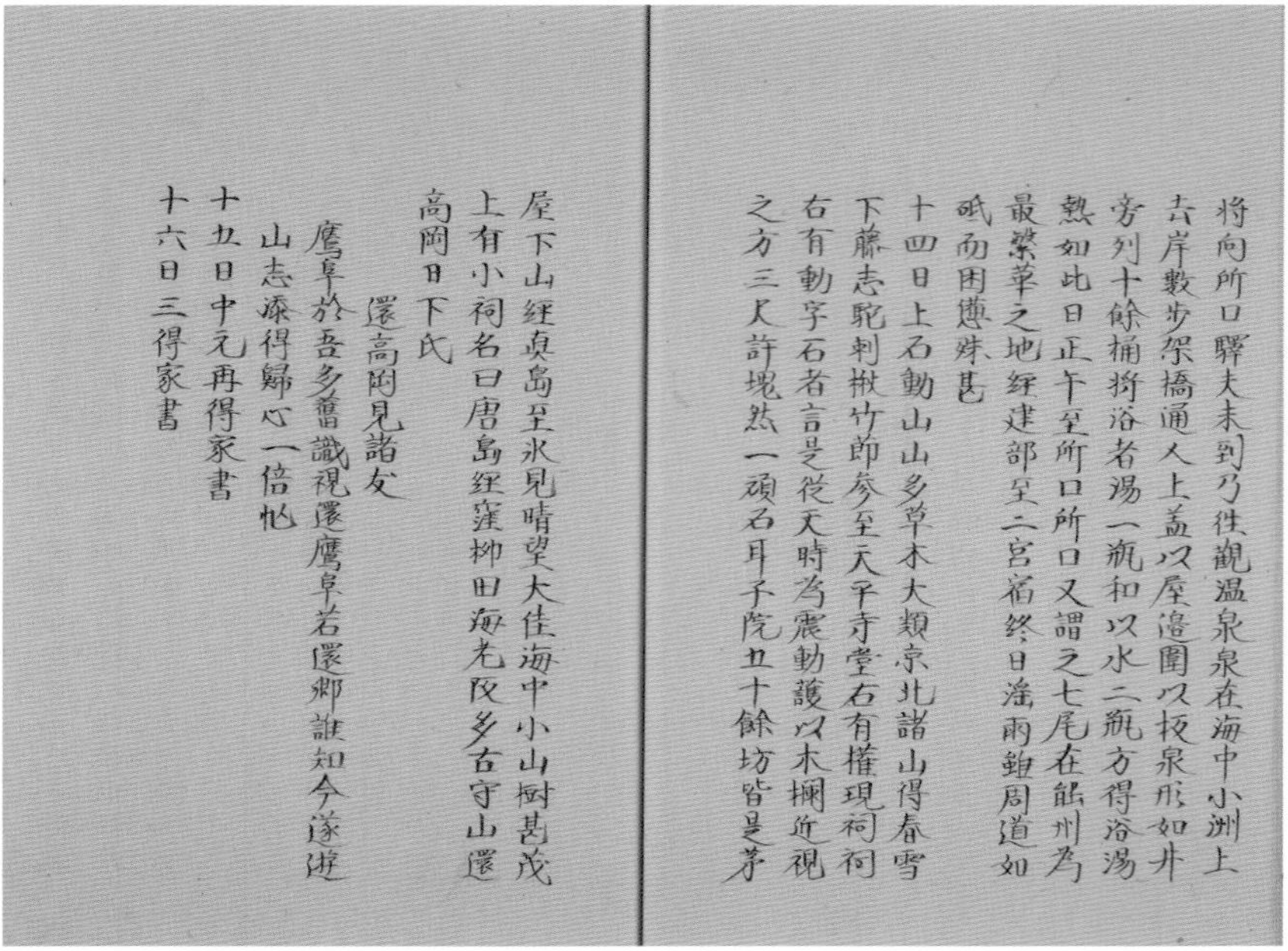
将向所口驛夫未到乃往觀温泉泉在海中小洲上
去岸數歩架橋通人上蓋以屋邊圍以板泉形如井
旁列十餘桶将浴者湯一瓶和以水二瓶方得浴湯
熱如此日正午至所口所口又謂之七尾在能州為
最繁華之地経建部至二宮宿終日淫雨鉋周道如
砥而困蹶殊甚
十四日上石動山山多草木大類京北諸山得春雪
下藤志駝刺撒竹節参至天平寺堂右有權現祠祠
右有動字石者言是從天時為震動護以木欄近視
之方三尺許塊然一頑石耳子院五十餘坊皆是茅
屋下山経真島至氷見晴望大佳海中小山樹甚茂
上有小祠名曰唐島経窪柳田海老阪多古守山還
高岡日下氏
　還高岡見諸友
　鷹阜於吾多舊識視還鷹阜若還郷誰知今遂遊
　山志添得歸心一倍忙
十五日中元再得家書
十六日三得家書

真鶴弁天島

田浦

十七日瑞龍寺晒書与李逸弘齋往觀之書畫數十幅有後陽成院宸翰信長秀頼書家綱公畫雉文覺和横趙子昂行草各一幅海屋翁慕其行書余以為不如草書呂紀花鳥梅花寿帯鳥松泉花鳥菊花兎聴松書十三張豊公征韓之時所獲守信龍虎雙幅隠元書松花堂花鳥鵜鶘鶺鴒等皆奇賞也余最愛子昂草書次愛松泉花鳥次愛守信虎餘不知所甲乙

十八日訪高峰氏与李逸會

二十日高峯元稑来定登立山期

廿一日日下氏毋為余製麪并具塩茄白梅類以為山中粮食之備

廿二日微雨黎明發高岡与元稑倶一僕曰與二郎至大門有長橋以大水柱毀別有小舟濟人経小杉至手先村新穀已登家々有碓米之声至安養坊憩茶店店倚小丘下瞰冨山神通川舟橋連娟如横著然人過其上者小不啻蟻至冨山宿民家比高岡更繁高岡止六千餘戸冨山則過一萬戸而往々以散丸為業舟橋用舟者六十四艘比前森田者為更大商賈之家刻小木片題已名字釘之戸外者比戸皆然茶店所鬻多均亭李

客舎之樓臨街賣魚菜者喝来不絶賣南瓜
之兒數輩来皆高叫言南瓜南瓜余初倦卧
聞之蹶然而起竦耳者久以為洛賈之所不
及也
市声嘖々不堪譁午夢醒来且喫茶誰憶賈兒亦
知字直将漢語賣南瓜
廿三日令與二郎具春米三升艸鞋十隻酒一瓢経
新庄過常願寺渡至渫村漸多異草得猿猴草至大
森飾以一千錢傭中興一人負擔而先導者謂之中
興至岩峅寺自此入山路詣一院乞紙引以登山経

横江村廣原里許下臨正明川水旁多石灰礦経血
流村越秀山至蘆峅宿此地距山巓尚九里八町云
得紅花蚤袋甘遂山薓木本鉤吻般之木斑葉雞腿
兒
廿四日与兄棲對户人會同發蘆峅為伴八人初過
御媼尊祠沿溪而登過藤橋藤橋者用紫藤蔓絞糾
為縄分為三道横縛以薪編成方眼上別有二藤縄
得隻手執之下則正明川川廣二十餘步巨石磊々
水声濺々身據之則動揺不定是為立山危險之初
既而有峻坂三一曰小金坂二曰草生坂三曰材木

阪巨石如杵者左右縦横矗々叢立就視之皆成五
六稜而与石英自別行里許路左一穴名曰叱溺其
径二尺餘深不可測又行里許有童杉者樹高倍人
圍則可三抱梢頭頓挫為百餘枝其細者如杖四邊
散布垂下者殆抵地杉本以直上為性故邦俗呼曰
須義須義即直字訓也而今変生有如此者可不謂
奇乎又行里許岸有高臨者隔溪遥見正明瀧瀑布
頗大而中間一折不為無恨至桑谷有小亭一僧一
僕作羹以供客又行數里至弥陀原為曠野路稍坦
平奇花異草極多豆莱珍車滿地皆是又行里許有

峻坂倒下之其危不可言下有清流巨石逾之踞石
息足掬水療渇而山間氣寒不至甚渇乃出麨粉和
水吸之令腹氣不乏有石壁峭不可攀者謂之二坂
上繫鐵索頼此得登名曰小鎖溯溪流中復有峭不
可攀謂之一坂有鐵索名曰大鎖二險既終有巨巖
迸出者状類獸鼻名曰獅子鼻匍匐出其端毛髪竪
顫慄乎不可留又行里許有鏡石者其危則畜生原
今不及行此時日已含山四顧皆有堆雪寒風凛然
竹杖冷如鐵臨溪洗趾手足皆凍及至室堂急熾柴
火皆圍爐而坐僅得蘇此夕宿室堂室堂者在三山

麓二屋婁建俱廣五六間守僧止三人旅人皆令中
興執爨煮白糜食之乞僧得梡々皆毀損殆欲嘔更
衣無厠至堂側而屎夜臥無被以雨薦代席以油衣
代被如此者再夕全為乞児態只以此日旅人稀少
為幸多則數百人同宿甚多則至千人箕踞相加肩
背相摩平臥且不可得云此夜大雨
廿五日将登三山（本山別山淨土山謂之三山）以風雨尚暴不果
日近晡僧来告曰君単冒険遠来今欲不往来日晴
雨又不可知雨益甚則山弗可登糧益乏則宿弗可
得不若今衝風雨而行雖暴我保無害擁蓑而進衆

不得已從之乃約登二山別山以路遠不到踏雪而
行者數町既而出石路雲霧満目四五間之外不見
人衆雁行而進風雨愈厲声如大雷笠脫薦飄足不
得正歩身欲為風奪去者數回立山之険至此極矣
遂至淨土山山尖一小堂安阿彌陀佛像衆謁佛僧
誦経皆坐誦罷乃赴本山本山謂之権現又謂之御
前有一越二越數至五越路皆巨巖踐巖而登每越
有小鐘架先行者撞之以招後来者不然則雲霧隔
断伴侶相失漸近山頂有二異鳥對歩巖上形似鳩
而大毛色不可辨只認兩翼有白毛耳所謂鵯鳥也

僧教衆解鞋脫笠以謁権現祠言此神為伊弉諾伊
弉冊二尊此處在立山為最高頂好晴則別山劔山
之外加賀白山信濃浅間鎗嶽駿河冨士山皆在一
目如今日則祠基之外一無所視余以為終身之恨
立山山頭望洛瀆不見洛瀆見白雲白雲孤飛真
可羨（狄仁傑見白雲孤飛知親所在）白雲満谷何以遣熊本神獣
難得馴（言山有一鷹一熊此山神化現）鵯自山禽来近人多遇晴
（和之日較輕翻者白手能致云）日暮攀盡五越陟恨殺芙蓉不露
巘
此夕再宿室堂三山所産大抵皆小草樹止五鬣松

而盡皆蜿蜒貼地高不過尺風霜巖處其勢然也
廿六日風雨未已早起赴地獄谷夾道有池一曰三
纈池一曰緑池或謂之八寒地獄並以雲霧晦冥不
能知水涯行數町自此満山皆是硫黄硫赤或細白
沙而處々作黄暈如緑塵然臭氣撲鼻至此雲霧亦
不能起草樹亦不能生平地皆熱不可以久立以杖
穿土盡沸々出氣地獄其有名者八狀如野池小者
二三間大者亦止四五間其奇不可勝言只恨称號
不雅馴耳一曰間男地獄二曰等活地獄三曰八幡
地獄湯勢猛烈其沸上者高五六尺声亦壮大四曰

紺屋地獄水色青碧如深戸浸帛水五曰糕屋地獄
乳花沸上者如団子然六曰油屋地獄水色灰白面
有如油暈者黄褐冉々七曰鍛屋地獄此最為可畏
状類竈突気自内出者如鼓鞴然響如轟雷或如奔
流激巨巖湯気直上似猛火方揚上有硫黄凝結其
色正黄人莫敢近視者八曰百姓地獄池稍廣洞可
四五間湯之所沸三四並起如農之角水最後有血
池者水色淡赭不復沸起其餘小者不能知其数地
稍窪下處盡皆沸々生乳花多小祠擲銭経宿皆生
青鏽帯刀者皆留之室堂不敢佩去不然皆為硫気

所薫敗地獄谷見既遍乃下山少改舊路不至一谷
自姥懐径出弥陀原観姥石者路尚険隘此日陰雨
一山皆泥濘余失足轉仆者不知其幾度幸無所傷
只趾爪脱二耳若下峻坂最為可懼孝子不登高不
臨危今日之行余不能無怍雖奇卉満眼無暇采摘
擁膺扶杖希無顛覆耳此夕又宿蘆峅
廿七日経岩峅至常願寺川水分為三道航其一馮
其二経大場村至富山宿
廿八日五更之頭發富山過舟橋水清魚躍鈎月在
東瞥杖之声戛々相和凉意可掬已牌還高岡日下

氏
立山所得草木併録于此
鬼臼姥懐 釜休姥懐 刺款冬姥懐二谷 大葉花 石菖弥陀原 金
光花弥陀原 御蓼室堂 御衛須蘭 土勢茂須浄土山 凍草山上
山金梅草御前 銀梅草御前 三葉黄連糸谷 苔桃鼻御子峯
針一名恩能礼 楓 唐松姥懐二谷 田内草 菊款冬二谷 御前
橘糸谷 舞鶴草 豆菜一名岩一葉弥陀原 珍車一名鬼舞弥陀原
樺 通賀松一名室堂 通賀櫻 黄花通賀松室堂 葱菅
藜蘆 菲藜蘆 岩金梅室堂 唐松草一谷 白花地楡
白花龍膽御前 鹿子草一名草下毛二谷 立山龍膽室堂

粘魚鬚 雪笹 大雪笹 五葉苺 鬼燈檠
観音蓮糸谷 白山桔梗一名岩桔梗御前 覆盆子一種一谷
臼木一種
次方舟韻
帰来未及湿衣乾欲説吟朋以異巒再夕吾求玉
山宿瓊瑶満地一身寒
廿九日下午同松田三知逸見方舟遊川口自大門
来舟水滑舟駛須臾至川口訪雪荘老師名國常前端龍寺大
和尚坐久話熟遂与杜康會経北野復至大門夜還日
下氏

酡顔偏愧對斜陽村路迢々傍水長余
満樹蟬声江上寺歸来尚覺耳邉凉方舟
又
蘆川川外訪僧回方舟早已前村暮色催来興不
妨迂曲路三知得吟何管淺微才凉颸時送稲香
去余冷露漸添蟲響未渡口待舟同佇立方舟數
声柔櫓水烟堆方舟
三十日訪浩齋翁觀金子氏石品
魚兒趂花圖
方看春水長微湿在苔痕箇々戴花去魚中新状
元
紅葉竹林鳥圖
憐得竹林鳥閙穿楓葉鳴斜陽春未已紅翠両鮮
明
八月朔又至長崎氏午後与春蛟将遊布勢圓山先
至伏木自木町乗舟舟皮極小傾鉋賦詩漸入佳境
纔出市門去清風満客衣一洲蒲獵々鳥鬼帯魚
飛
既而至米島之邉江濶而水滑堤高而土赤斷岸千
尺雅人所名為赤壁者也
平江斷岸両争奇赤壁真成名得宜舟子莞然笑
何事笑吾把酒不知辭
舟進至河海交潮之處對岸右為放生津左則伏木
巨艦下碇泊者數十艘各々建旆記舟号其大有積
十八石石者上之以觀舟製檣圍三四抱舵廣丈餘
皆出意表乃上岸訪光西寺癡王師為出紫蘇酒晩
同院外納凉地勢倚高海望大佳漁火在洋者一條
綿々不絶如引縄所列近十里云
四邉蟲語秋将半十里漁篝夜向深春蛟
閑把螺杯圍坐處冷風一片落高林余
又
堪遊人同熱国分山上秋巖床唯待掃苔席不勞
収龍躍千尋樹星連十里舟一吟酢奇景此外我
何求
癡王師導余至海岸坐空舩盡殘樽将還路経一祠
有老松樹去地數尺歧為三幹四出蜿蜒者數十仞
此夕宿光西寺
二日早起将赴布勢癡王師令一後弟導行越岩崎
山過紅葉橋海中數小島其一名出島至有磯浦得
兜児尾有称義経雨晴岩者接岸大片石下衆小石

承之其際空洞可容數十百人言昔源廷尉此處避
雨刻石以誌之上有松樹可賞經大田島二村至布
勢此日大暑殆不堪行步曽導至一院愬院号法順
寺得伴益多同登圓山山小而嶺上有大彦命祠祠
前有花山公所題碑書大伴家持卿遊覧之地八字碑陰文即余祖
父　封山君所製余今日之行所主只以此片石故
也逡出祠背山頂平坦大松樹數幹蔭其上一目下
瞰真勝境也然今所見皆稲田勢湖僅在五六町外
聞之今湖比古湖止十之一耳今稲田所在昔皆為
湖倚高而望可以知水痕所到桑田滄海非虚言也

旁有小祠即大伴家持公祠也
山自蒼々水自流伴公此地昔曽遊坐来一片豐
碑下偏使騒人意不休
初余去洛時吾兄餞以箋且題詩言先至勢湖而余
旅中事繁経一百二十日方始得践其境徘徊良久
環視備至今雖五十餘霜毫無所虧損苔蘚亦不侵
私心不堪悦以為神明所呵護既下山僧更導至渥
善照寺訪豪農九左衛門者乃倩舟浮湖命網捕魚
以水大漲無所獲日方啣山辞渥夜三鼓還日下氏
氐皮浮小艇湖静不生濤鳥向茂林去魚尋深水

逃賦詩才本拙把酒意猶豪落日依舷望一天灝
氣高
三日訪金子恕謙春蛟使人贈雪片數塊乃謝以詩
吾不投之以木桃如何君見報瓊瑶午窓一枕夢
醒後塵慮炎氛可両消
四日癡王師寄箋二握并題以詩
五日高峰氏招飲同會者長崎言定高田正播江尻
大仲冨山人也
七日津島清五郎来勸至冨山観公園乃謀之於浩
齋翁翁以為不可余亦不欲往汲能州名跡志於津

島氏并附次韵詩
沙汀泥途六十郵晴望佳處幾回休依君再冊舊
蔵巻福海壽山得縦遊福浦蓬莱山並為内外洋絶景
九日二鳳植余書室前以箭竹八九竿並移上水石
伴之玉露瀼零清風颯至儼山生雖欲不為徽之何
可得也
十日為高岡秋祭毎坊建布旆以墨大書祝嘏詞一
両句街鼓之声無間断如此耳訪津島北溪服部李
逸回得家書
十三日諸交遊餞余於陸丹樓會者二十有二人

陸舟樓題贈別詩巻首
滿耳蟬聲不耐聞無涯離思愈紛々紅亭涙与鮫
人似隄紙畫成珠璣文
李逸嘗寄余詩自称為昇平碌々兒余將去
高岡乃用其韻賦長句留別并呈餞送諸君
吾亦昇平碌々兒初無意探天下奇偶然覩書有
所感奮志暫与宗慤期越山能海頻奔走偶有佳
景即乃逗跂涉迹似磊落士膽小猶如五月豆傍
人不識遊子情只言好奇愛遠行甲說再遊向崎
陽乙勸此次到武城豈知吾襟久染淚弟兄父母
見假寐家書況有當歸贈何忍更以遠志寄慮投
筆研剋還期却与諸子惜別離一節自此洛陽去
依舊昇平碌々兒
呈二鳳
越國魚蝦皆有味能州山水自無量一詩伸謝句
雖短百歳感恩情甚長
余在高岡日久風俗物產所異於所識者録一二於
此
亞麻無區一曰吐路々狀如木耳生土上味亦相
似產田川

雉谷魚極為賤品其鮮新者經一夕已有小蛆生
之其盛有時一尾直止二三錢風乾者不過五六
錢
金鎗魚之鯆其大尺餘味極佳土人最貴之名為
志美古然無鬻於市者就漁人求之乃獲諺云嫁
女應嫁漁人得金鎗魚鯆得飽食其重如此　同
胞更有名不吐甚五郎者皆腸腐也土人亦貴之
金澤俗食鰒肉不以為異
郊外多剖葦二鳳之宅朝昏鮮不聞其声
海鰛可燒可烹可礪作肉糕可致作田樂其盛獲
或搾油或糞田其利民在水族為最大
鎖管秋月鯆滿其中烹而切之亦奇賞也
金鎗魚夏月多獲之冬月無有
牡蠣亦夏月有之即海牡蠣也
燭魚亦時為群而至土人不悅之以為荒歳之兆
鰻鱺兩腋夾八星者甚多大与常品同同其直止
十之一
波地迷諸魚冒此名者不知其幾十種虎魚燭魚
亦冒此名有赤波地迷者極鮮紅嫁女娶婦待此
成禮与吉鬣無異

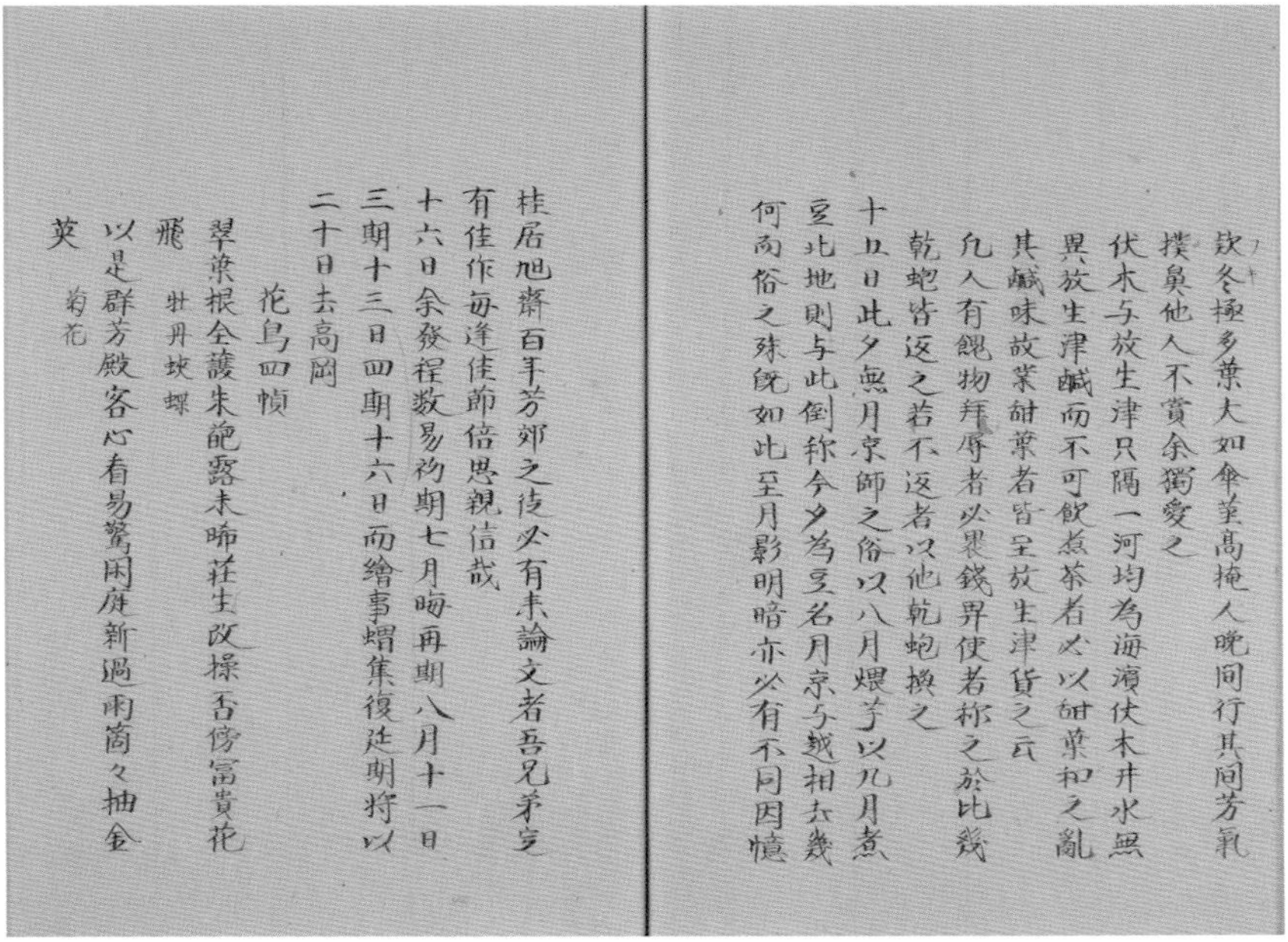
欵冬極多葉大如傘莖高掩人晩同行其間芳氣
撲鼻他人不賞余獨愛之
伏木与放生津只隔一河均為海濵伏木井水無
異放生津鹹而不可飲煮茶者必以甜菓和之亂
其鹹味故業甜菓者皆至放生津貨之云
凡人有餽物拜辱者必畀錢畀使者称之於比幾
乾蚫皆返之若不返者以他乾蚫換之
十五日此夕無月京師之俗以八月煨芋以九月煮
豆此地則与此倒称今夕為豆名月京与越相去幾
何而俗之殊既如此至月影明暗亦必有不同因憶
桂居旭齋百年芳郊之後必有未論文者吾兄弟宜
有佳作每逢佳節倍思親信哉
十六日余發程數易初期七月晦再期八月十一日
三期十三日四期十六日而繪事蝟集復延期將以
二十日去高岡
花鳥四幀
翠葉根全護朱葩露未晞莊生改操否傍富貴花
飛（牡丹蛺蝶）
以是群芳殿客心看易驚閑庭新過雨留々抽金
英（菊花）

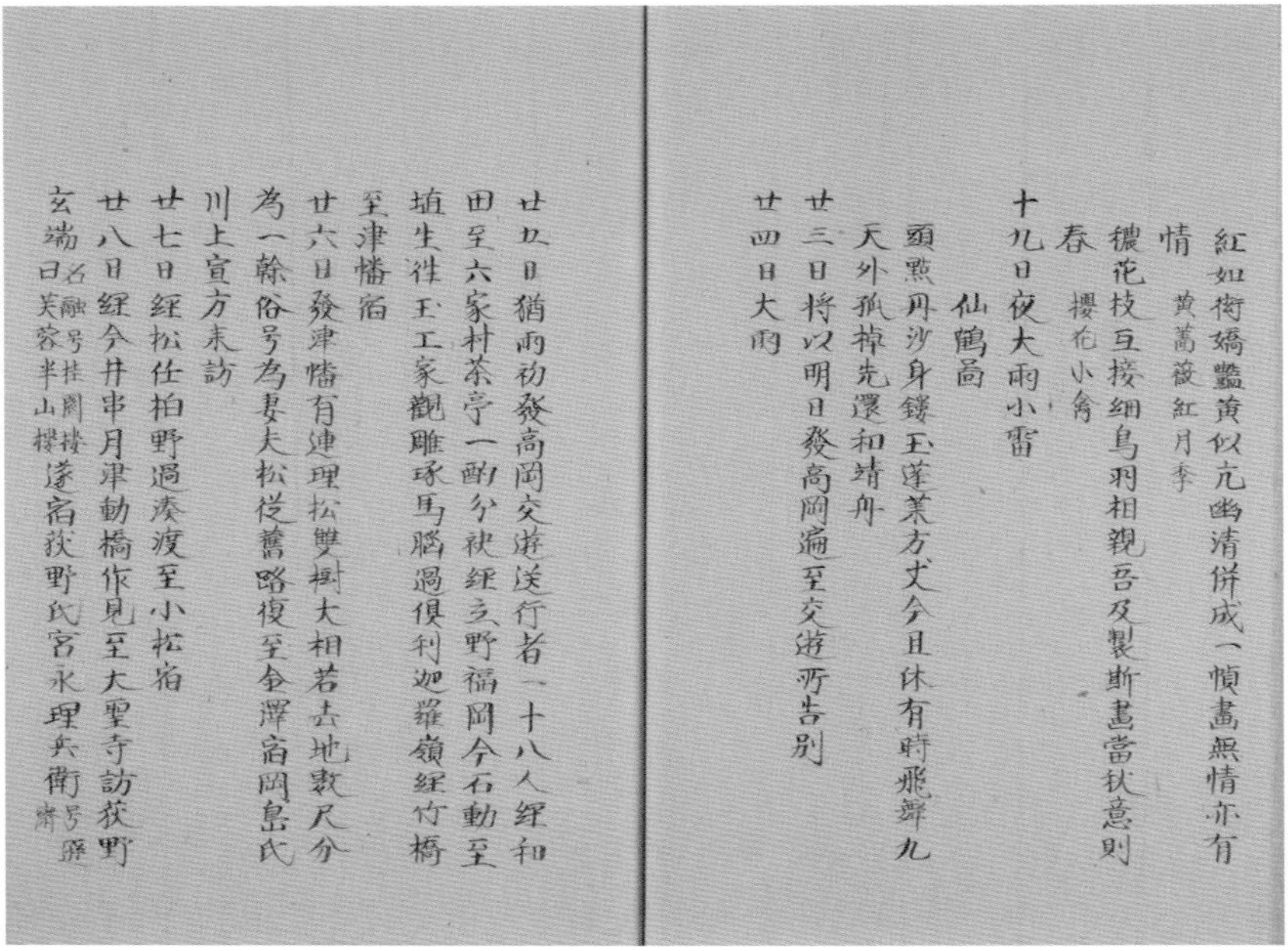
紅如銜嬌豔黃似允幽清併成一幀畫無情亦有
情（黄薔薇 紅月季）
穠花枝互接細鳥羽相親吾及製斯畫當秋意則
春（櫻花小禽）
十九日夜大雨小雷
仙鶴圖
頸點丹沙身鏤玉蓬萊方丈今且休有時飛舞九
天外孤棹先還和靖舟
廿三日將以明日發高岡遍至交遊所告別
廿四日大雨
廿五日猶雨初發高岡交遊送行者一十八人經和
田至六家村茶亭一酌分袂經立野福岡今石動至
埴生祥玉工家觀雕琢馬腦過倶利迦羅嶺經竹橋
至津幡宿
廿六日發津幡有連理松雙樹大相若去地數尺分
為一幹俗号為妻夫松從舊路復至金澤宿岡島氏
川上宣方來訪
廿七日經松任柏野過湊渡至小松宿
廿八日經今井串月津動橋作見至大聖寺訪荻野
玄端（名融号桂園楼 日芙蓉半山楼）遂宿荻野氏宮永理兵衛（号[illegible]斎）

伊藤又一郎田邉輅三郎名輅字子冕號明庵来
廿九日東方元吉名履號芝山早水弘節来
九月朔宮永氏招飲同會者荻野玄端田邉輅三郎
伊藤又一郎上田俊丈渡邉卯三郎稲津俊藏也
二日駒澤貞吉郎上田俊丈名英號慤齋渡邉卯三郎来
三日吉田甚右衛門名長愷號履堂来
五日与宮永遜齋駒澤貞吉郎吉田履堂田邉明庵
伊藤又一郎上田俊丈采藥於曽宇山山在大聖寺
南三里初出郊當前遙見峻嶺其顛二尖有類富嶽
因名曰富士冩《フジヤ》其左一山有三峯並秀者中尤高曰

大日山左曰小大日右曰茶臼山既而經百々村至
曽宇曽宇《ソウ》直下大谷總名為三谷皆以鬻薪為生乃
向山路沿溪而行油桐滿谷花卉頗多履堂命僕捕
魚得杜父魚數尾有貯蘘荷者有携芋艿者和煮為
羮妙不可言遂至倒樽日将晡至東谷乃還
此行結伴往々詞客路上得拍梁體絶句八
首
小逕探草作閑行履堂 曽宇谷幽流自清余
滿眼秋光隨處好明庵 松風声和笑談声慤齋
杖蓑相伴盡名流余 細草花繁白露秋明庵

一句一言揮有韵慤齋 踏雲終日作仙遊履堂
吟人入谷谷生光慤齋 多少秋花溪洞香履堂
醉後眼中無異草余 松陰坐領滿身凉明庵
滿耳蟬声滿眼山明庵 思詩人往白雲間慤齋
樵翁笑問為何事履堂 菅仲一車擒得還余
踏破秋天萬疊山履堂 山々景色似仙寰明庵
微醺醒處晩風冷余 身在青松白石間明庵
新知舊識訪深山明庵 竹杖芒蹊晩始還余
明月一輪無限好慤齋 清光相伴到柴關履堂
三尺緒鞭山又山余 行吟盡日意弥閑慤齋

林間小憩茶兼酒履堂 紅葉多情映醉顏明庵
陰虫唧々和清吟慤齋 十里斜蹊傍水潯履堂
山遇京人知有喜明庵 高燒月燭照歸襟余
七日午後与玄端俊丈采藥於後谷經第三橋出郊
望白山白尚青至畑村村後即山謂之旗山登山下
溪此為後谷得金光花蒼朮漏盧遂至片野海濱會
漁人舉網盛獲福羅計海鰱之尤小謂之古涌倶羅
稍長謂之福羅計更長謂之巴麻地最大謂之弐利
錢九十文得尺餘者二尾聶切之欲得豆油遍尋農
家無貯者擇較宏壯者求之始得一盞席地傾匏須

史空盤乃従山路向介濆有白石律光臨海者名為
牛臭至一介濆二介濆小茶螺甚夥日含山取路於
大谷経山岸上福田還大聖寺荻野氏此夕城中失
火警鐘之声挙邑顛倒出街観之其為士者左提燈
毬右把長鎗東西旁午無間断此亦壮観也
八日烈風終日懋斎携酒来告曰明日佳期僕有塵
事弗得同飲請賞八日菊不猶勝節後乎贈以藍菊
一枝盡歓而去
九日雨陰終日余在芙蓉半山楼
九月九日半山楼閑与楮生説旅愁黄花紫菜無

求處白雨黒風又一秋
黄昏宮永理兵衛伊藤又一郎来与玄端謀設餞酒
夜漏過三正就寝
　東方履寄煮魚一盒并附以詩請聞其名次
韵以答
眇然河中魚當秋腴正盈（不持遺）細君技與貧書
生言是動橋産今朝新発蘸咀嚼充雅饌可得胸
腹清況極煎熬妙不用倉皇烹一嚼復一飲須臾
空吾餓形為河鹿弟味則呉里兄願待易鶯大為
君擇佳名

十日到伊藤田邉駒澤宮永東方諸家告別并訪専
称寺
　為欽北地多文士節至重陽未返家田子詩成送
　珠璣荻君書就走龍蛇宮翁花学胄中畫東氏畫
　才筆下花愁我鯫生無所長蓬頭空向主人爬
伊藤孫三郎齋藤玄桂来
十一日發大聖寺早水生隨荻野伊藤上田諸子送
行過関経立花蓮浦細呂木観婦威地経蠣原金津
丑木至長崎路左一逕可以至義貞祠下既出郊見
少年十餘輩裸體闌於濆中問之乃捕桃花魚也不

復用網白手攫之岸上一人矢魚近尺者卅餘頭尚
潑剌欲逸宿森田
十二日経舟橋福井淺水鯖江過白鬼女川至府中
有雛嶽者頗為峻嶺驛路常傍其右者府中至鯖波
経今宿脇本宿鯖波
十三日経湯尾今庄有一路右出者是為至京西路
経板取上橛木嶺沙羅樹七葉齊放与来時大異下
一道清流上緑葉交映猢猻薑滿樹生之可賞経中
河内椿井草烏頭鍬形草盛開花得藤志駝四照花
木本鉤吻細葉天人草宿柳瀬

舎後有溪声夜间夢醒雖明知非雨尚不免
承霤
故園尚隔幾重雲日見秋林落葉紛枕宿從今無
近水終宵郷作雨声聞
十四日至中之郷一路可以至飯浦遥望餘古湖過
賤嶽麓山脊一松林言中川瀬平墓在此樹中経木
本到高槻初見膽吹山経早見過妹川妹川来時舵
舟之處今不復舟然水没踝者尚三四町至長濱宿
此日所経大抵皆桑田所以木本有桑酒也前度所
視為油桐者始知為謬蓋客中所聞見一從旁人言

岡生不諳本草遂致令余誤認可恨可恨
十五日観長濱八幡社祭有十二山車其製高架重
楼鏤以珠翠上置金鳳凰金雄鶏類下纒洋布舶錦
後建旌旗前設匂欄五七小童以脂粉扮作蘯婦武
夫状應鼓声演雑劇雖華可厭如牛頭奈比之尚為
典雅日未午舟行至彦根周覧城池経高宮宿越川
十六日経武佐鏡守山宿草津今年諸州豊熟自越
至江満目無不黄雲
高地下田俱蕎々撃壌吾欲伴村翁見從二上至
三上一路黄雲界裏通 二上山在高岡三上山在湖東共二邦所瞻

十七日過矢馳渡経大津下午還家
入越日記終

嘉永辛亥三月晦送二弟之遊北陸
渉水踰山経幾州壮遊何日到高丘子行先問施湖
上祖考題碑尚在不　錫夫
題弟溪山入越日記後
千里漫遊筆一枝勝情勝是両無虧想應看得越山
熟句句吟来句句奇
讀入越日記詩録呈谿山雅兄
採薬探幽北海陬尺魚寸草入風流謝公山屐讓三
舎范叟雲舟輸一籌白馬迷烟輪島夕赭鞭掃雪立
峰秋迂生近做擱牛態徒羨廿旬佳境遊

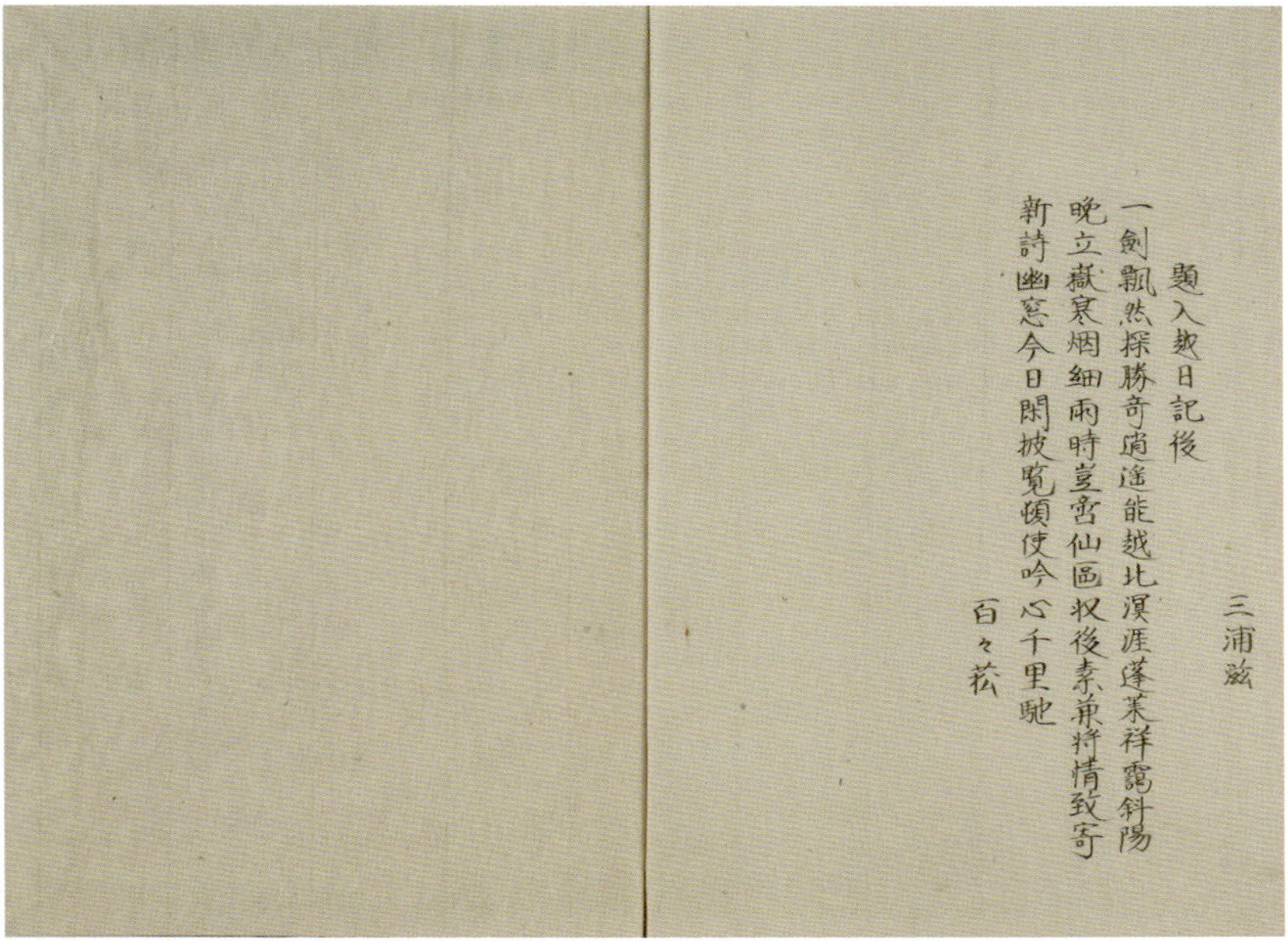
題入越日記後　三浦滋
一劍飄然探勝奇崗遥能越北溟涯蓬莱祥靄斜陽
晩立嶽泉烟細雨時豈啻仙區收後素兼將情致寄
新詩幽窓今日閑披覧頓使吟心千里馳
百々菘

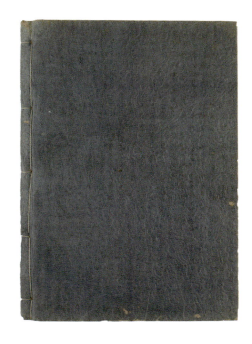

族の方も了承され、発行の運びとなった。私は「北陸医史」３８号に、先生の著述目録を載せた。調べる内に、「富山県医師会報」（現「医報とやま」）や「富山市医師会報」に、寄稿しておられるだろうと思った。本書を発行するにあたり、遺族と桂書房からこの著述目録の編集を依頼された。「富山県医師会報」は富山県立図書館所蔵の分を調べ、未所蔵の分は、先生が経営しておられた呉羽神経サナトリウムの書庫で調べた。それでも欠けている分は、富山県医師会の事務局へ行って調べた。「富山市医師会報」は、富山県立図書館に未所蔵で、やはり呉羽神経サナトリウムの書庫で調べた。ここではほんの少しの所蔵で、十分調べられなかった。富山市医師会を訪ね、必要事項だけ調査を依頼した。バックナンバーは調べることが出来なかったので、先生の寄稿されたもので漏れているものがあるかもしれない。また、十全山岳会機関誌「木馬道」については、金沢大学医学部図書館で調べたが図書館の都合で16号以降は調べることが出来なかった。

先生は、ご自分の著述を、ルーズリーフのノートに書き留めておられたが、この目録を編む手がかりとなった。どうも全てではないような気がした。また、掲載紙の号数が欠落しているものもあった。これは遺族のかたに発行元へ問い合わせていただいた。

このほか、先生は俳句を嗜んでおられ、県内では「医王」に所属、大分県の「蕗」に俳句を投稿しておられた。俳句雑誌は調べることができなかった。

医師会関係の機関紙誌に寄稿されたものでまだ欠落しているものがあるかもしれないが、現時点での先生の著述目録とする。

追記

正橋剛二先生（太田久夫）	北陸歴史　38　平成28(2)
正橋剛二先生を悼む	近代史研究　39　平成28(3)
以上　太田自刊「続々古城の杜」に採録（平成２８年１２月）	
正橋剛二先生を偲ぶ（高橋芳雄）	医報とやま1653　平成28(8)

耳目に残る七十五年（下－①）　近代史研究　31　平成20（3）

３０周年を迎えて　北陸医史　31　平成21（2）

コス島訪問記　北陸医史　31　平成21（2）

耳目に残る七十五年（下－②）　近代史研究　３２　平成21（3）

いつしか傘寿　医報とやま　1494　平成22（1）

越中国高岡町の累代の医家松田三知家の事蹟について　―「松田家系譜」（上）　北陸医史　32　平成22（2）

越中国高岡町の累代の医家松田三知家の事蹟について　―「松田家系譜」（下）　北陸医史　平成23（2）

耳目に残る七十五年（下－③）　近代史研究　33　平成23（3）

耳目に残る七十五年（完）　近代史研究　34　平成23（3）

高岡長崎家の蔵書印　北陸医史　34　平成24（2）

金沢藩医学館の生徒募集　―金沢藩政治下の越中国地方文書から　北陸医史　34　平成24（2）

追悼橋本和夫君の想い出　北陸医史　34　平成24（2）

タッチャンありがとう　医報とやま　1557　平成24（8）

幻の本草家直海元周の事蹟について　近代史研究　36　平成25（3）

飛見立郎先生の御長逝を悼む　医報とやま　1581　平成25（8）

追憶高井進先生　近代史研究　37　平成26（3）

富山県医師会史料ノート　第２集　―明治中・後期、大正期、昭和期医事資料　自刊　平成26（5）

呉羽丘陵とその周辺　ぶらりみどころ　旧北陸街道を歩く実行委員会編　呉羽山観光協会発行　平成27（3）

光芭六十年　寺畑喜朔先生への挽歌　北陸医史　38　平成28（2）

編み終えて

長年ご交誼いただいていた正橋剛二先生が、平成２７年１０月３日、享年８５で天寿を全うされた。晩年、先生は三本の論文を書きたいという意向をもっておられた。それはどういう内容であったか、知る由も無い。ただ、「医譚」と「啓迪」に連載された山本渓山「入越日記」は、発行したい意欲を持って桂書房と相談しておられた。このたび、遺

研究資料館の初ゆめ　金沢大学資料館だより　19　平成14（2）
江戸後期高岡見在蘭語関係医事資料について　近代史研究　25　平成14（3）
佐渡家と佐渡家資料について　「佐渡家文書目録」　高岡市立中央図書館刊　平成14（3）
高岡長崎家伝蔵書簡の研究（四）　北陸医史　23（1）　平成14（4）
筏井四郎右衛門と「自然登水車」　江戸ものづくり国際シンポジウム第一回
江戸ものづくり（総括班）事務局　平成14（5）
そして誰もいなくなった（へこたれんぞう）　医報とやま　1310　平成14（5）
越中高岡と蘭方医学　北陸医史　24（1）　平成15（3）
越中高岡蘭方医の研究　国立歴史民俗博物館研究紀要　116　平成16（2）
わがこころの一冊「部下にはよませられぬ本　パーキンソンの法則」
北日本新聞　平成16（4.25）
小石究理堂と北陸地方　越中高岡の場合　北陸医史　25（1）　平成16（4）
記念懇談会のスピーチ　富山史壇　145　平成16（12）
高瀬重雄先生に捧げる挽歌　富山史壇　146　平成17（3）
小石家宛坪井信良書簡5通について　北陸医史　26（1）　平成17（4）
猫不寄騒動　医報とやま　1384　平成17（6）
江戸時代の高岡の医師たち（講演）　北日本新聞　平成17（9.28）
ヨーロッパつれづれ（二）　ミツコの故城とEUの跫音　上
富山市医師会報　419　平成18（2）
表紙写真のことば　ロンスベルク古城の塔と門、ミツコが客をもてなしたサロンの現況
富山市医師会報　419　平成18（2）
耳目に残る七十五年（上）　近代史研究　29　平成18（3）
大槻盤渓発、長崎浩斎宛書簡　補遺　北陸医史　27（1）　平成18（3）
樫園小石先生叢話　思文閣出版　平成18（11）
立山山岳診療所開設50年をふりかえって　木馬道　20　平成18
ふたたび長崎蓬洲の年譜について　北陸医史　28（1）　平成19（2）
耳目に残る七十五年（中）　近代史研究　30　平成19（3）
医師会史料ノート　第2集　1～34　4号ごとに連載　34回には総目次あり
医報とやま1464～1596号　平成20（10）～平成26（4）
高岡町に残る江戸後期の医家書簡について（総括）　北陸医史　29（1）　平成20（2）
次期会長をお受けして　北陸医史　29（1）　平成20（2）

山本渓山著「入越日記」（２） —高岡滞在から能登周遊　医譚　73　平成10(５)
北陸地方における天狗爪石の記録（前編）　北陸医史　19(１)　平成10(５)
生理学に生涯を捧げた石川日出鶴丸　越中人譚　4　平成10(10)
富山県内で見られるヒポクラテス像　近代史研究　22　平成11(３)
近世後期における本草学史上の立山について　立山博物館　平成11(３)
山本渓山著「入越日記」（３）　医譚　74　平成11(３)
山本渓山著「入越日記」（４）　啓迪　17　平成11(４)
高岡長崎家「折肱録」　実学史研究　11　平成11(５)
北陸地方における天狗爪石の記録（後編）　北陸医史　20(１)　平成11(５)
高岡長崎家伝蔵書簡の研究（一）　北陸医史　20(１)　平成11(５)
高峰博士像　バイエルブックレットシリーズ　48　平成11(５)
山本渓山著「入越日記」（５）　医譚　75　平成12(１)
近世後期における本草学史上の立山について　近代史研究　23　平成12(３)
高岡長崎家伝蔵書簡の研究（二）　北陸医史　21(１)　平成12(４)
山本渓山著「入越日記」（６）　啓迪　18　平成12(４)
大塚敬業著「登立山記」　—富山藩教授による立山登山紀行文
木馬道　18　平成12(６)
「立嶽登臨図記」の原本と写本をめぐって　富山史壇　132　平成12(７)
山本渓山著「入越日記」（７）　医譚　76　平成12(８)
山本渓山の入越日記に見る加賀と能登（上）　石川郷土史学会々誌　33　平成12(12)
呉山句集　二集　自刊　平成13(３)
高岡長崎家伝蔵書簡の研究（三）　北陸医史　22(１)　平成13(４)
長崎浩斎稿「味噌歎録」について　医譚　77　平成13(７)
高岡長崎家「折肱録」　医譚　77　平成13(７)
越中蘭方医と高岡町　長崎佐渡家両文書に接して　高岡の図書館　62　平成13(７)
越中高岡見在江戸後期蘭語医事資料について —第102回
日本医史学会演題60資料　平成13(９)
アドレナリンその百年目の復権を願って　富山市医師会報　366、367　平成13(９、10)
適塾門人佐渡賢隆と「蘭訳千字文」　適塾　34　平成13(12)
山本渓山著「入越日記」に見る加賀と能登（下）
石川郷土史学会々誌　34　平成13(12)

農村医療　産業組合母体に病院を設立（近代化ものがたり）
北日本新聞夕刊　平成7（8.11）
金沢大学医学部山岳部の歴史を追って〈そのⅡ〉（寺畑喜朔、鈴木孝雄）
木馬道　15　平成7（8）
米国軟弱紀行　木馬道　15　平成7（8）
中高年登山者のアンケート（第33回全日本登山体育大会　1994・立山）から
木馬道　15　平成7（8）
Good Samaritanを語る　木馬道　15　平成7（8）
回想の立山診療　木馬道　15　平成7（8）
立山遊記　金子盤蝸稿（解読，校注）　桂書房　平成7（9）
立山　信仰から登山の山へ（近代化ものがたり）　北日本新聞夕刊　平成7（10.27）
長崎蓬洲の年譜について　医譚　69　平成7（11）
長崎敬明（蓬洲）の受けた允許状　補遺　医譚　69　平成7（11）
平均寿命　―戦前と戦後　近代史研究　19　平成7（12）
「高岡詩話」にみる医史学的記述（下）　北陸医史　17（1）　平成8（5）
高岡長崎家収蔵の「寥山翁方集」をめぐって―仮称越中天明類従方
医譚　70　平成8（5）
長崎浩斎稿「餞甥雑記」について　医譚　70　平成8（5）
立山の登山と文化　略年表　木馬道　16　平成8（8）
立山山頂峰本社平成御遷宮登拝記　自刊　平成8（8）
富山県医師会史料ノート　第1集　明治中・後期医事資料　自刊　平成8（8）
人との出会い　―わが師島薗安雄先生　らぽーる　30　平成8（8）
高岡長崎家と京都小石究理堂　医譚　71　平成8（11）
各地医学塾門人帳中の越中人　続　近代史研究　20　平成9（3）
牛痘法の北陸地方への普及について第四報　―長崎誠意堂蔵の写本種痘　心得を中心に
北陸医史　18（1）　平成9（5）
種痘医横地元丈の江戸派遣をめぐって（上）　富山史壇　123　平成9（7）
種痘医横地元丈の江戸派遣をめぐって（下）―資料の再検討と問題点の指摘
富山史壇　124　平成9（11）
呉山句集　自刊　平成10（2）
山本渓山著「入越日記」（1）　―京都発高岡到着　啓迪　16　平成10（4）

庭に来る郭公　富山市医師会報　232　平成2(7)

黒川良安先生共訳の「医理学源」の序文（篠原治道・松田健史）

北陸医史　12(1)　平成3(5)

ひとつのカタルシス　とやま県医報　1055　平成3(9)

北辰詞華集　桂書房　平成3(10)

高中ダライ粉世代の追憶　(高岡高校) 母校回顧1集　平成4(3)

加越能文庫に見られる医事史料　—黒川良安関係史料（上）

北陸医史　13(1)　平成4(5)

桑田立斎が配布した種痘啓蒙版画の改訂版について　医譚　62　平成4(5)

第四高等中学校医学部における講義精神病学の記録「北野ノート」について

北陸神経精神医学　6(2)　平成4

不幸の責任　—TVゲームてんかんをめぐって　とやま県医報　1089　平成5(2)

廓堂北条時敬先生と四高遠足部　BERG　HELL　復刊10　平成5(3)

追憶の文さん　木馬道13　平成5(4)

ブリテン島めぐり（俳句）　木馬道13　平成5(4)

方意便蒙　—高岡長崎家収蔵の神農講の記録　医譚　64　平成5(5)

精神病院における事故の状況（郡暢茂）　日本精神病院協会雑誌　12(7)　平成5(7)

医師会史料ノート　1～34　とやま県医報　平成5(9)～8(6)

1103～1169の奇数号に連載　平成7年から「医報とやま」と改題

江戸時代の症例研究会　—高岡神農講の記録から　日医ニュース　774　平成5(12.5)

第三高等中学校医学部における精神病学講義の筆記録「田宮ノート」について

（篠田真由美）　北陸神経精神医学雑誌　7(1、2)　平成5

医史学的視点からみた「立山遊記」　北陸医史　15(1)　平成6(3)

江戸時代の症例研究会（医界風土記のうち）　思文閣出版　平成6(5)

近代医学の基礎をつくった医師たちビジュアル富山百科　富山新聞社　平成6(6)

医療開化（近代化ものがたり）　北日本新聞夕刊　平成6(6.10)

各地医学塾門人帳中の越中人　近代史研究　18　平成7(3)

北条時敬校長と四高遠足部　木馬道　14　平成7(4)

「高岡誌話」にみる医史学的記述（上）　北陸医史　16(1)　平成7(4)

長崎敬明の法橋允許（印可）状をめぐって　医譚　68　平成7(5)

長崎家収蔵の「折肱録」について　日本医史学雑誌　41(2)　平成7(5)

「牛痘発蒙」の附図（口絵）について（松田健史・山村正紘・本田進）

北陸医史　8（1）　昭和62（4）

翻刻「素人即座療治」上・中・下　とやま県医報　949・950・952　昭和62（4，5，6）

※北日本新聞　昭和62年5月5日14頁に紹介記事あり

慢性独善症候群（視野狭窄型）　とやま県医報　954　昭和62（7）

（草屋平吉のペンネームで記す）

ユニークなエッセイふう自叙伝　細川達著「旅程」　とやま県医報　959　昭和62（9）

表紙写真のことば　ネス湖畔の城　ウイルクハート城　とやま県医報　967　昭和63（1）

表紙写真のことば　フォース・ブリッジ　とやま県医報　969　昭和63（2）

表紙写真のことば　セント・アンドリューズ・ゴルフクラブ

とやま県医報　971　昭和63（3）

種子狂い重症　日精協雑誌　7（8）　昭和63（3）

表紙写真のことば　夏のイベント　とやま県医報　973　昭和63（4）

表紙写真のことば　ホーリールードハウス宮殿　とやま県医報　975　昭和63（5）

いつかある日　富山市医師会報　206　昭和63（5）

ある村医の記録（松田健史）　北陸医史　9（1）　昭和63（5）

表紙写真のことば　養老の滝　とやま県医報　977　昭和63（6）

ある漢方医の記録――滋賀県坂田郡市場村三浦氏の場合（松田健史）

北陸医史　10（1）　平成元（3）

北陸人類学会誌について（松田健史）　北陸医史　10（1）　平成元（3）

筏井四郎右衛門満好と「自然登水車」　富山史壇100・101　平成元（12）

赤いスェーター　富山市医師会報　226　平成2（1）

駆け抜けてきたロシヤ　とやま県医報　1015～1022　平成2（1～5）

北辰詞華集　自刊　平成2（2）

虎列刺合戦絵入りくどき――金沢、近八郎右衛門の戯作出版活動（松田健史）

北陸医史　11（1）　平成2（3）

お雇い医師スロイスの帰路　―金沢から神戸まで（篠原治道・松田健史）

北陸医史　11（1）　平成2（3）

砂千代姫君様拝診御用留記（篠原治道）　医譚　58　平成2（5）

駆けぬけてきたロシヤ　自刊　平成2

（とやま県医報1015～1022号の連載をまとめたもの）

越中石川家史の紹介（松田健史）	北陸医史	4（1）	昭和57(12)
同心円	とやま県医報	847	昭和58(8)
種痴（種子狂い）の弁	富山市医師会報	153	昭和58(12)
衆生済度の鐘	富山市医師会報	155	昭和59(2)
かいま見た極東裁判	とやま県医報	873	昭和59(2)
牛痘法の北陸地方への普及について第一報（松田健史）	北陸医史	5（2）	昭和59(3)
富山県医師信用組合創立２０周年を迎えて（上）	とやま県医報	894	昭和60(1)
表紙写真のことば　パン（エイシ）を焼く女	とやま県医報	896	昭和60(2)
越中高岡佐渡三良の著書「和蘭薬性歌」について（松田健史）	北陸医史	6（1）	昭和60(2)
牛痘法の北陸地方への普及について第二報（松田健史）	北陸医史	6（1）	昭和60(2)
表紙写真のことば　ブルー・モスク	とやま県医報	899	昭和60(3)
表紙写真のことば　聖ソフィア大聖堂の壁面　―イスタンブール	とやま県医報	902	昭和60(5)
医務取締公用留　砺波郡津沢町中島壮五	とやま県医報	903～917	昭和60(5~12)
物言わぬ棟梁	とやま県医報	916	昭和60(12)
表紙写真のことば　欲望の塔―オスロ市内フログネル公園にて	とやま県医報	917	昭和60(12)
スキーを通しての山	木馬道	10	昭和60(12)
(十全山岳会報告）ごあいさつ	木馬道	10	昭和60(12)
表紙写真のことば　スタルヘイムの谷―ソグネフィヨルドにて	とやま県医報	921	昭和61(2)
表紙写真のことば　中世の家並み	とやま県医報	922	昭和61(3)
表紙写真のことば　クロンボー城　デンマーク、シェラン島にて	とやま県医報	923	昭和61(3)
牛痘法の北陸地方への普及について第三報（松田健史）	北陸医史	7（1）	昭和61(3)
楢林建三郎の墨蹟と翻訳書（松田健史）	北陸医史	7（1）	昭和61(3)
同心円	とやま県医報	925	昭和61(4)
北欧にて（俳句）	木馬道	11	昭和62(3)
文化四年刊「素人即座療治」について（松田健史）	北陸医史	8（1）	昭和62(4)
同心円	とやま県医報	949	昭和62(4)

救急条例案否決のあとに想う　―全県的視野でシステム化を
とやま県医報　714　昭和52(７)
参院選を終えて☆　―日医議員２０人の全国区当選夢でない！
とやま県医報　716　昭和52(８)
まかり通る不渡り保険証　とやま県医報　719　昭和52(９)
四周年の午年を迎えて　富山市医師会報　83　昭和53(１)
ミソからショウユ？（ある日ある時）　とやま県医報　727　昭和53(１)
伝達講習会　アンケートから　―８０％が特別措置存続を支持　日中、高齢者ほど高率
とやま県医報　727　昭和53(１)
いざこざ随想（６）☆ある手品師の演技　とやま県医報　728　昭和53(２)
いざこざ随想（７）☆薬剤料と技術料　とやま県医報　730　昭和53(３)
いざこざ随想（８）☆やぶにらみ医業経営論　とやま県医報　731　昭和53(４)
いざこざ随想（９）☆やぶにらみ医業商品学　とやま県医報　732　昭和53(４)
いざこざ随想（１０）☆医師冷遇法始末　とやま県医報　733　昭和53(４)
何が国保の危機なのか　富山県の国保　―富山県における40年のあゆみ　昭和53(10)
へらずぐち　社会党ＶＳ日医公開討論申込み　富山市医師会報　昭和53(12)
香港の楊さんのその後　富山セントラルライオンズクラブ　9　昭和54(３)
わが家の野鳥公害　富山市医師会報　101　昭和54(８)
お雪さんのこと　とやま県医報　767　昭和54(９)
Good　Samaritanを語る　木馬道　6　昭和55(２)
富山県政功労者表彰式に臨んで　木馬道　6　昭和55(２)
浮沈の半生　かそけき哀歓を謳いあげる　―富山が生んだ明治の文豪「三島霜川」
とやま県医報　792　昭和55(10)
同心円　とやま県医報　795　昭和55(11)
漓江下り　とやま県医報　819　昭和56(11)
なんとも間の悪い話　富山市医師会報　128　昭和56(11)
山脇東洋の位牌（補遺）（松田健史）　北陸医史　3(１)　昭和56(11)
同心円（みんなの医信みんなで利用）　とやま県医報　827　昭和57(３)
中国見たまま感じたまま（Ⅰ）　日精協雑誌　1(３)　昭和57(３)
中国見たまま感じたまま（Ⅱ）　日精協雑誌　1(５)　昭和57(５)
Kölnの大聖堂　とやま県医報　842　昭和57(11)

俳句　12句	医王二百号記念合同句集　医王	115	昭和48(9)
定数改正委員会発足にあたって	富山市医師会報	36	昭和48(11)
自民党激励公約履行要求全国医師大会印象記	とやま県医通報	626	昭和48(11)
いざこざ日記（3）☆カースト制度	富山市医師会報	38	昭和49(1)
無為無策	とやま県医通報	631	昭和49(1)
同心円	とやま県医通報	631	昭和49(1)
四季散策	木馬道	5	昭和49
ルーレットの秘密	とやま県医通報	633	昭和49(2)
香港での見聞	富山セントラルライオン	5	昭和49(5)
いざこざ随想（1）☆無圧力団体	とやま県医通報	639	昭和49(5)
いざこざ日記（4）☆	富山市医師会報	41	昭和49(6)
いざこざ随想（2）☆現代日本の健保カースト制度（上）	とやま県医通報	642	昭和49(7)
日医での新点数説明会に出席して	とやま県医通報	648	昭和49(10)
同心円　あけましておめでとうございます	とやま県医通報	655	昭和50(1)
いざこざ随想（3）☆現代日本の健保カースト制度（中）	とやま県医通報	658	昭和50(3)
いざこざ随想（4）☆現代日本の健保カースト制度（下）	とやま県医通報	659	昭和50(3)
いざこざ随想（5）☆保険医の無利子預金制度	とやま県医通報	660	昭和50(4)
医政研究委員会の歩みと今後の計画	とやま県医通報	665	昭和50(6)
社保特別委員会	とやま県医通報	671	昭和50(9)
コスモスの頃	富山市医師会報	57	昭和50(10)
偶感	富山中部高PTA通信	14	昭和50(11)
同心円　（基礎年金）	とやま県医通報	676	昭和50(12)
同心円　（医科薬科大の発足）	とやま県医通報	677	昭和50(12)
死を撰ぶ権利　―脳神経外科医の安楽死の記録	北日本新聞		昭和51(6.28)
富山県の国保税を考える	とやま県医報	695	昭和51(9)
あなたの請求書、明細書は	とやま県医報	700	昭和51(12)
保険医自主指導を終えて	とやま県医報	701	昭和51(12)
花之江河への道	Berg hil	6	昭和52(5)

正橋剛二先生著作目録

元高岡市立中央図書館長　太田久夫

正橋剛二先生の単行書・雑誌論文・機関誌紙に発表された著作を発行年順に記載した。共著者は( )内に記した。5巻1号は5(1)のように、昭和55年5月は昭和55(5)のように記した。富山県医師会の機関誌は半月刊(当初は旬刊)で毎月1日と15日発行であったが、この目録では発行月だけ記した。末尾に先生について記述した資料を記した。

書名(論題名)	発行所(掲載誌	巻号	発行年月
私の旅好きについて	虚像		昭和24(3)
緑の谷	パルナッス		昭和25(3)
赤い花	パルナッス		昭和25(7)
山岳部創設の頃	木馬道	1	昭和38(7)
精神医学的問題から	とやま県医通報	442	昭和41(2)
世相管見（一）	とやま県医通報	478	昭和42(8)
世相管見（二）	とやま県医通報	480	昭和42(9)
随想	富山大学教育学部附属小PTA誌ふたば	90	昭和42(11)
つめ跡	木馬道	3	昭和43(6)
兄弟鬩㆓于牆㆒外禦㆓其侮㆒	富山大学教育学部附属小PTA誌ふたば	102	昭和45(3)
五遷して教えず	富山大学教育学部附属中PTA誌しろがね	26	昭和46(2)
麻薬禍撲滅月間にあたって（その1）	とやま県医通報	577	昭和46(10)
麻薬禍撲滅月間にあたって（その2）	とやま県医通報	578	昭和46(11)
いざこざ日記（1）　☆救急診療異聞	富山市医師会報		昭和47(2)

※へこたれんぞうのペンネームで執筆、このペンネームでの執筆は☆を付した

ＦＥＥＤＥＲ騒動後日談	とやま県医通報	590	昭和47(5)
俳句　27句	富山市医師会報	26	昭和48(1)
いざこざ日記（2）☆医療の膏薬行政	富山市医師会報	37	昭和48(12)
心と顔	富山大学教育学部附属中PTA誌しろがね	28	昭和48(3)
日本医師会医政研究員会報告（1）	とやま県医通報	612	昭和48(4)

あとがき

永年の喫煙がたたって父は平成二十七年十月に肺癌で亡くなりました（享年八十五歳）。生前、北陸医史学会、日本医史学会をはじめいくつもの勉強会に加えていただき、会誌に投稿させていただくのを楽しみにしておりました。自宅近くにお住まいであった富山大学名誉教授・高瀬重雄先生にお教えをいただいたころから、いっそう熱が入っていたように思われます。

晩年、八十歳を越えたころから「死ぬまでにもう三冊本を出したい。」と、折につけて申しておりましたが、体力・気力の衰えから、遅々として進まず、病がわかった頃にはすでに癌末期で進行が早く、何を出版したいのか詳しく聞くこともできないうちに逝ってしまいました。ところが、一周忌の法要が終わった頃に、富山県郷土史会の太田久夫氏を介して桂書房の勝山代表から「出版の準備ができている原稿を預かっている。」とご連絡をいただきました。そこで妹と手分けして校正を致しましたが、なにぶん二人とも校正など初めて、古文・漢詩・読み下し文を読むのは、高校以来のことで大変に手間取りました。

校正にあたっては、すでに「医譚」と「啓迪」に掲載された別刷りと初校とを読み比べました。あらためて遺稿を読み返してみますと、素人の私たちが見ても、漢詩のレテン読み下し文などに『入越日記』の原本に立ち返って確かめるべき誤りではないかと思われる個所がいくつもありましたが、あくまで故人が書いたものをそのまま残して、誤植を正すにとどめました。よってお読みいただくとお気づきになる点が多々あるかと存じますが、故人が出版したかった

「三冊」のうちのせめて一冊だけでも上梓して、遺志を果たすことにした次第です。興味・関心をお持ちの方々に誤りをご指摘いただき、話題にしていただければ、故人も喜ぶことと思われます。

なお、前出の太田氏のご尽力により、故人が所有しておりました古文書・資料・書籍のうちおもに文学・歴史関連のものを、富山県内の公立図書館・公文書館・博物館に寄贈いたしました。また、医学・本草学関連は、おもに金沢大学図書館・資料館にお引き取り頂きましたので、今後は専門の学芸員・司書の皆様に管理していただけるようになり安堵しております。同好の皆様にご活用いただければ幸いです。

平成二十九年十月　三周忌に

正橋立子
山本洋子

解説者略歴

まさはし・こうじ

昭和五年富山県に生る。三四年金沢大学大学院博士課程（精神医学専攻）卒業、四一年富山市高木で精神病院を開業。医学博士・医療法人白雲会理事長・呉羽神経サナトリウム院長・日本医史学会評議員・金沢大学医学部十全山岳会前会長・日本山岳会会員。

平成二十七年没。

入越《にゅうえつ》日記《にっき》

二〇一七年十二月二十日　初版発行

定価　本体三、〇〇〇円＋税

著　者　山本渓山

解　説　正橋剛二

発行者　勝山敏一

印　刷　モリモト印刷株式会社

発行所　桂　書　房

〒九三〇‐〇一〇三　富山市北代三六八三‐一一

電話　〇七六（四三四）四六〇〇

地方小出版流通センター扱い

ISBN 978-4-86627-036-4